Wander-Erlebnis

Wandern & Bergsteigen
Oberösterreich

Die 130 schönsten Touren

Monika & Manfred Luckeneder
Hannes Loderbauer

Wander-Erlebnis

Wandern & Bergsteigen
Oberösterreich

Die 130 schönsten Touren

Dieser Wanderführer wurde mit größtmöglicher Sorgfalt und Genauigkeit zusammengestellt.
Die Begehung sämtlicher Routen erfolgt jedoch auf eigene Gefahr und Verantwortung.

Bildnachweis:
Ahornfeldalm: Seite 109; Anlauf Alm: Seite 205; Gerald Auinger: Seite 72; Marco Barnebeck/pixelio.com: Seite 176; Andreas Basch: Seite 52, 97; Bleckwand: Seite 35; Andrew Bossi/Wikicommons: Seite 146; bpk85/flickr: Seite 68; Brigitte/flickr: Seite 225; Bwag/Commons/Wikicommons: Seite 261; C.a.r.l.a.2010/flickr: Seite 169; chmee2/Wikicommons: Seite 136; Duke of W4/Wikicommons: Seite 303; efidelia/pixelio.de: Seite 63; el bes/Wikicommons: Seite 50; em_isch/flickr: Seite 36; faktotum/flickr: Seite 129 (unten); Ferienregion Traunsee: Seite 93, 95 (oben und unten); Michi Ferschmann/Flickr: Seite 55; FotosRR/flickr: Seite 295; Sonja Franzke: Umschlagvorderseite (Rote Wand), Seite 214; michael fruehmann/flickr: Seite 85, 161; Ewald Gabardi/Wikicommons: Seite 173; Reinhard Gaber: Seite 120; Gowil Alm: Seite 222; Gradn Alm: Seite 195; Günter Havlena/pixelio.com: Seite 187; Günther Gumhold/pixelio.de: Seite 28, 110; Bernhard Haslinger: Seite 60, 90, 91, 105, 115, 133, 167, 202, 224; Herzi Pinki/Wikicommons: Seite 42: Hochsteinalm: Seite 79; Hans Hödl: Seite 217, 234, 246; Holan: Seite 114; Tobias Jäckel/Wikicommons: Seite 182; Matthias Kabel/Wikicommons: Seite 122; Markus Lackinger_urlaubambauernhof/flickr: Seite 46, 299; Land OÖ: Seite 212; Lisa Loderbauer: Seite 57, 76, 185; Daniel Luckeneder: Seite 19–21; Monika Luckeneder: Seite 10, 40, 58, 62, 66, 101, 125, 129 (oben), 155, 158, 178, 179, 198, 213, 276, 287, 289, 291, 297; Marcela/flickr: Seite 44; Matzi55/pixelio.de: Seite 48; MTV Ferienregion Traunsee: Seite 71, 73, 250; Natur- und Wellnesshotel Höflehner: Seite 168; Naturfreunde Ebensee: Seite 15, 87; OÖ Tourismus Hochhauser: Seite 250; OOEW Mühlviertel Thurytal Erber: Seite 285; Alois Peham: Umschlagrückseite (Schafberg), Seite 30, 163; Hans Pilz: Seite 41, 81, 103, 127, 138, 143, 148, 150, 160, 165, 181, 190, 218, 236, 240, 252, 268, 270, 280, 280; Andreas Praefcke/Wikicommons: Seite 254; Gerald Radinger/hochtourist.at: Seite 203, 208, 210, 220, 244; rainerspl/flickr: Seite 130; Rockclimber50/Wikicommons: Seite 108; Rowan Seymour/flickr: Seite 172; rrady/Wikicommons: Seite 156; Rudi Ceuppens/flickr: Seite 33; rudi_valtiner/flickr: Seite 151; Simon Rudolf/Wikicommons: Seite 99; Sarstein Hütte: Seite 145; Franz Sieghartsleitner: Seite 84, 112; Juergen Staretschek_inter-color.at/flickr: Seite 229; Bruno Sulzbacher: Seite 227, 241; Sylvius/Wikicommons: Seite 77; Tourismusverband Inneres Salzkammergut: Seite 174; TVB_Röbl: Seite 230; vitalwelt_OÖ Tourismus: Seite 266; Christoph Waghubinger, (Lewenstein)/Wikicommons: Seite 196; Hans Wall: Seite 282, 301; Martin Wejermayr_Ebenforstalm: Seite 200; Werbegemeinschaft Donau OÖ/flickr: Seite 259; Roland Willinger/flickr: Seite 25; www.badischl.at: Seite 119; www.hinterstoder.at: Seite 238; www.wadl-beisser.at/flickr: Seite 274; Pawel Zurek/flickr: Seite 140

Bibliografische Information der Deutschen Bibliothek
Die Deutsche Bibliothek verzeichnet diese Publikation in der Deutschen Nationalbibliografie;
detaillierte bibliografische Daten sind im Internet über http://dnb.d-nb.de abrufbar.

Besuchen Sie uns auf unserer Website: www.kral-verlag.at

© 2014 Kral Verlag Anton Kral GmbH, Inh. Robert Ivancich
J. F. Kennedyplatz 2, A-2560 Berndorf

18. erweiterte und aktualisierte Auflage 2014

Projektleitung: Sonja Franzke, vielseitig.co.at
Umschlag- und Grafische Innengestaltung: Silvia Wahrstätter, buchgestaltung.at
Karten: ARGE Kartographie, St. Georgen am Steinfelde
Druck und Bindung: Generál Druckerei GmbH, H-6728 Szeged

ISBN 978-3-99024-080-9

Inhalt

Vorwort 9
Einleitung 11

Region Wolfgangsee / Mondsee / Irrsee
Schafberg und Co, 1782 m 25
[1] Schafbergalm 26
[2] Reizvolle 3-Seen-Wanderung 27
[3] Um den Schafberg 29
[4] Vom Wolfgangsee zum Attersee 31
[5] Vom Wolfgang- zum Schwarzensee, 716 m 32
[6] Bleckwand, 1541 m 34
Postalm, 1325 m 36
[7] Pitschenberg, 1720 m 37
[8] Wiesler Horn, 1603 m 38
[9] Rettenkogel – Bergwerkskogel 39
Gamsfeld 41
[10] Von der Postalm aufs Gamsfeld 42
[11] Einbergalm & Gamsfeld 42
[12] Pass Gschütt & Gamsfeld 43
Wandern am Irrsee, 573 m 44
[13] Tannen- und Almwiesenweg 45
[14] Drachenwand, 1060 m 47
[15] Von der Burggrabenklamm auf die Eisenauer Alm, 1015 m 49

Region Attersee
[16] Drei-Gipfel-Graterlebnis 51
[17] Großer Schoberstein, 1037 m 54

Region Traunsee / Gmunden
[18] Grünberg, 984 m, und Co 56
[19] Laudachsee, 895 m 59
[20] Katzenstein, 1349 m 61
[21] Rund um den Traunstein 62
Miesweg und Kleiner Schönberg, 895 m 66
[23] Miesweg 67
[24] Auf den Kleinen Schönberg 68
[25] Traunstein, 1691 m 69
Gmundnerberg und Grasberg 73
[26] Auf den Gmundnerberg 74
[27] Auf den Grasberg 74
[28] Traunkirchner Sonnstein, 923 m 75

Region Traunsee / Traunkirchen
[29] Die Sonnsteinüberschreitung 77
[30] Hochsteinalm, 907 m und Lärlkogel, 1072 m 78

Inhalt

Region Traunsee / Ebensee
[31] Erlakogel, 1575 m ... 80
[32] Gassl-Tropfsteinhöhle ... 82
[33] Zu den Rindbach Wasserfällen ... 83
      Großer Schönberg, 2093 m und Varianten ... 85
[34] Mitterecker Stüberl, 804 m ... 86
[35] Der Ebenseer Hochkogel, 1591 m ... 87
[36] Auf den Gr. Schönberg, 2093 m ... 88
[37] Rinnerkogel, 2012 m, Wildensee ... 89
[38] Vom Offensee zum Almsee ... 91
      Auf dem Feuerkogel, 1592 m ... 93

Region Höllengebirge / Feuerkogel
[39] Alberfeld Kogel / Helmes Kogel ... 94
[40] Großer Höllkogel, 1862 m ... 96
[41] Höllengebirgs-Überschreitung ... 98
[42] Von der Kreh auf den Feuerkogel ... 100
[43] Über den Schafluckensteig auf den Brunnkogel, 1708 m ... 102
[44] Hochlecken, 1574 m, Brunnkogel, 1708 m ... 104

Region Bad Ischl
[45] Die Katrin & Varianten, 1542 m ... 106
      Almwanderungen um Bad Ischl ... 110
[46] Durch die Rettenbachwildnis auf die Hoisnradalm, 968 m ... 111
[47] Von der Rettenbach Alm zur Blaa-Alm ... 113
[48] Zimnitz oder Leonsberg, 1745 m ... 115
[49] Hohe Schrott, 1839 m ... 117
[50] Predigstuhl, 1278 m ... 121

Region Bad Goisern
[51] Hütteneckalm, 1240 m ... 124
[52] Auf den Sandling, 1717 m ... 126
[53] Toleranzweg und Haller Alm ... 128
[54] Goiserer Hütte, 1592 m, Hochkalmberg, 1833 m ... 130
[55] Überschreitung der Kalmberge ... 132

Region Hallstättersee
[56] Ostufer-Wanderweg & Varianten ... 134
[57] Der Soleleitungsweg ... 137
[58] Echerntal und Waldbachstrub ... 139
[59] Durchs Koppental nach Bad Aussee ... 142
[60] Hoher Sarstein, 1975 m und seine Überschreitung ... 144
[61] Plassen, 1953 m ... 147
[62] Löckensee, 1348 m ... 149

Inhalt

Region Gosau / Dachstein
Zwieselalmhöhe 1587 m 151
[63] Auf die Zwieselalmhöhe 152
[64] Herrenweg 152
[65] Großer Donnerkogel, 2055 m 153
[66] Rund um den Gosaukamm 154
[67] Große Bischofsmütze, 2458 m 157
[68] Simony Hütte/Dachstein, 2205 m 159
[69] Heilbronnerkreuz, 1959 m und Dachstein-Seelein 161
[70] Schöberl am Dachstein, 2422 m 164
[71] Hoher Dachstein, 2995 m 166
[72] Walcher Alm, 1750 m 170
[73] Vorderer und Hinterer Gosausee 175
[74] Augstsee und Loser, 1838 m 177

Region Aussee
[75] Tauplitz Alm, 1640 m 180

Region Almtal / Grünau
[76] Almsee-Ostuferweg, 589 m 184
[77] Vom Almsee zum Grundlsee 186
[78] Die „Almtaler Sonnenuhr" 188
[79] Rund um die Ödseen, 690 m 189
[80] Rauhkogel & Pfannstein, 1423 m 191

Region Kremstal
[81] An der Kremsmauer 193
[82] Zur Rinnenden Mauer 197

Region Steyrtal / Molln
[83] Ebenforstalm und Trämpl, 1424 m 199
[84] Hoher Nock, 1963 m 201
[85] Anlaufalm und Triftsteig 204
[86] Bodenwies, 1540 m 207
[87] Schoberstein, 1285 m 209
[88] Wurzeralm, 1427 m 211

Region Pyhrn-Priel: Spital am Pyhrn
[89] Stubwieswipfel, 1786 m 213
[90] Warscheneck, 2388 m 215
[91] Dr.-Vogelgesang-Klamm 219
[92] Kleiner Pyhrgas, Gowil Alm 221
[93] Großer Pyhrgas, 2244 m 223
[94] Klettersteig über den Bosruck, 1992 m 225
[95] Der Flötzersteig 227

Inhalt

Region Pyhrn-Priel: Stodertal / Totes Gebirge
Auf der Hutterer Höss, 1860 m ... 229
[96] Höss-Alpin-Runde ... 231
[97] Auf den Schrocken, 2281 m ... 233
[98] Bären Alm & Türkenkarkopf, 1836 m ... 235
[99] Dolomitensteig ... 237
[100] Zeller Hütte – Warscheneck, 2388 m ... 239
[101] Großer Priel, 2515 m ... 241
[102] Spitzmauer, 2446 m ... 245
[103] Kleiner Priel, 2136 m ... 247
[104] Wurbauerkogel – Leitersteig ... 248
[105] Dümlerhütte, 1495 m ... 249
[106] Ibmer Moor / Heratinger See ... 251

Region Innviertel
[107] Naturerlebnis am Inn ... 253
[108] Kleines Kösslbachtal ... 256
[109] Haugstein, 895 m ... 258

Region Hausruckwald
[110] Im Wald der Kinder ... 260
[111] Göblberg, 801 m ... 262
[112] Weg der Sinne ... 265
[113] Kerzenstein ... 267

Region Mühlviertel / Donautal
[114] Rannatal / Ruine Falkenstein ... 269
[115] Schlögener Schlinge ... 271
[116] Auf den Sternstein, 1122 m ... 273

Region Oberes Mühlviertel
[117] Die Ameisbergwarte ... 275
[118] Guckerweg ... 277
[119] Moldaublickweg ... 279
[120] Um den Plöckenstein, 1379 m ... 281

Region Unteres Mühlviertel
[121] Durchs Thurytal ... 284
[122] Klammleitenbach ... 286
[123] St. Thomas am Blasenstein ... 288
[124] Im Naturpark Mühlviertel ... 290
[125] Ein Stück Pferdeeisenbahn ... 292
[126] Durch die Wolfsschlucht ... 294
[127] Durchs Tanner Moor, 980 m ... 296
[128] Falkenhofweg zum Herzerlstein ... 298
[129] Klammweg zur Burg Clam ... 300
[130] Die Stillensteinklamm ... 302

Register ... 304

Vorwort

Wandern ist eine der beliebtesten sportlichen Freizeitbeschäftigungen der Oberösterreicher. Das war nicht immer so, denn zu Kaisers Zeiten war es der bürgerlichen Gesellschaft nicht gestattet, auch nur einen Fuß ohne Erlaubnis in die Berge zu setzen! Erst Mitte des vergangenen Jahrhunderts entstand ein erster Wanderboom, den mein Vater Hannes Loderbauer durch wöchentliche Wanderkolumnen in den Zeitungen förderte. Vor mehr als 50 Jahren wurden dann seine Wandervorschläge in der 1. Auflage „Wandern und Bergsteigen in OÖ" herausgegeben. Für Hannes Loderbauer war Wandern mehr als nur ein Hobby – es war für ihn Lebenselixier, Kraftquelle, Problembewältigung und Ideenbörse. So sehe ich das auch: Wandern und Bergsteigen bringt uns wieder in Gleichklang, löst uns aus dem Alltagsstress heraus und hilft uns, unsere Blicke für das Wesentliche zu schärfen. Schon eine halbe Stunde flottes, regelmäßig betriebenes Gehen macht fit und schützt nachweislich vor Herz- und Kreislauferkrankungen sowie vor Osteoporose. Zusätzlich wird das Immunsystem gestärkt, der Fettstoffwechsel angekurbelt und Muskeln, Bänder und Sehnen werden gekräftigt.

Natürlich sollten wir unsere Grenzen kennen und unsere Kondition kontinuierlich aufbauen. Darum haben wir in dieser Neuauflage nicht nur bewährte alte und verlockende neue Wander- und Bergziele zusammengestellt, sondern auch *Varianten für Familien, Sportwanderer, Bergsteiger, Kletterer und Mountainbiker* eingebaut.

Nordicwalker und Klettersteiggeher kommen ebenso auf ihre Kosten wie Weitwanderer, da das prachtvolle Oberösterreich für jeden etwas bereit hat.

Wir unternehmen mit Ihnen manch einen Ausflug in die Geologie und Geschichte der Bergwelt und entführen Sie in die Welt der Sagen.

Was uns beim Erwandern der alten und neuen Wanderziele immer wieder auffiel, ist die ungeheure Vielfalt Oberösterreichs. Nahezu besenrein gefegte Wirtschaftswälder im Hausruckviertel stehen im Gegensatz zu den Urwäldern im Hintergebirge, sattgrüne Donauauen ergänzen sich mit den mächtigen Fels-

Vorwort

Am Steiglpass

gipfeln des nicht wirklich „Toten" Gebirges; granitene Wege und Findlinge im hügeligen Mühlviertel, mattige Almen im Traunviertel, Moorwanderungen im Innviertel sorgen für Abwechslung.

Wir können Gipfel erobern, schattige Wälder durchwandern, Seen umrunden, Wände durchklettern, sonnige Höhenwege genießen – Oberösterreich schenkt uns pure Wanderfreude.

Wenn Sie nicht gerade ein Einzelgänger sind, so kann Wandern mit der Familie oder mit Freunden ein fröhliches Ereignis werden! Übrigens gilt noch die alte Bergsteigerregel, dass wir ab eine Höhe von 1000 m alle per Du sind, und das „Berg Heil" mit Gipfelbussi hat auch noch immer Tradition!

Nun also Rucksack gepackt, Route geplant und auf den Weg gemacht! Berg Heil!

Monika und Manfred Luckeneder

Einleitung

Hinweise

Um Ihnen die Tourenauswahl zu erleichtern, haben wir die Wanderziele nach Regionen geordnet. Eine Kurzcharakteristik und eine detaillierte Karte am Anfang jeder Wanderbeschreibung vermitteln Ihnen das Wesentliche auf einen Blick.

Schwierigkeitsgrade

Sämtliche Touren haben wir in 4 Schwierigkeitsgrade eingeteilt:

Einfache, nur wenig anstrengende Wanderungen auf gut angelegten Wegen im Tal- und Almgebiet, die sich für die ganze Familie eignen.

Wanderungen in bereits anspruchsvollere Bergregionen, die zwar keine hohen Anforderungen stellen, wo aber doch wegen einiger exponierter Stellen Vorsicht geboten ist.

Bergtouren, die Trittsicherheit, Schwindelfreiheit und Ausdauer voraussetzen. Sie weisen vielfach steile, exponierte Steige auf, bei denen manchmal auch die Zuhilfenahme der Hände erforderlich ist.

Anspruchsvolle Bergtouren in meist hochalpinem Gelände. Sie müssen mit ausgesetzten und gefährlichen Passagen rechnen. Entsprechende Kondition, Schwindelfreiheit und alpine Erfahrung bzw. Kletterkenntnisse werden vorausgesetzt oder es wird ein Bergführer empfohlen.

Alpiner Notruf: europaweit 112, Österreich 140
Noch nie gab es so viele Einsätze der Bergrettung wie im vergangenen Jahr! Bitte überschätzen Sie Ihr Können nicht, brechen Sie eine Tour lieber ab, bevor Sie sich in Gefahr begeben. Und fangen Sie bitte rechtzeitig an, Ihre Kondition aufzubauen, bevor Sie sich in alpines Gelände begeben!

Einleitung

Tipps für „Wanderlust statt Wanderfrust"

Fit hinauf und gesund wieder zurück
Liebe Wanderfreunde, was ist es, das uns in die Berge treibt? Die Freude an der Bewegung oder das Erreichen eines gesteckten Zieles? Die Nähe des Himmels oder die Herausforderung an das Gesamtpaket Mensch? Die Beschaulichkeit der Natur oder das fordernde Gehen bis an unsere Grenzen?

Jeder hat seine eigenen Motive und seine individuelle Motivationen. Aber um auch wirklich unser Berg-Glück zu erreichen, müssen wir gewisse Voraussetzungen erfüllen.

Und so kann ich es uns nicht ersparen, auf die Gefahren in den Bergen hinzuweisen und uns Wanderern dringend ans Herz zu legen, diese nicht zu unterschätzen! Von allen Alpinunfällen sind 50 Prozent auf Müdigkeit, Flüssigkeitsmangel, Zeitdruck und auf zu hohes Tempo zurückzuführen. Und das wiederum führt zu Stolpern, Ausrutschen und Abstürzen. Ich möchte noch drastischer werden: die Todesursache Nummer eins in den Bergen sind keineswegs Bergunfälle im herkömmlichen Sinn, sondern schlichtweg die dramatischen Folgen von Herz-Kreislauf-Versagen auf Grund fahrlässiger Vorbereitung (rund 300 Tote im Jahr!).

Die Versuchung zu schnell zu ehrgeizige Ziele in Angriff zu nehmen ist groß und kann fatale Folgen haben! Laut Statistik sind Männer gefährdeter, weil sie – trainiert auf Leistung und Konkurrenzkampf – die Latte zu hoch legen!

Wenn wir wirklich hoch hinaus wollen, so führt der Weg nur über Fitness- und Konditionstraining und wir werden nicht darum herumkommen, jede Tour entsprechend unserer jeweiligen Verfassung zu planen.

Der Anforderungen an die Bergrettung nehmen dramatisch zu und bringen sie nah an ihre Grenzen! Wir können durch sorgfältige Planung und gesunde Selbsteinschätzung Bergunfälle vermeiden und zur Entspannung der ehrenamtlich agierenden Bergretter beitragen.

Lassen wir es sachte angehen, die Kraft für Herausforderungen kommt mit dem Gehen!

Einleitung

Sorgfältige Planung

Die sorgfältige Planung unserer Berg- und Wanderziele ist das A und O vor jedem alpinen Unternehmen!

Sie fängt beim sorgsamen Aussuchen des Zieles an und sollte natürlich der Kondition, Ausdauer und Tagesverfassung des Wanderers entsprechen.

Umfang und Qualität unserer Ausrüstung passen wir der Art des (alpinen) Unternehmens an, Infos über die Wetterlage werden verantwortungsvoll eingeholt.

Die Zeitfrage ist eine ganz wesentliche! Lieber mehr Zeit einplanen, im Sommer überhaupt besser früh starten, denn große Hitze kann leicht zum Problem werden. Während der Tour die Zeitplanung checken und ev. notwendige Routenkorrekturen vornehmen.

Wanderkarten, Internetausdrucke zur Orientierung mitnehmen. Hat man einmal die Markierung verloren, keinesfalls weiterwandern! Sofort umkehren und nach der Stelle suchen, an der man diese verloren hat. Lieber Mut zur Umkehr beweisen statt in die Dunkelheit zu kommen!

Wichtig ist es manchmal auch, vertrauten Leuten Ziel und Wegroute und geplante Rückkehrzeit bekannt zugeben.

Schuhe und Co

Jeans und Flip-Flops lassen wir sowieso zu Hause, sie gewährleisten keinen Halt. In gewöhnlicher Alltagskleidung beginnt man leicht zu schwitzen. Die richtige Ausrüstung trägt enorm zur Wanderfreude bei.

Schuhe: Gerade beim Kauf von Wanderschuhen kann man manches falsch machen, lassen wir uns von geschultem Fachpersonal beraten.

Generell gilt: je anspruchsvoller die Wanderung, umso mehr Profil sollte die rutschfeste Sohle haben. Selbstverständlich soll der Schuh wasserdicht und atmungsaktiv sein. Im Almgebiet, auf Waldwegen und Forststraßen kann man ruhig den bequemen Leichtwanderschuh tragen, der über die Knöchel geht und so vor dem Umknicken schützt und die Gelenke schont. Dass man für Gebirgs- und Hochgebirgstouren entsprechende Berg- oder Alpinschuhe trägt, durch die man den Untergrund nicht spürt, versteht sich von selbst. Zeit lassen beim Aussuchen und nur mit eigenen, bereits eingegangenen Wandersocken probieren. Auch müssen wir die Wanderschuhe vor der ersten Wanderung entsprechend eingehen, damit der Schuh dann auch wirklich nirgends reibt oder drückt (trotzdem: einen Vorrat von Blasenpflastern im Rucksack mitnehmen).

Kleidung
Funktionskleidung – von der Unterwäsche bis zur Outdoorjacke – gewährleistet Wind-, Kälte- und Regenschutz und bietet optimale Bewegungsfreiheit.
Kopfbedeckung und Sonnenschutz, eventuell Handschuhe und Reservewäsche gehören zur Grundausrüstung in den Rucksack. Grundsätzlich gilt: so wenig wie möglich mitnehmen, aber so viel wie notwendig. Kleidung in Schichten hat sich beim Wandern auch immer wieder bewährt. Hochgebirgstouren und Klettersteige erfordern natürlich Zusatzausrüstung – Sparen am falschen Platz kann fatale Folgen haben. In entsprechenden Fachgeschäften erhält man auch die richtige Beratung.

Genug trinken
Wasser, Tee und verdünnte Fruchtsäfte halten den Wasserhaushalt im Gleichgewicht, ausreichend trinken, besonders bei anstrengenden Sommertouren, um einer Dehydrierung vorzubeugen. Grundsätzlich gilt: 1 Liter Wasser pro Person mitnehmen. Obst, Trockenobst, Gemüse und Müsliriegel geben Kraft für Zwischendurch.

Muss mit
Handy, Erste-Hilfe-Apotheke, Taschenlampe sind Grundausstattung im Rucksack. Natürlich auch die entsprechende Wanderkarte und fürs Hochgebirge eine Alu-Rettungsdecke, eventuell Biwaksack und Stirnlampe. Auch Trekkingstöcke leisten gute Dienste und sind bei ausgesetzten Stellen leicht einzupacken. Wir sind inzwischen bei fast allen Wanderungen damit unterwegs. Richtig angewandt schonen sie Bänder und Gelenke besonders bergab.

Wetter

Natürlich beachten wir vor der Tour die Wettervorhersagen (TV, Internet, Vermieter, Hüttenwirt), aber auch während der Tour behalten wir die aktuelle Entwicklung im Auge und vertrauen nicht blind auf die Vorhersage. Bei überraschenden Schlechtwettereinbrüchen gilt die Regel: auf keinen Fall die markierten Wege verlassen. Hat man die Markierung einmal verloren, keinesfalls weiterwandern, sondern umkehren und nach der Stelle suchen, an der man sie verloren hat. Bei Nebel keinesfalls durch unbekanntes Gelände steigen, in der Gruppe zusammenbleiben! Hüttenwirte kennen sich mit der regionalen Wetterlage am besten aus – ihren Rat einholen und auch befolgen hat schon manchen Einsatz der Bergrettung vermieden!

Einkehr und Übernachtung

Grundsätzlich gilt, dass Almen und Schutzhütten von Frühling bis Herbst bewirtschaftet sind. Wir haben in diesem Buch ein Hüttenverzeichnis mit Telefonnummern angelegt, sodass wir uns nach den exakten Öffnungszeiten erkundigen können. Wenn wir auf einer Hütte übernachten möchten, sind ein Hüttenschlafsack bzw. ein Tuchentüberzug und eine telefonische Reservierung notwendig.

Hochkogelhaus

Einleitung

An dieser Stelle möchten wir darauf hinweisen, dass eine Mitgliedschaft im Alpenverein oder bei den Naturfreunden viele Vorteile bietet. Neben dem weltweiten Versicherungsschutz und den Begünstigungen auf den Hütten ist sie auch eine solidarische Unterstützung der Vereine bei ihren Tätigkeiten wie Wegerhaltung und Erhaltung der Hütten. www.alpenverein.at; www.naturfreunde.at

Gewitter
Wer gerät schon freiwillig in ein Gewitter?! Aber wenn es uns trotz sorgfältiger Planung doch einmal überrascht, so verlassen wir sofort alle exponierten Stellen wie Gipfel und Grate, den Fuß von Felswänden; weg von einzelnstehenden Bäumen, Wasserrinnen und Drahtseilen. Klein machen, auf isolierenden Rucksack kauern.

Gruppen und Familien
Länge und Schwierigkeit unseres Unternehmens orientieren sich am wenigsten trainierten und unerfahrensten Mitglied der Gruppe. Falscher Ehrgeiz und Selbstüberschätzung sind in den Bergen völlig fehl am Platz. Persönliche Verfassung und die der Begleiter richtig einschätzen.

Muss sein
Gottseidank sind die meisten Wanderer und Bergsteiger auch Schützer der Natur und so ist es für die meisten selbstverständlich, dass wir markierte Wege nicht verlassen. In hohen Gebirgslagen können sich die durch einen Tritt geknickten und zertretenen Pflänzchen nicht so leicht regenerieren, die ohnehin dünne Humusschicht mit ihren empfindsamen Bodenorganismen wird gestört und stirbt ab. Das Gleichgewicht der Gebirgspflanzen ist schon sensibel genug und auch die Tierwelt möchte in ihrem Lebensraum in Ruhe gelassen werden. Daher Abkürzungen bitte vermeiden. Auch steigt in weglosem Gelände das Risiko für Absturz und Verirrung und ist häufiger Grund für den Einsatz der Bergrettung! Müll mitnehmen ist ohnedies selbstverständlich, auch nicht in der Hütte deponieren, das Entsorgen kommt dem Hüttenwirt oft ganz schön teuer! Vermeiden wir das Abtreten

von Steinen, weil andere Bergsteiger verletzt werden können. Steinschlaggefährdete Stellen einzeln und ohne anzuhalten passieren.

Was noch?
OÖ Tourismus Informationen: Die meisten Orte in Oberösterreich verfügen über ein Tourismusbüro, wo wir nützliche Infos erhalten.

Menschen, die wandern sind glücklicher
„Wandern wäre unbezahlbar, wenn man es als Medikament verkaufen würde" sagt der Psychiater Markus Fischl vom Linzer Wagner-Jauregg-Krankenhaus. Studien belegen, dass Menschen, die wandern, einfach glücklicher sind! Beim Wandern wird ein Wachstumshormon ausgeschüttet, das sich messbar positiv auf die Gehirnzellen und ihre Verästelungen auswirkt. Der Mensch wird stressresistenter, gelöster, aufmerksamer und die Laune bessert sich. Es kann sogar vorbeugend wirken gegen Depressionen und psychische Störungen.Der Stoffwechsel wird verstärkt und dank eines ausgeglichenen Blutzuckerspiegels erreicht man eine bessere Versorgung des Gehirns und durch die verstärkte Sauerstoffzufuhr haben wir mehr Energie zur Verfügung. Wandern stärkt unser Immunsystem, es macht widerstandsfähiger gegen alle möglichen Krankheitskeime. Allerdings – machen wir uns dabei Stress, erreichen wir wieder das Gegenteil. Wandern stärkt Herz und Lunge, Puls und Blutdruck sinken, das Herzschlagvolumen wird erhöht und wir beugen so Herz-Kreislauf-Erkrankungen vor. Wandern beugt Osteoporose vor und schafft Linderung bei chronischen Gelenksbeschwerden.
Dass wir durch die Bewegung in der frischen Luft unsere Konzentrationsfähigkeit steigern und den Cholesterinspiegel auch noch senken ist ja schon fast zu viel an theoretischem Werben für das Wandern! Darum: Die Freude am Wandern und Bergsteigen darf im Vordergrund stehen, dann ergeben sich oben genannte „Geschenke" ganz von selbst!

Einleitung

Wandern mit Kindern

Wandern – öde! Nein, danke!
Wir kennen das alle: 50m Fußmarsch auf breiten Wanderwegen weg von unserem Auto genügen, dass wir in das fragwürdige Vergnügen von erstaunlich schauspielerischen Leistungen von unseren lieben Kleinen kommen: „Ich bin schon so müde! Der rechte Fuß tut mir weh! Tragen! Sind wir bald da?!" Unglaublich, wie blitzartig sich unsere Miniwanderer wieder erholen, wenn wir sie nur richtig motivieren! Plötzlich eine kleine Ablenkung – und sie düsen los mit voller Energie, keine Spur mehr von Müdigkeit. Ist ja fast verständlich, denn die meisten Kinder haben deswegen keine Lust zum Wandern, weil ihnen das gleichmäßige Gehen von uns Erwachsenen schlichtweg zu langweilig ist. Und so liegt es an uns, unsere Motivationskünste auszupacken und entsprechende Motivationszuckerl zu finden, damit ein Wandertag harmonisch gelingt.
Selbstverständlich gehen wir die Tourenplanung ganz sorgfältig an, wenn wir mit Kindern in die Berge gehen.

1. **Als Faustformel für das Gehen mit Kindern gilt:**
   ungefähr 1 ½ mal die Normalgehzeit
   oder etwa 150–200 Höhenmeter / Stunde
   (Erwachsene: 400 Höhenmeter)

2. **Motivation ist fast alles!!** Die Tour sollte das Interesse der Kinder richtig wecken. Wir haben in Folge einige Lockangebote zusammengestellt, um Erwartung und Vorfreude unserer Kids zu steigern:
   * Spielplätze im Rahmen der Wanderung
   * Themenwanderungen
   * einsame Pfade – denn auf breiten Wanderwegen geht die Kondition schon nach 50 Metern aus!
   * Wege entlang von Bächen
   * am Bachufer spielen
   * ein Wasserfall am Weg, Felsblöcke zum Herumkraxeln
   * Hütten mit Tieren, Streichelzoo

Einleitung

* in der Hütte Pommes oder einen Kaiserschmarrn essen dürfen
* im Wald Mandalas mit Fundstücken legen
* ein Zapfenwettschießen machen
* Zapfenüberfall auf Mama, Papa
* ein Waldmonster mit Fundstücken bauen
* Wildspuren suchen (Vorlagen mitnehmen)
* Suchspiele: bestimmte Steine (Farbe, Größe, Ecken) Wanderstab, Zapfen
* Steinmanderl bauen
* Themenwanderungen
* eine „Räuber"-höhle suchen
* einen Stein, den Rucksack eines Elternteils ein Stück tragen dürfen
* Klettermöglichkeiten
* ein besonderes Gipfelkreuz, ein toller Aussichtspunkt
* Schmetterlinge erspähen
* Bestimmungsbücher mitnehmen (Pilze, Tierspuren, Schmetterlinge, Steine, Schlangen …)
* Geschichten erzählen (beim Zuhören vergessen Kinder ganz, dass sie gehen)

Wir können die Kinder auch bei der Planung der Wan-

Einleitung

derung mitreden lassen und sie ihnen so richtig schmackhaft machen. Natürlich müssen wir auch einhalten, was wir ihnen versprechen. Und genug Zeit einplanen, um auch einmal so richtig zu trödeln, das entschleunigt auch uns Erwachsene.

3. Kinder haben kein Gefahrenbewusstsein!

Auf jeden Fall denken wir daran, dass Kinder Gefahren kaum abschätzen können, umso mehr sind sie auf unsere Umsicht und Vorsorge angewiesen. Auch in den Bergen wird das Wörtchen „nicht" grundsätzlich überhört! „Nicht hinaufklettern!" übersetzt unser Bergfex mit „Schnell hinauf!" und ist schon oben. Besser: „Herunten bleiben!"
Um unsere Kinder an exponierten Stellen zu sichern haben wir immer ein Seil mitgenommen.

4. **Angesichts hoher Berge sinkt die Moral unserer Kleinen oft in den Keller.** Besser eine Bergbahn in Anspruch zu nehmen, oben eröffnen sich meist noch genug spannende Möglichkeiten (Gipfel, Rundwege…)

5. **Proviant und Ausrüstung**
   Saftiges Obst, Müsliriegel, Traubenzucker gehören ebenso zum Proviant wie Wasser, Tee oder verdünnte Säfte in der Trinkflasche.
   Und natürlich nicht zu vergessen Blasen- und Heftpflaster mit ablenkenden Motiven. Regenjacke, Haube und geeignetes Schuhwerk sind sowieso immer dabei.

6. **Etappenziele einplanen!** Und: Lassen wir den falschen Ehrgeiz zu Hause! Nicht mit Gewalt einen Gipfel oder ein an-

ders Ziel erreichen wollen, manchmal ist das Miteinander einfach wichtiger als das angedachte Ziel.

7. **Häufiges Rasten tut gut, wobei Kinder unter „Pause" ganz etwas anderes verstehen!** Kaum haben wir uns zur Ruhe gesetzt, tollen sie schon wieder herum – und erholen sich dabei auch noch! Beim Aufstieg geht der Erwachsene hinter dem Kind, beim Abstieg vor ihm. Wir empfehlen einen langsamen Abstiegsbeginn, später darf das Kind das Tempo bestimmen.

8. **Interessant ist auch die Tatsache, dass Kinder von wanderfreudigen Eltern nach der pubertären Wander-Verweigerungs-Rebellion später wieder in die Berge gehen!** Mit ihrem eigenen Nachwuchs! Also – unser Vorbild zahlt sich aus und ist sogar zukunftsprägend ! Und – laut einer amerikanischen Studie können sich „wandernde Kinder" auch in der Schule besser konzentrieren, sind aufmerksamer und zielgerichteter in Problemlösung und im vorausschauenden Planen.(Oberösterreichische Nachrichten, 15.9.2012)

Wir Eltern wissen, wie mühsam es sein kann, Kinder für das Wandern zu begeistern. Aber es zahlt sich aus, alle Motivationskünste aufzubringen, denn hier entscheidet sich, ob das Kind später Freude am Berg hat oder alpinen Frust. Gutes Gelingen bei Wanderlust statt Wanderfrust!

Einleitung

Hüttenverzeichnis

Telefonnummern können sich kurzfristig ändern! Wenn wir aber im Gebirge nächtigen wollen, müssen wir unbedingt vorher einen Schlafplatz reservieren. Im Internet finden wir dazu meist die aktuellen Infos wie neue Telefonnummern, Mailadressen, Öffnungszeiten und Ruhetage von Hütten, Seilbahnen und Höhlen.

Auch unter www.alpenverein.at oder www.naturfreunde.at finden wir immer wieder notwendige Informationen.

Adalbert-Stifter-Jugendherberge
Aigen-Schlägl, Tel. 07281 6283

Adamekhütte (AV)
Dachstein, Tel. 06136 8567

Almtalerhaus (AV)
Totes Geb., Tel. 0664 4109665

Amriesnerhütte
Wurzeralm, Tel. 07562 7650

Amstettner Hütte (AV)
Gaflenz, Tel. 07353 570

Anlaufalm (Anlaufbodenalm)
Hintergebirge, Tel. 0676 3351277

Appel Haus
Totes Gebirge, Tel. 0676 333668

Ardning Alm Hütte
Ardning, Bosruck, Tel. 03612 30709

Bärenhütte,
Hinterstoder, Hutterer Höss,
Tel. 07564 5275600

Baumschlagerreith
Hinterstoder, Dolomitensteig,
Tel. 0676 7542358

Blaa-Alm
Altaussee, Tel. 03622 71102

Bleckwand Hütte
Strobl/Wolfgangsee, Tel. 0664 4583139

Bosruck Hütte (AV)
Haller Mauern, Tel. 07563 666

Braunberghütte (AV)
St. Oswald, Tel. 07945 7666

Brettmaisalm
Steinbach an der Steyr, Tel. 07584 2776

Buchberghütte (Eisenauer Alm)
Schafberg, Tel. 06227 2405

Christophorushütte
Feuerkogel, Tel. 06133 5495

Dachstein Südwand Hütte
Tel. 03687 81509

Dachsteinwarte Hütte
Tel. 0664 3240640

Dümlerhütte (AV)
Warscheneck, Tel. 07562 8603

Ebenforstalm
Hintergebirge, Tel. 0664 5246877

Edelweiß, Gasthof
Feuerkogel, Tel. 06133 5490

Edtbauern Alm,
Hinterstoder, Hutterer Höss,
Tel. 07564 5493

Feichtaualm (Polzhütte)
Sengsengebirge, Tel. 07584 3395

Feichtauhütte (AV)
Sengsengebirge, Tel. 07252 45171

Feuerkogelhaus (TVN)
Feuerkogel, Tel. 06133 5494

Franzl im Holz
Gmunden, Tel. 07612 62645

Gablonzer Hütte (AV)
Gosaukamm, Tel. 06136 8465

Gimbachalm, Vordere
Ebensee, Tel. 06133 7876

Gjadalm (=Schilcherhaus)
Dachstein, Tel. 06131 596

Gmundner Hütte (AV)
Traunstein, Tel. 0669 12643190

Gmundnerberghaus (TVN)
Altmünster, Tel. 07612 87604

Einleitung

Goiserer Hütte
Bad Goisern, Hochkalmberg,
Tel. 0664 75023017

Gosauseealm, Hintere
Gosau, Gosausee, Tel. 0664 4253513

Gowil Alm
Spital, Haller Mauern, Tel. 0664 8923816

Gradnalm
Kremsmauer, Tel. 07615 2588

Großalm
Altmünster, Tel. 07612 87181

Grünbergalm (Grünberghaus)
Gmunden, Tel. 0699 11998551

Grünburger Hütte (AV)
Hochbuchberg, Tel. 0664 5908962

Himmelspforthütte
Schafberg, Tel. 0664 4331277

Hintersteineralm
Spital am Pyhrn, Tel. 03612 24245

Hochberghaus
Kasberg, Tel. 07616 8477

Hochkogelhaus
Ebensee, Totes Gebirge,
Tel. 0676 83940493

Hochleckenhaus (AV)
Höllengebirge, Tel. 07666 7588

Hochsernerhof
Zell am Moos, Tel. 06234 8217

Hochsteinalm
Traunkirchen, Tel. 07612 64305

Berggasthof Höss
Hutter Böden, Tel. 07564 20188

Hochmölblinghütte
Hinterstoder, Bären Alm,
Tel. 07564 5275

Hofalm
Spital am Pyhrn, Tel. 07562 5013

Hoisnradalm
Bad Ischl, Tel. 0664 2419591

Holzmeisteralm
Gosau, Tel. 0664 4253513

Hütteneckalm
Bad Ischl, Tel. 0664 4215560

Hutterer Höss Berggasthof
Hinterstoder, Tel. 07564 20188

Iglmoosalm
Hochkalmberg, Tel. 06136 8418

Ischlerhütte (AV)
Totes Gebirge, Tel. 0664 4877884

Jägerhaus Bodinggraben
Molln, Trämpl, Tel. 07564 20188

Kasbergalm
Grünau im Almtal, Tel. 07615 2378

Krippenstein Lodge
Dachstein, Tel. 0664 3804054

Lambacher Hütte (AV)
Sandling, Tel. 07245 20297

Laussabaueralm
Hengstpass, Tel. 0664 9077747

Leonsbergalm
St. Wolfgang im Salzkammergut,
Tel. 06137 6996

Linzer Haus (AV)
Wurzeralm, Tel. 07563 237

Lögerhütte
Hinterstoder, Hutterer Höss,
Tel. 07564 5586

Loser Hütte
Aussee, Loser, Tel. 03622 71202

Mair Alm
Gmunden, Tel. 0676 3742420

Menauer Alm
Rosenau, Tel. 0664 3163805

Mittereckerstüberl
Ebensee, Gr. Schönberg,
Tel. 0676 5862 880

Mostschänke Sarsteinrast
Aussee, Tel. 03622 55368

Niglalm
Bodenwies, Tel. 07357 358 oder
07355 20084

Pettenfirsthütte
Zell / Pettenfirst, Tel. 0680 2472037

Polsterluck´n, Mostschänke
Hinterstoder, Flötzersteig,
Tel. 07564 5340

Prielschutzhaus (AV)
Totes Gebirge, Tel. 0664 1168407

Pühringerhütte (AV)
Totes Gebirge, Tel. 0664 9833241

Raschberg-Hütte (NN)
Sandling, Tel. 0664 4330971

Rettenbach Alm
Bad Ischl, Tel. 06132 29054

Einleitung

Riederhütte (AV)
Höllengebirge, Tel. 0676 7360535

Rinnerkogelhütte (Rinnerhütte, Rinnerstüberl)
Ebensee, Totes Gebirge,
Tel. 0664 2405181

Rußbachalm
St. Wolfgang im Salzkammergut,
Tel. 06137 5190

Sandlingalm, Hintere
Bad Ischl, Tel. 06135 8843 oder
06135 2796

Sandlingalm, Vordere
Bad Goisern, Tel. 06135 7989

Sarstein Alm
Bad Goisern, Sarstein,
Tel. 0660 1447223

Sarstein Hütte
Obertraun, Sarstein,
Tel. 0664 5132743

Schafbergspitze, Berghotel
Tel. 06138 3542 oder 2232-18

Schafbergalpe, Gasthof
Schafberg, Tel. 0664 4354450

Schilcherhaus (=Gjadalm)
Dachstein, Tel. 06131 596

Schobersteinhütte
Molln, Tel. 0664 4171320

Schönbergalm
Dachstein, Tel. 0664 2172570

Schüttbauernalm
Bodenwies, Tel. 03631 203

Seekaralm
Gosau, Tel. 06136 8671

**Seethalerhütte
(Dachstein-wartehütte, AV)**
Dachstein, Tel. 0664 3240640

Sepp-Huber-Hütte
Kasberg, Tel. 07616 8228

Simony Hütte (AV)
Dachstein, Tel. 0680 2196374

Sonnenalm
Gosaukamm, Tel. 0664 4428675

Sonnsteinhütte
Traunkirchen, Tel. 0664 3698389

Stubwiesalm
Spital am Pyhrn, Tel. 07562 7665

Stuhlalm
Gosaukamm, Tel. 0664 2060067

Theodor-Körner-Hütte (AV)
Gosaukamm, Tel. 0662 820123

Traunsteinhaus (TVN)
Traunstein, Gmunden Tel. 07612 65010

Trockentannalm
Bad Goisern, Tel. 06135 7057

Unterrannerreith
Oberweng, Tel. 07563 7247

Vormaueralm
St. Wolfgang im Salzkammergut,
Tel. 06138 3654

Welser Hütte (AV)
Totes Gebirge, Tel. 07616 8088

Wiesberghaus (NN)
Dachstein, Tel. 0676 5203193

Wildenseehütte (AV)
Totes Gebirge, Tel. 03622 54815

Wurzeralm, Bergrestaurant
Spital am Phyrn Tel. 07564 5275705

Zellerhütte (AV)
Vorderstoder, Warscheneck,
Tel. 0664 4112717; Tel. 07562 8424

Zwieselalm
Gosaukamm, Tel. 06136 8506

REGION WOLFGANGSEE / MONDSEE / IRRSEE

Schafberg

Schafberg und Co, 1782 m

Seenromantik unter den Schafbergabstürzen

Seit 1892 prustet und pfaucht die weltbekannte Schafberg-Zahnradbahn die knapp 6 km lange Strecke von St. Wolfgang bis fast unter den Schafberggipfel hinauf. Heute allerdings bucht man die Dampflokomotiven hauptsächlich als Sonderfahrt, dieselhydraulische Triebwagen helfen nun, die Tausenden Urlauber im Sommer beschaulich auf den Berg zu fahren. Der Schafberggipfel ist einer der schönsten Aussichtspunkte Österreichs – kein naher Berg behindert die Sicht, senkrecht fällt die Wand hunderte Meter in die Tiefe und schon vom Gipfelhotel werden wir von einem 7-Seen-Blick verwöhnt. Rund um den Schafberg gibt es einige Wandervarianten, die wir hier zusammenfassen.

Ausgangspunkt: St. Wolfgang, 548 m, Schafbergbahnhof, Auffahrt mit der Schafbergbahn zur Bergstation Schafbergspitze; bei Schönwetter Auffahrt bis 31. Okt.

Gehzeit und Schwierigkeit: 15 Min. zur Schafbergspitze, sonst je nach Route

Höhenunterschied: Rund 1250 m Abstieg

Einkehr: Berghotel Schafbergspitze; Himmelspforthütte

Besonderheit: Unvergleichlich romantische, vielfältige Berg- und Seenkulisse

Tipp: Im Hochsommer oft Parkplatzprobleme und lange Wartezeiten bis zur Auffahrt auf den Schafberg

Region Wolfgangsee / Mondsee / Irrsee

[1] Schafbergalm
Variante 1: Normalabstieg light

Ausgangspunkt: St. Wolfgang, Bergstation Schafbergspitze
Gehzeit: Bergabwanderung von etwa 2 Std.
Einkehr: Hotel Schafbergspitze, Himmelspforthütte; Gh. Schafbergalpe

Beschaulich kriechen wir mit der Zahnradbahn bis zur Bergstation Schafbergspitze und genießen die „schiefe Landschaft" hinter den Waggonfenstern. Von der Bergstation wandern wir hinauf zum **Hotel Schafbergspitze** und – wenn es den Kindern insgesamt nicht zu viel wird – in etwa 15 Min. auf die Schafbergspitze. Wir rätseln nach den Namen der 7 Seen und genießen erschauernd die Tiefblicke über die senkrechten Steilabstürze des Schafberges.

Dann geht es zurück zum **Bergbahnhof** und auf Weg 20 über grüne Hänge und Wiesen weiter zur **Bahnstation Schafbergalm**, 1364 m. Auf dem breiten und gut markierten Weg Nr. 23 wandern wir hinunter nach **St. Wolfgang**. Auf jeden Fall besichtigen wir den Ortskern mit dem Hotel **„Zum Weißen Rössl"** und die Wallfahrtskirche mit dem berühmten **Flügelaltar** von Michael Pacher und genießen vom Kirchenplatz aus den Prachtblick auf den **Wolfgangsee**.

Region Wolfgangsee / Mondsee / Irrsee

[2] Reizvolle 3-Seen-Wanderung
Variante 2: Vom Schafberg nach St. Wolfgang

Ein langer Abstieg, der ordentlich in die Knie geht, aber zu den tollsten Unternehmungen im Salzkammergut zählt!
Nach der vergnüglichen Auffahrt suchen wir unsere Route von der Umzäunung oberhalb des Schafberghotels: atemberaubend der 7-Seen-Blick, in der schaurigen Tiefe unter uns winzig klein das Wasserauge des Suissensees, von dem aus wir dann den Schafberg umwandern.

> **Ausgangspunkt:** St. Wolfgang, Bergstation Schafbergspitze
> **Gehzeit:** Etwa 4 Std. ins Tal
> **Schwierigkeit:** Bergtour mit Steileinlage, Trittsicherheit und Schwindelfreiheit Voraussetzung; bei Nässe und Schneelage äußerst gefährlich!
> **Einkehr:** Auf dem Schafberggipfel
> **Tipp:** Wer lieber bergauf geht, kann die Wanderung umgekehrt angehen!

Vom Bergbahnhof geht's hinauf zum Berghotel und in einigen Minuten zum eigentlichen Schafberggipfel – eine wunderschöne Draufgabe! Zurück zum Hotel nehmen wir den Kammweg nach Westen, und nun beginnt unser alpines Abenteuer: Durch die „**Himmelspforte**" geht es steilst hinunter zum **Suissensee**. Von ihm schießt die Schafberg-Nordwand 400 m senkrecht in den Himmel, mitten im Seelein ragt der sogenannte Caprifelsen auf, ein Ebenbild des weltbekannten Felsens in der Adria. Sind wir im Spätfrühling unterwegs, wandern wir durch eine Flut von Almrosen zum malerischen **Mittersee**. Sehr steil geht's dann hinauf zur Scharte und noch steiler hinab zum größten See unseres Trios, dem **Mönichsee**. Spätestens hier haben wir uns in dieser wundervollen Ruhe ein kühles Bad verdient. Der Bergwald berührt teilweise das Seeufer, über dem die Felsen des „Teufels Abbiss" in den Himmel ragen.

Wir können bei der Weggabelung entweder direkt über den Auerriesenweg nach St. Wolfgang hinunterwandern oder länger, aber schöner, auf Weg 27 über die sonnenumfluteten Wiesen der **Vormaueralm**. Unvergesslich schön die Fernsicht zum Dachstein und ins Postalmgebiet, hunderte Gipfel, tief unten der schimmernde Wolfgangsee. Wenn wir noch Zeit haben,

Region Wolfgangsee / Mondsee / Irrsee

Schafberg

nehmen wir als Aussichtsgipfel den **Vormauerstein** (1451 m) mit – er schenkt einen weiteren grandiosen Panoramablick. In weiten Kehren wandern wir dann – vielleicht bereits mit weichen Knien – hinunter zum Ahornplatz, nach Süden hinab zur Michael-Pacher-Straße und das Ufer entlang weiter zur Talstation der Zahnradbahn.

Region Wolfgangsee / Mondsee / Irrsee

[3] Um den Schafberg
Variante 3: Über 2 Klettersteige

Ausgangspunkt: Bergbahnhof Schafbergspitze

Gehzeit: 15 Min. auf die Schafbergspitze; über die Himmelspforte – Suissensee – Mittersee – Mönichsee – Purtschellersteig zur Schafbergalpe (Mittelstation) 2 ½ Std.; 1 ½ Std. nach St. Wolfgang

Höhenunterschied: 1250 m Abstieg, 350 m Aufstieg

Schwierigkeit: Anspruchsvolle Bergtour mit 2 Klettersteig-Einlagen; bei Nässe und Schneefall äußerst gefährlich! Purtschellersteig nicht immer geöffnet

Einkehr: Hotel Schafbergspitze, Himmelspforthütte; Gh. Schafbergalpe

Diese spezielle Steig-Runde führt uns an den äußersten Flanken der Schafbergnordwand hinunter und ihren Südhang wieder hinauf.

Von der Bergstation wandern wir hinauf zum Berghotel und lustwandeln zur **Schafbergspitze** hinüber. Unvergesslich der Panoramablick und das schaurige Schauen in die Tiefe.

Zurück zum Berghotel und zur **Himmelspforte** steigen wir nun über den gut gesicherten, aber steilen Steig in das Kar am Fuße der Schafberg-Nordwand hinab. Über den Suissensee führt uns das Weglein – im Frühsommer durch ein Meer von Almrosen –

Schafberg

zum Mittersee und weiter zum Mönichsee. Wir steigen von hier nicht nach St. Wolfgang ab, sondern wenden uns oberhalb des Sees nach rechts, wo der Weg auf den **Purtschellersteig** abbiegt. Es geht nun den **Törlspitz**-Südhang hinauf: Anfangs bewaldet, dann sind wir im Fels, der mithilfe von Stufen und Stahlseilen überwunden wird. Über eine Felsrinne wandern wir schließlich zu einem Bahnübergang vor der **Schafbergalm**, geradeaus weiter überqueren wir die Schienen bis zur **Bahnstation Schafbergalpe**. Von dort geht's über einen breiten Weg durch das Almgebiet und dann steil nach St. Wolfgang hinab.

[4] Vom Wolfgangsee zum Attersee
Variante 4: Für Weitwanderer

Ausgangspunkt: St. Wolfgang, Kalvarienberg, über Vormauer Alm (siehe Variante 2)
Endpunkt: Burgbachau am Attersee
Gehzeit: 5–6 Std.
Höhenunterschied: Mehr als 900 m Aufstieg und Abstieg
Schwierigkeit: Lange Bergwanderung, in der Burggrabenklamm Trittsicherheit und Schwindelfreiheit nötig (Wanderung 15)
Einkehr: Buchberghütte auf der Eisenauer Alm
Routenverlauf: St. Wolfgang – Seen-Trio – Eisenauer Alm – Burggrabenklamm – Burgbachau am Attersee

Eine wunderschöne Wanderung mit landschaftlicher und kultureller Vielfalt! Natürlich nehmen wir uns Zeit für den Ortskern zwischen Zahnradbahn, Wallfahrtskirche und dem Weißen Rössl und genießen den Ausblick durch die kunstvollen Arkadenbögen der Kirche auf den tiefblauen See. Nun geht's am kürzesten über den **Auerriesenweg** (er führt u. a. von der Schafbergbahn weg), aber schöner über den **Kalvarienberg** zur Vormauer Alm, über das Seen-Trio Mönich-, Mitter- und Suissesee zu den Felsabstürzen der Schafbergnordwand hinauf, rechts (nördlich) steil bergab zur **Eisenauer Alm** mit verdienter Einkehr! Als zusätzlichen Glanzpunkt der Abstieg durch die beeindruckende **Burggrabenklamm**, wo uns hoffentlich ein Familien- oder Freund-Taxi erwartet.

Region Wolfgangsee / Mondsee / Irrsee

[5] Vom Wolfgang- zum Schwarzensee, 716 m

Von einem See zum andern

Wenn von hohen Berggipfeln der erste Schnee in die Täler leuchtet und der Herbstwald in seiner Farbenpracht erglüht, werden die Tagesziele der Bergsteiger und Wanderer bescheidener. Diese Spätherbsttage hinterlassen ebenso unvergessliche Eindrücke wie Gipfelstunden in Gletschernähe oder eine Kletterroute über ausgesetzte Grate.

> **Ausgangspunkt:** Strobl am Wolfgangsee, 542 m,
> P in der Hauptsaison am Ortsrand
> **Gehzeit:** 4–5 Std.; 1½ Std. zum Schwarzensee,
> 1 Std. um den See, 1½ Std. Abstieg
> **Schwierigkeit:** Wirersteig: Trittsicherheit nötig (schmal und ausgesetzt!)
> **Höhenunterschied:** 350 m
> **Einkehr:** In Strobl, Alpenrestaurant Zur Lore und Almstadl am Schwarzensee, Jausenstation Holzerbauer
> **Besonderheit:** Bürglsteigrunde: Seeweg über dem Wolfgangsee; hübsch gelegener Bergsee

Variante 1: Schwarzensee für Kurzwanderer

Kurzwanderer fahren mit dem Auto über Rußbach zum Schwarzensee. Eine Wanderung um ihn herum – auf problemlosem Weg

bzw. Asphaltstraße – bietet alle Vorzüge der Spätherbsttage. Herrscht im Sommer hier unbändiger Trubel, so findet man jetzt nur wenige Autos und Wanderer. Der Gastbetrieb schließt meist Anfang Oktober, der See liegt still und einsam in seinem satten Blau, zu dem die Wälder ringsum wie buntfarbene Gewänder bis an die Ufer niederwallen.

Variante 2: Über den Wirersteig zum Schwarzensee

Von der Kirche in Strobl geht's auf der Bürglstraße zur Klausbrücke, wobei

Wirersteig

rechts davor Stufen zum Achenweg führen. Bis zur nächsten Brücke, auf der Straße links über den Fluss und kurz darauf rechts nach Mönichsreith abzweigen – Wegweiser Rußbach. Den Schwarzenbach entlang, hinauf bis zum Kraftwerk. Vor diesem beginnt der Wirersteig, er ist schmal und ausgesetzt, aber mit einem Drahtseilgeländer gut abgesichert. Steil steigen wir den Schluchthang hinauf. Das Wasser des **Schwarzensees** wird wirtschaftlich genutzt, daher variiert sein Seespiegel. Wir umrunden gemütlich das romantische Gewässer und wandern vom Gh. Almstadel über den Sattelweg Nr. 28 wieder nach St. Wolfgang hinunter. Von der **Jausenstation Holzerbauer** wandern wir zum Aschauerhof hinab, dort nach links bis zur Hauptstraße. Rechts geht's zum Gh. Bürglstein, vorbei am Sportplatz und weiter bis zum **Bürglsteig-Panoramaweg**. Dieser führt uns unvergleichlich romantisch auf Stegen und Planken über dem Wasser des Wolfgangsees zurück nach Strobl.

Region Wolfgangsee / Mondsee / Irrsee

[6] Bleckwand, 1541 m

Zu zwei Gipfeln mit hellen Aussichtsfreuden

Im Ausflugsgebiet um den Wolfgangsee erhebt sich gegenüber von St. Wolfgang die Bleckwand, um deren Flanken sich eine Anzahl entzückender Almen schmiegt. Vom Tal aus eher plump wirkend, übertrifft der Blick von ihren zwei Gipfelkanzeln alle unsere Erwartungen!

Ausgangspunkt: Strobl am Südufer des Wolfgangsees, Ortschaft Gschwendt, 542 m; Auffahrt auf der Mautstraße von der Haltestelle Landauer bis zur Niedergaden Alm, 11 km von Strobl, 15 km von St. Gilgen; oder zu Fuß vom Leitnerbauern

Gehzeit: Rundweg von insg. 2 Std., P bei Niedergaden Alm – Bleckwand Hütte – Bleckwandgipfel knapp 1 ½ Std., zurück zum P ½ Std.; zu Fuß vom Leitnerbauern auf die Bleckwand Hütte etwa 2 ½ Std., 20 Min. auf den Gipfel

Höhenunterschied: Rund 320 m von Niedergaden Hütte

Schwierigkeit: Leichte Wanderung, Vorsicht mit Kindern im Gipfelbereich – Steilabstürze nach NO

Einkehr: Jst. Niedergaden Alm, Bleckwand Hütte

Vom P bei der **Niedergaden Alm** wandern wir auf Weg 32 über die bewaldete Südwestflanke der Bleckwand hinüber bis zur **Bleckwand Hütte**. Sie allein ist schon einen Ausflug wert. Wir aber streben auf einem baumfreien Gipfelkamm einem der

Bleckwand

Highlights von Oberösterreichs Bergwelt zu: dem Nordwest- und dem Südostgipfel der Bleckwand. Vom Toten Gebirge zum Dachstein, vom Ankogel bis zum Hochkönig, die zahlreichen Gipfel des nahen Postalm-Gebietes bis zum Untersberg und Zwölferhorn, hinüber zum nahen Schafberg, der prachtvolle Tiefblick auf die Landschaft um den Wolfgangsee, Mondsee, Attersee und Schwarzensee. Wir wandern zurück zur Wegkreuzung zwischen den **beiden Gipfeln** und steigen flott auf Weg 31 durch Wald und Wiesen steil nach Süden hinunter zum Niedergaden Sattel mit Parkplatz.

Postalm

Postalm, 1325 m

Zweitgrößtes Almenhochplateau Europas

Ausnahmsweise sei uns eine kleine Anleihe an das Bundesland Salzburg erlaubt: Die Postalm, auf der sich unser Gipfelziel befindet, ist ein lohnender Grenzgänger, den wir niemandem vorenthalten möchten. Sie ist nach der Seiser Alm in Südtirol die größte Almhochfläche Europas. Schon die Auffahrt auf der Panoramastraße eröffnet uns immer wieder neue Perspektiven zu Tal und Berg. Ein Paradies für jeden Freund des Wanderns, da das Angebot mehr als reichlich ist. Wir haben 3 Varianten ausgewählt:

Pitschenberg, Wiesler Horn und Gamsfeld.

Region Wolfgangsee / Mondsee / Irrsee

[7] Pitschenberg, 1720 m
Hochflächen in prächtigem Panorama

Ausgangspunkt: Strobl, 542 m, Ortschaft am Südostende des Wolfgangsees, P am oberen Parkplatz (1325 m) am Ende der Postalm-Mautstraße, 16 km von Strobl
Gehzeit: 2½ Std. vom P auf den Pitschenberg, 2 Std. retour
Schwierigkeit: Lange, aber ungefährliche Bergwanderung, nicht bei Nebel!
Höhenunterschied: 400 m **Einkehr:** Jst. Pitschenberg Hütte
Besonderheit: Schöne Hochflächenwanderung in prächtigem Panorama, weitläufige Heidelbeersträucher

Postalm: Variante für die ganze Familie
Die Besteigung des Pitschenberges durch den „Alpengarten" lässt uns die Weite des almerischen Hochplateaus erahnen.

Vom oberen Parkplatz wenden wir uns Richtung Westen hinauf zum Schranken. Wir nehmen die Straße links, sind bald bei der Wegabzweigung nach rechts und folgen unserem Weg über Wiesen zu einem Haus (ehemaliges Gh. Huber). Wunderschön ist von hier über die ansteigenden Höhen durch Lärchenbestände zur **Pitschenberg Alm** zu wandern und von dieser weiter auf den aufragenden Gipfel des Pitschenberges zu steigen. Die fruchtigen Heidelbeerfelder, welche die Kehren der letzten Grashänge säumen, können wegen des reichhaltigen Angebots die angegebene Wanderzeit beträchtlich verlängern! Die Wiesen vor der Pitschenberg Alm laden zum „Mit-der-Seele-Baumeln" ein, herrlich ist von hier die Sicht zum Dachstein und zum Gosaukamm. Der dürre Lärchenwald ist nicht auf die Folge von Umweltschäden zurückzuführen. Er stammt noch aus der Zeit, in der Holz auf Almen fast wertlos war und die Bauern die Rinden abschälten, die Bäume also sterben ließen, um so weiteren Almboden für ihr Vieh zu gewinnen.

Postalm

[8] Wiesler Horn, 1603 m
Geliebter Grasgipfel auf der Postalm
Wanderung mit fantastischer Rundsicht vom Gipfelhorn!

Ausgangspunkt: Siehe Tour 7
Gehzeit: 1 ½ Std. vom P über die Wiesler Alm auf das Wiesler Horn, vom Gipfel über die Thoralm zurück 1 ½ Std.
Schwierigkeit: Einfache Wanderung, aber Trittsicherheit nötig, nicht bei Nebel!
Höhenunterschied: 400 m
Einkehr: Mehrere Gaststätten auf der Postalm

Postalm: Variante für den Trittsicheren

Vom oberen Parkplatz wandern wir zum Schranken hinauf und auf Weg 877 zur Jst. Wiesler und weiter auf die gleichnamige Alm. Über sanften Gratrücken und zuletzt über die steile Ostflanke schwingen wir uns empor zu Gipfelkamm und Gipfelkreuz. Senkrecht stürzt die nördliche Gipfelwand in den Bergwald und weit ist der Blick über die unzähligen Almen, hinab zum Wolfgangsee und hinüber zum Tennengebirge.

Zurück geht's entweder auf demselben Weg oder – auch recht schön – über die Thoralm (1331 m). Dabei biegen wir vor der Jst. Wiesler links ab und wandern über den Rundwanderweg R3 zur Jst. Postalmhütte (1284 m). Über die Wiese zurück zum oberen Parkplatz.

Region Wolfgangsee / Mondsee / Irrsee

[9] Rettenkogel – Bergwerkskogel

Das „Matterhorn" des Salzkammergutes

Bizarr und scheinbar unnahbar hebt sich der hornartige Rettenkogel, unser heutiges Bergziel, vom Himmel ab.
Für diese Tour lohnt es sich, im Morgengrauen aufzubrechen, um die Sonnenaufgangsstimmung zu erleben.

> **Ausgangspunkt:** Bushaltestelle „Wacht" bei Aigen zwischen Bad Ischl und Strobl; Parkmöglichkeit beim Gasthaus oder einige hundert Meter südlich entlang der Straße; Anstieg über die Sonntagkar Alm oder die Laufenberg Alm
>
> **Gehzeit:** Wacht-Gipfel 3–4 Stunden
>
> **Schwierigkeit:** Zünftige Bergtour, Trittsicherheit und zum Teil unbedingte Schwindelfreiheit erforderlich! Bergschuhe sind unerlässlich
>
> **Besonderheiten:** Großartige Fernsicht vom Rettenkogel

Von der **Autobushaltestelle Wacht** beginnen wir die Wanderung immer den zur Linken plätschernden Schöffau-Bach entlang. Über die **Obere Schöffau Alm** (1 Std.) steigen wir weiter hinauf nach rechts zur **Sonntagkar Alm**. Über Almböden und steilen Wald mit urwaldartigen Baumriesen schrauben wir uns in Serpentinen höher. Bald der erste Blick zum Wolfgangsee – eine Belohnung! Nach einer Ver-

Postalm

Rettenkogel

schnaufpause weiter steil bergauf, die Krönung des Aufstieges ist dann die 110-Sprossen-Leiter kurz vor dem Gipfel! Mit erhabenem Glücksgefühl erreichen wir das stählerne Gipfelkreuz, die großartige Fernsicht mit ihren reizvollen Tiefblicken tröstet über manch vergossenen Schweiß hinweg! Romantisch der Blick zur nahen Gamsfeldgruppe und dem mächtigen Rinnkogel, aus den Tälern leuchten sieben Seen zu uns herauf.
Nach verdienter Rast geht es gleich den Kletterteil hinunter über die „Rettenkogelnase". Fast senkrecht abfallend führt der Felssteig hinunter, durch ein Seil gesichert. Durch die sogenannte **Schneid** klettern wir zum Bergwerkskogel! Für diesen Übergang braucht es wirklich Klettererfahrung, sonst lieber beim Rettenkogelgipfel belassen!
Der Gipfel des Bergwerkskogels beschert eine Traum-Aussicht. Nach ausgiebigem Genuss geht es abwärts zur Laufenbergalm, dann eine rutschige Partie durch den immer feuchten Waldweg und über die Schöffau Alm wieder zurück ins Tal.

Region Wolfgangsee / Mondsee / Irrsee

Blick von der Postalm zum Gamsfeld und zum Braunedlkogel

Gamsfeld

Stolzer 2000er in der Osterhorngruppe

Zwischen Wolfgangsee und Hallstättersee breitet sich ein weiträumiges Wandergebiet, aus dem ein einziger Zweitausender über Dutzende Almen und Berge ragt: das Gamsfeld. Entsprechend einzigartig ist auch die Aussicht von seinem Gipfelkreuz.

Stundenlang könnten wir im Berggras liegen und den das Herz wärmenden Rundumblick genießen: In nächster Nähe die Postalm, Rinnkogel und Kalmberge. Schafberg, Zimnitz, Kater- und Höllengebirge, Traunstein, Totes Gebirge, Plassen, Grimming, Dachstein, Tennengebirge und Untersberg. Auch Ankogel und Sonnblick, Hochkönig und sogar der Watzmann aus Bayern vervollständigen unseren Aussichtskreis.

Auch die Alpenflora übertrifft sich hier selbst: riesige Almrauschfelder in altrosa Blüte, Enzian, Leimkraut, Alpenglöckchen, Berganemonen, Silberdisteln – alle schon rar gewordenen Bergblumen geben sich hier ein Stelldichein und bezaubern durch ihre Blütenpracht.

Viele Wege führen nicht nur nach Rom, sondern auch auf das Gamsfeld – wir bieten wirklich wandernswerte Varianten an.

[10] Von der Postalm aufs Gamsfeld
Variante 1: Normalweg

> **Ausgangspunkt:** P auf der Postalm
> **Gehzeit:** 4 Std. auf den Gipfel

Von den Hütten auf der Postalm wandern ausdauernde Wanderer in genau südlicher Richtung auf **Weg** 879 dem Tabor zu. Der durchgehend markierte Weg schwenkt abwärts zur **Rinnbergalm** ab. Bei der **Angerkaralm** ist eine Rast fällig. Über eine breite, mäßig steile Schlucht führt der Weg zum kuppelartigen Gipfel mit seiner steil nach Süden abfallenden Abbruchkante.

[11] Einbergalm & Gamsfeld
Variante 2: Für Orientierungsstarke

> **Ausgangspunkt:** P auf Postalm
> **Schwierigkeit:** Bergerfahrung und Orientierungssinn Voraussetzung!

Wer gerne abseits der häufig begangenen Wege das Gamsfeld erklimmen will, wählt die Route über die **Einbergalm** (Weg 878) und die Scharte zwischen **Scharfen** und **Braunedlkogel**. Die pfadlose Route ist nicht zu unterschätzen, ist mühsam und anstrengend, aber überaus romantisch. Es zahlt sich auch aus, von der Scharte aus den Gipfel des Braunedlkogels (1894 m) „mitzunehmen".

Über die **Rinnberg- und Angerkaralm** erkämpfen wir uns wieder unseren Gipfel.

[12] Pass Gschütt & Gamsfeld
Variante 3: Für Salzburger

Ausgangspunkt: Salzkammergut Bundesstraße, B166 über Pass Gschütt nach Rußbach; beim Gemeindeamt Rußbach rechts ins Tal des Rinnbaches abzweigen, P vor Rechtskehre
Gehzeit: Etwa 5 Std.
Höhenmeter: Ca. 1200 m
Schwierigkeit: Gut markierte Alm- und Bergpfade
Trinkmöglichkeit: Traunwandalm, Angerkaralm
Tipp: An heißen Tagen die Wanderung in umgekehrter Richtung unternehmen

Von Rußbach aus nehmen wir den Güterweg „Fallenegg" aufwärts und wandern auf dem Weg 201 über die Traunwandalm in die alpine Zone. Über den breiten Kammrücken, hinter dem das Tennengebirge die Kulisse dominiert, wandern wir die letzten 250 Höhenmeter zum Gipfel, beschenkt durch Tiefblicke zu Bleckwand und Sparber sowie nach St. Wolfgang. Zurück steigen wir in die bis Spätsommer mit Schnee gefüllte Mulde bis zur Angerkaralm ab, und auf steilem Alm- und Waldpfad (Weg 202) geht's zum Auto zurück.

Gamsfeld

Irrsee

Irrsee

Wandern am Irrsee, 573 m

Soft-Wandern in sanfter Landschaft

Was gibt es Schöneres, als sich nach einer gelungenen Wanderung oder Radtour ein ausgiebiges Bad in einem See zu gönnen?! Also auf zum Zeller- oder Irrsee: Am Ost- (Zell am Moos) und Südufer laden uns öffentliche Bäder zum Schwimmen nach vollbrachter Tat herzlich ein.

Der Irrsee ist ein eiszeitliches Relikt, seine Moore am Nord- und Südufer weisen darauf hin, dass der See am Ende der Eiszeit doppelt so lang war. Trotzdem ist er zum Umwandern zu lang, aber mit dem Drahtesel ist er leicht zu umrunden. Doch auch die sanften Hügelketten des Sees bieten schöne Möglichkeiten zum Wandern an, schenken Beschaulichkeit und laden zum Entschleunigen ein. Darum haben wir hier wieder die Qual der Wahl zwischen einem vergnüglichen Ritt auf dem Drahtesel oder dem Griff zum bewährten Wanderschuh.

Region Wolfgangsee / Mondsee / Irrsee

[13] Tannen- und Almwiesenweg

Von Zell am Moos führen zwei schöne Rundwanderwege weg: der Tannenweg und der Almwiesenweg. Sie sind beide neu beschildert, führen durch Wald und Wiesen, über sanfte Höhenzüge mit schönen Ausblicken ins Mondseerland. Jeder für sich ist eine Wanderung wert, wir haben hier beide zusammengefasst.

Ausgangspunkt: Zell am Moos im Bezirk Vöcklabruck, Kirchenplatz
Gehzeit: 3–4 Std., familienfreundlich
Höhenunterschied: Ca. 450 m
Einkehr: Gh. in Zell am Moos und unterwegs, Moststandl Zellgraber

Vom Kirchenplatz in **Zell am Moos** wandern wir auf dem Pfarrweg den Wegweisern „Almwiesenweg" folgend auf dem asphaltierten Güterweg nach Lindau hinauf. In **Lindau** werden wir dem Almwiesenweg untreu und schwenken nach rechts auf den Tannenweg ein. Über das Aussichtsplatzerl „Auerstadl" wandern wir weiter nach **Neuhäusl** und uns wieder links haltend über Harpoint zur Lindenkapelle. Wenn wir hier links abbiegen, kommen wir auf kürzerem Weg zum Ausgangspunkt zurück (siehe Plan). Schöner ist es, bei der Kapelle rechts abzubiegen und auf dem Feldweg zum **Oberlehen** und Feichten zu wandern. Hier hat uns die Beschilderung des Almwiesenweges wieder, der

Irrsee

Radeln am Irrsee

uns nach einem kurzen Straßenstück zum See hinabführt. Vor der Hauptstraße wenden wir uns links zur Brücke, überqueren vorsichtig die Fahrbahn und wandern über die Ramsau und Unterschwand wieder nach Zell am Moos.

Rund um den Irrsee mit dem Fahrrad

Ausgangspunkt: Öffentliches Bad an der Südostseite des Irrsees
Weglänge: 28 km
Schwierigkeit: Familienfreundlich, kaum Höhenunterschiede
Einkehr: Gh. Fischhof auf halbem Weg, Gh. in Zell am Moos

Ein wunderschöner Radausflug durch eine liebliche bäuerliche Landschaft, gemütlich, mit reizenden Ausblicken über Sträßchen, auf Radwegen und leider einmal auch kurz auf der Hauptstraße. Vom Bad radeln wir Richtung Süden, biegen dann links auf den Irrseeweg ein und fahren auf ihm das gesamte Westufer des Irrsees entlang. Beim Fischhofwirt gönnen wir uns eine der Fischspezialitäten, um dann gestärkt über Zell am Moos wieder zum Auto zurückzufahren.

Region Wolfgangsee / Mondsee / Irrsee

[14] Drachenwand, 1060 m

Lohnender Kammweg mit tückischer Einlage

Natürlich hat unsere Drachenwand einen sagenumwobenen Hintergrund – wie könnte es anders sein?

Die eine Sage erzählt von einem grausamen Drachen, der täglich seine Menschenopfer forderte. Erst nach vielen Schrecknissen gelang es einem tapferen Ritter, das bösartige Untier zu bezwingen. Die Wand, in dem der Drache hauste, heißt heute noch Drachenwand.

Die zweite Sage entbehrt nicht einiger Komik: Einst holte der Teufel einen wahren Drachen von einer Pfarrersköchin. Anscheinend war aber auch er ihr nicht gewachsen, denn er kam von seiner Flugroute ab und krachte mit ihr unter furchtbarem Getöse in die Drachenwand. Dieses verteufelte Loch ist heute noch zu sehen und schenkt uns einen wunderbaren Tiefblick auf den Mondsee.

Ausgangspunkt: Plomberg bei St. Lorenz, 498 m; Zufahrt von Mondsee (6 km)

Gehzeit: 2 Std. Aufstieg, 1½ Std. Abstieg

Schwierigkeit: Anspruchsvolle Bergtour mit steilem Waldsteig und felsigem Zustieg: Trittsicherheit und Schwindelfreiheit sind Voraussetzung! Bei Schnee und Nässe zu riskant! Nicht unterschätzen!

Vom Gh. Plomberg wandern wir Richtung **Theklakapelle** zum Waldrand und zum Klausbachtal. Wir schwenken in den Weg mit der Markierung 12 ein. Ein kurzer Abstecher zur Thekla-

Region Wolfgangsee / Mondsee / Irrsee

Drachenwand

kapelle rechts lohnt sich. Zur Drachenwand nehmen wir dann den Pfad links hinauf, und bald stehen wir vor der ersten Herausforderung: Mithilfe von Leitern und Stahlseilen überwinden wir eine deftige Felsbarriere. Bei Nässe nicht ungefährlich! Konditionsstark schrauben wir uns den sehr steilen Waldhang hinauf, den Gipfelkamm der Drachenwand schon greifbar nahe. Und dann die Enttäuschung: Vor uns tut sich eine tiefe, äußerst steilhangige Schlucht auf, man möchte die Flugkunst eines Drachen haben – aber wir müssen die 100 m hinab und drüben wieder hinauf! Also hinabgestiegen in die **Klausbachschlucht** und durch lichten Buchenwald hinauf auf den felsigen Gipfelgrad, der uns mit seinem schönen Gratweg und der begeisternden Aussicht belohnt. Kurz vor dem Gipfelkreuz klafft das erwähnte Felsloch.

REGION ATTERSEE

[15] Von der Burggrabenklamm auf die Eisenauer Alm, 1015 m

Schöner Weg durch eine berauschende Schlucht

Die Burggrabenklamm ist mit ihrer wilden Schönheit eines der beliebtesten Ziele im Salzkammergut. Bereits 1890 wurde der „Erzherzogin-Valerie-Weg" in das steile Felsengelände gebaut und erschließt nicht nur naturbelassene Wasserspiele in Tal und Schlucht, sondern auch sanfte Almweiden und trotzige Berggipfel in den Höhen.

Ausgangspunkt: Burgau, 472 m, kleiner Ort am Südufer des Attersees, P beim Gh. Jagerwirt in Burgbachau, 2 km westl. von Burgau

Gehzeit: 2 Std. zur Buchberghütte in der Eisenauer Alm

Rückweg: Entweder auf demselben Weg oder schöner nach Unterach, von dort zurück nach Burgbachau, ca. 1½ Std. auf schönem, steilem Waldweg, 30 Min. auf der Straße

Schwierigkeit: Leichte Wanderung, in der steilen Burggrabenklamm (Absturzgefahr!) mit Kindern aufpassen! Trittsicherheit und Schwindelfreiheit nötig.

Höhenunterschied: Rund 600 m

Einkehr: Gh. Jagerwirt, Buchberghütte

Besonderheit: Die großartige Burggrabenklamm und eine der letzten lieblichen Almweiden auf der Eisenauer Alm, 1015 m; Blick zum Schafberg

Burgengrabenklamm

Wir wandern auf breitem Weg durch den Wald nach Süden zum Eingang in die Burggrabenklamm. Bei der **Marienstatue** machen wir einen Abstecher nach links in den vorderen Klammabschnitt – eine alpine Klammwanderung auf kleinstem Raum, turmhohe Schluchtwände leiten uns zum **18 m hohen Wasserfall**. Für mich die kürzeste, aber schönste Klamm! Der Steig ist gut gesichert, trotzdem mit Kindern auf jeden Schritt achten. 30 Min. – mit Gustieren – hin und zurück.

Wieder zurück bei der Marienstatue führen uns Kehren einen felsigen, bewaldeten Steilhang durch die Klammschlucht rechts rasch aufwärts. Im flacheren Klammabschnitt überqueren wir den **Klausbach,** dessen sanftes Rauschen uns durch die ganze Schlucht begleitet, südwärts weiter zur **Magdalenaquelle** mit Unterstandshütte. Aufwärts geht es zur bewaldeten Schulter mit der Wegteilung zum **Schwarzensee oder zur Eisenauer Alm.** Hier schwenken wir nach rechts auf den **Gretlsteig** ein und wandern weiter durch die zahm gewordene Klamm zu den Almböden der **Acker Alm** (unbewirtschaftet). Nach einigen Schleifen weitet sich das Almgebiet und wir freuen uns auf eine Jause auf der **gastlichen Buchberghütte.** Beherrscht wird die sanfte Almlandschaft durch die gewaltige Wandflucht des Schafberges, die senkrecht aus dem Grün der Almböden ragt.

Nach der Einkehr wandern wir auf der Naturstraße zurück bis zur Weggabelung, hier links hinauf zum Waldrand, bevor wir in steilsten Serpentinen Richtung **Unterach** absteigen (1 ½ Std.) Bei der Wegkreuzung in Talnähe halten wir uns **rechts** (nicht nach Oberburgau am Mondsee absteigen!), erreichen durch einen schönen Waldweg die Ortschaft Unterach und wandern teils neben, teils oberhalb der Straße nach Burgbachau zurück.

Region Attersee

[16] Drei-Gipfel-Graterlebnis

Traumpfad über dem Attersee

Wir bewegen uns hier am äußersten westlichen Zipfel des Höllengebirges, das mit seiner 7 km langen Wandflucht und seinen unwirtlichen Steilflanken für den Normalwanderer unbezwingbar scheint. Doch es gibt einen gut markierten, gesicherten Klettersteig, der ohne allzu große Schwierigkeiten zu einer traumhaften Gratüberschreitung hinaufleitet.

Ausgangspunkt: Steinbach am Südwestufer des Attersees, 2 km nach Steinbach, Parkstreifen rechts an der B 152

Gehzeit: 6–7 Std.

Schwierigkeit: Anspruchsvolle Bergwanderung auf gut markierten und gesicherten Felssteigen, Trittsicherheit und Schwindelfreiheit gefragt

Höhenunterschied: Rund 1100 m

Tipp: Dieser „Traumpfad" kann auch vom Hochleckenweg begangen werden

Um Parkmöglichkeiten am Attersee ist immer ein Gerangel! Am Ende des Parkstreifens zweigt von der Bundesstraße links der Kirchenweg ab; wir suchen uns das Hinweisschild „Dachsteinblick-Brennerriesensteig 3 Std." und sind auch schon auf dem richtigen Weg! Rechts vorbei am **Forsthaus** wandern wir auf Weg 821 dem Wald zu.

Durch Mischwald geht es über ein Trockenbachbett bis zu einer 20 m langen Eisenleiter. Nun schrauben wir uns in steilen Serpentinen die **Brennerriese** aufwärts, ausgesetzte Passagen sind mit Drahtseilen gut gesichert. Nach gut 2 Std. haben wir die Latschenregion erreicht, der Steig dreht nun auf Süd und wir erwandern die Almhochfläche der **Brennerin**. Hier stoßen wir auf Weg 820, der vom Hochlecken kommend die gesamte Kammlänge durchläuft. Gleich daneben das Gipfelkreuz des **Dachsteinblicks**, 1559 m. Bei einer verdienten Rast genießen wir den versprochenen Traumblick zum Dachstein.

Panorama vom großen Schoberstein

Region Attersee

Das Allerschönste liegt noch vor uns: die **Kammwanderung** auf dem südwestlich abfallenden Höhenrücken über die **Mahdlschneid** zum zweiten Gipfelkreuz auf dem Mahdlkopf, 1261 m, und weiter zum dritten Gipfel, dem **Schoberstein**, 1037 m (1 ½ Std. vom Dachsteinblick). Traumhaft schön ist dieser Gratpfad, der über steilste Felsabstürze links und entzückende Tiefblicke zum türkisen Attersee rechts leitet. Stets Aug in Aug mit uns sind nun auch, wie ein Bühnenbild, Schafberg, Drachenwand und Mondsee. Vom Bankerl unterhalb des Schobersteins lassen wir noch einmal alle Eindrücke Revue passieren, bevor wir in den Hochwald eintauchen. Der steile Abstieg geht noch einmal ganz schön in die Wadln. Knapp oberhalb des Seeufers treffen wir auf den **Nikoloweg**, auf dem wir parallel zur Uferstraße etwa 2 km zu unserem Auto zurückwandern. Gratwanderungen wie diese sind immer herzerfrischend – wir nehmen als weitere Erfrischung nun ein ausgiebiges Bad im Attersee, was unsere Tagestour noch unvergesslicher macht!

[17] Großer Schoberstein, 1037 m

Steiler Gipfel, große Aussicht am Attersee!

Der Schoberstein ist der westlichste Gipfel des Höllengebirges, das sich mit seiner 7 km langen, felsig-abweisenden, geschlossenen Wandflucht zum Attersee hinüberschiebt. Es gibt – vom Schafberg einmal abgesehen – keine prächtigere Aussichtswarte in diesem Raum und er ist doch relativ einfach zu besteigen.

> **Ausgangspunkt:** Weißenbach am Südufer des Attersees, 470 m, P im Ortsbereich. Karte siehe Tour 16
>
> **Gehzeit:** Gut 1½ Std. auf den Gipfel
>
> **Höhenunterschied:** Rund 560 steile Meter
>
> **Schwierigkeit:** Leichte Wanderung, beim Gipfelsturm Trittsicherheit und Schwindelfreiheit dennoch erforderlich!
>
> **Besonderheit:** Schönes, stilles Wandern in großartiger Berglandschaft zu prächtiger Aussichtswarte
>
> **Tipp:** Ganz Konditionsreiche können den Schoberstein in die 3-Gipfel-Wanderung integrieren (Tour 16)

Die Parkplatzsuche gestaltet sich im Atterseegebiet oft schwieriger als die Wanderung selbst ...

Gleich neben dem Hotel Post beginnt der Weg 820, der uns – gut markiert – über Mischwald in zahlreichen Spitzkehren ungewöhnlich steil bergwärts leitet. Schon nach ½ Stunde liegt uns der See tief zu Füßen, Motorenlärm von See und Straße sind verebbt. Immer mehr in Augenhöhe ragen die mächtige Drachenwand, der Gipfel des Schafbergs und die Pyramide der Zimnitz zu unserer Linken auf. Bankerl und Tische laden zu einer Verschnaufpause ein, der Blick schweift ins Weißenbachtal mit dem gewaltigen Schuttbett des Weißenbaches, zu den bunten Zelten des Europaplatzes, zu den Bergen des Toten Gebirges dahinter. Über steilste, mit Fels durchsetzte Grashänge und Kehren erreichen wir bald einen Höhenrücken, von dem wir die weite Wasserfläche des Attersees überblicken und wo die abweisenden Gipfelfelsen des Schobersteins über uns auftauchen. Bisher war der Anstieg kinderleicht, etwa ½ Std. vor dem Gipfel können wir bei einem Bankerl noch einmal Kraft tanken für den „Gipfelsturm". Dann folgen wir dem schmalen Pfad, der uns an einer

Region Attersee

Blick auf den Attersee vom Schoberstein

Höhle vorbei zum baumfreien, felsigen Gipfelaufbau führt. Über Geröll und plattige und schroffe Felsen – mit Drahtseilen gesichert – ersteigen wir den Gipfel unseres Prachtaussichtsberges, der mit Gipfelkreuz und Buch winkt.

REGION TRAUNSEE / GMUNDEN

[18] Grünberg, 984 m, und Co

Auf den Hausberg der Gmundner

Der Grünberg ist das Verbindungsglied zwischen Alpenvorland und Alpengebiet. Sein Gipfel ist allein schon wegen der schönen Aussicht ein Ziel, das sich lohnt: Die geballte Felswucht des Traunsteins ist ganz nah, der Traunsee schimmert zu unseren Füßen, die Gipfelparade des Höllengebirges zeigt sich in ihrer ganzen Länge, und bei klarer Sicht reicht der Blick übers Alpenvorland beinahe bis ins Mühlviertel.

> **Ausgangspunkt:** Gmunden, Talstation der Grünbergseilbahn
> **Gehzeit:** 1½ Std.
> **Höhenunterschied:** 561 m
> **Schwierigkeit:** Leichte Wanderung, aber gutes Schuhwerk empfohlen
> **Einkehr:** Grünbergalm
> **Tipp:** Sommerrodelbahn am Gipfelhang

Variante 1: Mit der Seilbahn auf den Grünberg

Viele Wege führen auf den Grünberg! Fast jeder Oberösterreicher hat auch schon den gemütlichsten gewählt: die Auffahrt mit der Seilbahn (Seit 2014 können wir mit der neuen Pendelbahn den Gipfel erobern. Die Seilbahn bietet 60 Gästen Platz und auch Kinderwägen und Fahrräder sind willkommene Fracht.)

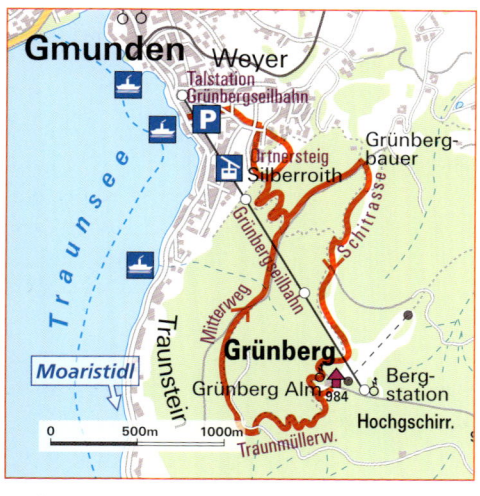

Laudachsee

Aber auch zu Fuß erweist sich der Grünberg als guter Trainingsberg, weil er einige Steilanstiege vorweisen kann.

Variante 2: Über die Silberroith auf den Grünberg
Vom Parkplatz hinter der Talstation der Seilbahn wandert man die Straße „Im Gsperr" hinauf bis zum Moosbergweg. Den biegen wir rechts, kurz darauf links ein und steigen im Wald steil bergauf zur Silberroith und weiter bis zur Grünbergwiese. Hier wandern wir die Skitrasse hinauf und durch den Wald rechts auf unseren Aussichtsgipfel.

Variante 3: Über den Ortnersteig auf den Grünberg
Steil und immer ein bisschen Rutschpartie!
Diesmal wandern wir vom **Seilbahn-Parkplatz** rechts den Ackerweg hinauf, beim **Hotel Magerl** vorbei und zum Höhenweg hinauf. Im Wald steigen wir links den steilen, aber gut markierten Pfad hinauf, den **Mitterweg** querend treffen wir wieder auf die Skipiste und gehen weiter Richtung Gipfel.

Abstieg: Der weitaus schönste Abstieg führt über den **Traunmüllersteig und den Mitterweg.**

Region Traunsee / Gmunden

Laudachsee auf dem Weg zum Grünberg

Gleich beim Hotel führt der aussichtsreiche Traunmüllerweg durch den Mischwald in Serpentinen wunderschön hinunter zum **Mitterweg**, eine Naturstraße, die den Grünberg wie ein Gürtel mittig umspannt und letztlich zum Laudachsee führt. Immer wieder gibt der Wald Blicke auf die Pracht der Traunseelandschaft frei. Hier die Abzweigung in die Stadt hinunter nicht übersehen, sie zweigt scharf links ab und bringt uns über den **Ortnersteig** (fast immer ein bisschen Rutschpartie!) wieder zum Höhenweg und zur Seilbahn. Gemütlicher, aber länger ist's, wenn wir auf dem Mitterweg bis zur Grünbergbäurin marschieren und über die Skitrasse abwärts wandern.

Der Grünberg hat weitere Wanderangebote für Groß und Klein: Mit den Kleinkindern können wir von ihm aus zum Laudachsee weiterwandern, mit den Größeren auf den Katzenstein klettern oder gleich den ganzen Traunstein umrunden.

Region Traunsee / Gmunden

[19] Laudachsee, 895 m

Sagen- und legendenumwobener Bergsee

Fast jede Pflichtschule peilt ihn als Wandertagsziel an, weil er auch für Kinder und Jugendliche etwas hergibt. Vom Grünberggipfel bis zu seinem Seeufer finden wir Infos über den Wald und über seine Sagenwelt. Da fand der Riese Erla sein Blondchen und verliebte sich rettungslos in die Nixe. Der Sage nach verdanken wir sogar Schloss Ort und den Erlakogel ihrer Bekanntschaft mit dem See. Wenn wir Näheres wissen wollen: Auf dem informativ gestalteten Waldlehrpfad vom Grünberg zum Laudachsee begegnen sie uns alle, das Nixlein, der Riese Erla, die Hexe Kranawitha … Viele Wege führen auch zum Laudachsee, der beschützt von den mächtigen Wänden von Katzenstein und Traunstein in romantischer Hochlage auf unseren Besuch wartet.

Ausgangspunkt: Gmunden
Gehzeit: Variante 1: 1 Std., Varianten 2 u. 3: 1 ½ Std.
Höhenunterschied: 561 m
Schwierigkeiten: Familienfreundlich
Einkehr: Ramsau Alm am Laudachsee

Variante 1: Auf dem Waldlehrpfad zum Laudachsee

Vom Grünberggipfel zum Laudachsee führt ein Waldlehrpfad, auf dem wir in 1 Std. den See erwandern.

Region Traunsee / Gmunden

Blick vom Laudachsee auf den Katzenstein

Variante 2: Vom Franzl im Holz zum Laudachsee

Auffahrt von Gmunden, Ortsteil Schörihub, über die Laudachseestraße bis zum „Franzl im Holz" am Flachberg, Abfahrt im Ortsteil „Klamm". Vom Schranken dort erwandern wir den Laudachsee durch urhafte Wälder und Lichtungen in 1 ½ Std.

Variante 3: Vom Gh. Ramsau oder Gh. Hoisn zum Laudachsee

Ausgangspunkt: Gh. Ramsau oder Hoisn, die Traunsteinstraße entlang.
Vom Gh. Ramsau oder Hoisn steigen wir zuerst über Wiesen, dann durch Wald auf, bis sich beide Pfade nach etwa 15 Min. vereinigen. Der Weg ist gut beschildert, zum See etwa 1–1 ½ Std., 453 m Höhenunterschied.
Nun können wir den ganzen Tag am See verweilen und je nach Jahreszeit den Fröschen beim Laichen zuschauen, baden, plantschen – oder noch eine deftige Wanderung (Nr. 20 + 21) anschließen, die wir jetzt vorstellen.

Mit dem Mountainbike können wir über den Flachberg den See erreichen, dann geht's nicht auf dem Wanderweg, sondern auf der parallel laufenden Forststraße.

[20] Katzenstein, 1349 m

Variante für katzenhaft behende Gipfelstürmer

Er ist nicht ohne, der Katzenstein! Während die einen den ganzen Tag am See verweilen können, lockt den anderen der unnahbar scheinende Gipfel des Katzensteins, dessen Felswände sich fast direkt aus dem See himmelwärts türmen.

> **Ausgangspunkt:** Gmunden (Karte siehe Tour 19), Grünberggipfel oder Jst. Franzl im Holz (Gmunden Richtung Gschwandt, beim Gh. Englhof rechts abbiegen, auf der Laudachseestraße zum Gh. Franzl im Holz, hinunter in die Klamm, P beim Schranken)
>
> **Gehzeit:** 1 Std. vom Grünberggipfel zum Laudachsee, (1½ Std. vom Franzl im Holz zum See), von dort über die Hohe Scharte, 1113 m, in 1½ Std. auf den Katzenstein
>
> **Höhenunterschied:** Vom Laudachsee auf den Katzenstein 454 m, Abstieg zum Traunsee rund 900 m
>
> **Schwierigkeit:** Familienfreundliche Wanderung zum Laudachsee mit Waldlehrpfad; auf den Katzenstein und um den Traunstein gut gesicherte Pfade, Trittsicherheit und Schwindelfreiheit erforderlich, Kinder ans Seil!
>
> **Einkehr:** Grünbergalm bzw. Jst. beim Franzl im Holz; Gh. Ramsau Alm am Laudachsee (Di, Mi Ruhetag)

Vom Gh. Ramsau Alm am Laudachsee weg leitet uns ein schöner Pfad auf die Scharte zwischen Traunstein und Katzenstein. Eine kurze, kaminartige Kletterpartie lässt uns einmal mit den Händen in die Seile greifen, ist aber mit Drahtseilen gut gesichert. Auf der Scharte wenden wir uns nach links. Geht es anfangs flach, wird es später durch Wald und Fels immer steiler. Steinig und steil steigen wir hinauf zu einem spektakulären Felsfenster, durch das der See heraufschimmert. Der Gipfel muss erschwitzt werden, seinen Namen hat er wahrscheinlich von der „katzenhaften" Wendigkeit, die uns abverlangt wird! Die Belohnung für den Anstieg ist ein traumhafter Traunsteinblick – und das gesamte Alpenvorland liegt uns zu Füßen.

[21] Rund um den Traunstein

Rundtour für Konditionsstarke

Eine schöne Wanderung führt uns rund um den Traunstein. Sie bedarf einiger Ausdauer, ist aber landschaftlich reizvoll. Gipfelsammler können sie auch mit dem Katzenstein kombinieren.

Ausgangspunkt: Gmunden (Karte siehe Tour 19), Grünberggipfel; oder Gasthaus Hoisn am Traunsee

Gehzeit: 1 ½ –2 Std. über die Scharte zum Traunsee

Schwierigkeit: Eine sehr ausgesetzte Stelle auf die Scharte, wo man besonders mit Kindern aufpassen muss, daher ist Trittsicherheit gefragt

Einkehr: Ramsau Alm, Mair Alm, Gh. Moaristidl, Gh. entlang des Traunsees

Rückweg: Entweder mit dem Schiff vom Gh. Hoisn oder mit dem Wanderbus vom Umkehrplatz am Straßenende (er fährt im Sommer an Feiertagen und Wochenenden stündlich zur Grünbergseilbahn)

Vom Grünberg pilgern wir in der Hauptsaison inmitten einer Völkerwanderung zum Laudachsee. Bei der **Ramsau Alm** führt der Weg gleich weiter bis zum Anstieg zur **Scharte**, die wir uns in steilen Serpentinen, über eine kurze Kletterpartie erkämpfen. Von nun an geht's bergab bis zur gastlichen Mair Alm. Der Wermutstropfen ist die nun folgende Forststraße, auf der wir durch das Tal bis zum Traunsee hinunterwandern. Vor der Brücke bei

Traunkirchen im Herbst

Region Traunsee / Gmunden

den Tunnels ist links der Pfad über den **Miesweg** angeschrieben. Er leitet uns zwar sehr steil zum Traunseeufer hinunter, führt uns aber unvergleichlich romantisch über Stege und Steiganlagen gut gesichert bis zum **Gh. Moaristidl** und weiter mit dem Wanderbus oder mit Schiff.

Region Traunsee / Gmunden

[22] Kaltenbachwildnis

Wildromantik am Traunseeufer

Da die Kaltenbachwildnis aufgrund ihres Gesteins sehr stark für Verwitterung anfällig ist, finden wir hier alle möglichen bizarren Felsformationen inmitten einer wilden Schlucht mit einem zarten Wasserfall.

> **Ausgangspunkt:** Gmunden, Gh. Hoisn am Traunsee-Ostufer; im Sommer Wanderbus an Wochenenden und Feiertagen, Abfahrt in der Nähe vom Parkplatz hinter der Grünbergseilbahn
> **Gehzeit:** 1½–2 Std. insg.
> **Höhenunterschied:** 150 m
> **Schwierigkeit:** Leichte Wanderung, Trittsicherheit trotzdem gefragt, Kinder streckenweise an die Hand nehmen!
> **Einkehr:** Gh. Hoisn

Vom Gh. Hoisn wandern wir auf breitem Wanderweg zum Waldrand mit Bankerl. Mäßig steil der Wald, auf dem uns je nach Jahreszeit der Duft von Maiglöckchen oder der intensive Knoblauchgeruch des Bärlauch umweht.

Wir queren eine Forststraße und nun umfängt uns eine Landschaft in ihrer ursprünglichen Wildheit mit zerklüfteten Schluchten und bizarren Felsen.

Links von uns der **Adlerhorst**, bei dessen Erstbesteigung 1882 das Nest eines Fischadlers vernichtet wurde. Heute ist er der ideale

Region Traunsee / Gmunden

Adlerhorst in der Kaltenbachwildnis

Klettergarten, der Kletterrouten aller Schwierigkeitsgrade anbietet, für den ambitionierten Neuling genauso wie für den routinierten Profi-Kletterer.

In Serpentinen über Brücken, durch einen Tunnel und die Schlucht wandern wir hinauf zum Wasserfall. Westlich davon erspähen wir die „Nadel", einen hohen, spitzen Felsen mit einem 30 cm breiten Gipfel, der die Bergjugend der Nachkriegszeit zu verwegenem Handstand verlockte!

Vom Hüttlein auf dem höchsten Punkt führt ein schmaler Weg zu einer ungewöhnlich schönen Aussichtskanzel. Der Traunsee ruht zu unseren Füßen, die gesamte Bergkette vom Traunstein bis zum Gmundnerberg begrenzt den Horizont. Als Abstieg nehmen wir den Weg links, der uns zum Traunsee und von dort in etwa 10 Min. zum Gh. Hoisn zurückführt (nach rechts wenden, Richtung Gmunden).

Region Traunsee / Gmunden

Miesweg

Miesweg und Kleiner Schönberg, 895 m

Traumweg mit Mittelmeerflair!

Für die Menschen aus Gmunden und Umgebung sind Miesweg und Kaltenbachwildnis begehrte Abendwanderungen. Nach der Arbeit wird „Unter'm Stein" – so heißt die Landschaft am Fuße des Traunsteins – geradelt, gelaufen, gefahren und dort im Zuge dieser Wanderungen Traunsee und Sonnenuntergang genossen.

Vom Gletscher geschliffene Traunstein-Steilwände, Weglein und Stege über tiefblauem See, Badeplätzchen an seichtem Kiesstrand; Traumblick vom Kl. Schönberg auf die Traunseelandschaft – zwei Prachtziele, für die wir ausgiebig Zeit einplanen sollen!

Ausgangspunkt: Gmunden, Traunsee-Ostufer, P am Ende der Traunsteinstraße; im Sommer Wanderbus an Wochenenden und Feiertagen, P hinter der Grünbergseilbahn

Gehzeit: Miesweg runde lockere 1–1 ½ Std., auf den Schönberg insgesamt 1 ½ steile Stunden

Höhenunterschied: 473 m auf Kl. Schönberg

Schwierigkeit: Schwindelfreiheit brauchen wir zu beiden Zielen, auf dem Schönberg auch noch Trittsicherheit auf dem sehr ausgesetzten Gipfel!

Einkehr: Gh. Moaristidl; ev. Gh. Mair Alm

Region Traunsee / Gmunden

[23] Miesweg
Variante für die ganze Familie

Vom Park- und Umkehrplatz am Ende der Traunsteinstraße wandern wir die Forststraße entlang bis zu den Tunnels. Dort beginnt der Miesweg, der uns durch die senkrecht in den Traunsee abfallenden Felswände des Traunsteins führt. Auf reizendem Waldweg auf und ab, über Stege und Brücken mit Duft und Ambiente von Mittelmeerküsten wandern wir zum **Lainaubach**, der uns besonders nach Regenfällen mit einem wunderschönen Wasserfall besprüht. Geheimtipp für tiefe Badeerlebnisse! Nun kommt das dicke Ende: ein Steilanstieg hinauf zur Forststraße, von der wir zum ersten Tunnel zurück und das Seeufer mit seinen vielen Badeplätzchen entlang zum Gh. Moaristdl wandern oder den Schönberggipfel erklimmen.

Wer Steilabstiege liebt, geht den Weg umgekehrt: Zuerst durch die Tunnels und dann bei der Lainaubrücke – wo übrigens auch der Naturfreundeweg auf den Traunstein losstartet – rechts zum Miesweg hinunter.

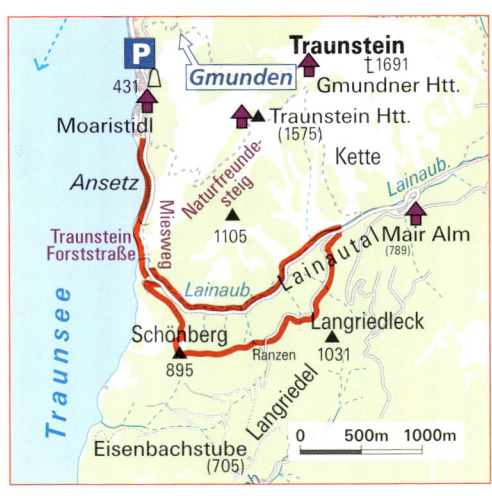

[24] Auf den Kleinen Schönberg
Variante für die Trittsicheren

Vom Parkplatz wandern wir den See entlang und durch die Tunnels. Etwa 250 m nach dem letzten Tunnel zweigt rechts der waldige Steig auf den Kl. Schönberg ab. Enorm steil, exklusiv und anspruchsvoll! Haben wir einmal den Sattel erschwitzt, steigen wir rechts über den Hangrücken an einigen Felstürmen mit Stahlseilen vorbei auf den überraschend luftig ausgesetzten Gipfel! Der Tiefblick ist wirklich unvergleichlich! Zurück zur Scharte bietet sich ein leichterer, allerdings auch längerer Abstieg ostwärts (geradeaus) weiterführend an. Über den Waldrücken wandern wir zur Forststraße und auf ihr nach links Richtung Mair Alm, von wo wir in 1 Std. wieder zur Traunsteinstraße marschieren können.

Blick vom Schönberg auf den Traunsee

Region Traunsee / Gmunden

[25] Traunstein, 1691 m

Das felsige „Tor" zum Salzkammergut

Wuchtig, schroff und unnahbar sticht der Traunstein aus den sanften Hügeln des Alpenvorlandes hervor. Und trotz seiner herausfordernden Anstiege ist er nach wie vor einer der meistbestiegenen Gipfel im Salzkammergut! Der Traunstein besteht aus drei Gesteinsschichten: der Hauptdolomit bis zur Waldgrenze, dann eine schmale Schicht Muschelkalksporn, die sich hervorragend zum Klettern eignet. Knapp vor dem Aufstieg auf das Gipfelplateau beginnt der Wettersteinkalk: kalt und abweisend setzt er sich doch tatsächlich aus Kalkalgen, Kalkschwämmen und Korallen zusammen! Also wandern wir auf dem großen Traunsteinplateau auf einem „Riff" zum Gipfelkreuz. Dieses gewaltige Alpenkreuz wurde als Dank Überlebender aus dem 2. Weltkrieg unter gewaltigen Opfern erbaut: Damals musste noch jeder Tropfen Wasser, Zement oder Sand für das Fundament auf den Traunstein geschleppt werden! Einer der Initiatoren war auch mein Vater Hannes Loderbauer.

Oben genießen wir den prachtvollen Rundblick und zwei vorzüglich bewirtschaftete Hütten! Aber unterschätzen dürfen wir den Traunstein nicht, es vergeht kaum ein Jahr ohne Todesopfer …

Ausgangspunkt: Gmunden am Traunsee, 422 m, P am Ende der Traunsteinstraße

Gehzeit: 2 ½–3 ½ Std. Aufstieg

Rückkehr: Es gibt keine leichten Abstiege, der noch ungefährlichste führt über die Mair Alm, 2 ½ Std. Abstieg

Höhenunterschied: 1269 steile Meter

Schwierigkeit: Anspruchsvolle Bergtour auf ausgesetzten, gut gesicherten Steigen; gute Kondition, Trittsicherheit und Schwindelfreiheit sind unbedingt erforderlich! Nicht bei Regen oder Schneelage!

Einkehr: Gmundner Hütte und Traunstein Hütte auf dem Gipfel; Gh. Moaristidl am See

Region Traunsee / Gmunden

Aufstiege nach Schwierigkeitsgrad geordnet:
1. Über die Mair Alm auf den Traunstein

Der „einfachste" und längste Steig führt vom Ende der Traunsteinstraße Richtung **Mair Alm**. Vom **Kaisertisch** – Kaiser Maximilian und Kaiser Franz Joseph rasteten dort beim Ausüben ihrer Jagdfreuden – erwandern wir das einzige **Bründl**. Nun führt der Steig über Schroffen weiter zur Kette, über die wir in steilem, seilversichertem Gelände in Serpentinen zum Sattel am Gipfelplateau hinaufsteigen. Von hier aus geht es in kurzen Wanderungen zu den Hütten und auf den Gipfel. 3–3 ½ Std. Als Abstieg sehr zu empfehlen!

2. Über den Hans-Hernlersteig auf den Traunstein

Der meistbegangene, kürzeste und bestens gesicherte Anstieg ist der Hans-Hernlersteig. Er führt vom Brünnlein am Seeufer – kurz nach dem Gh. Hois'n – auf abwechslungsreichem Steig durch den Brandgraben direkt zur gastlichen **Gmundner Hütte** hinauf. Einige Seilsicherungen, Leitern und ein kaminartiger Durchstieg, vor allem aber die Steilheit des Anstiegs halten uns trotzdem in Atem. 2 ½ –3 Std.

3. Über den Naturfreundesteig auf den Traunstein

Der schönste Weg ist der Naturfreundesteig. P am Ende der Traunsteinstraße, Anmarsch über die Forststraße zur Lainaubrücke. Schon hier geht es steil und ausgesetzt aufwärts, die folgende, mit Seilen gesicherte Querung ist für kleinere Kinder nicht zu schaffen, da die Haken einen sehr weiten Abstand haben. Die Route selbst ist traumhaft geführt, der Traunsee direkt unter uns, der SW-Grat des Traunsteins parallel zu uns. Der Steig ist gut versichert, in unmittelbarer Nähe des **Traunsteinhauses** steigen wir aus. Von der Hütte brauchen wir etwa ½ Std. zum Gipfelkreuz. 3 Std. insgesamt

4. Die Pfade über das „Hochkamp"

(Ausgangspunkt Laudachseestraße) und das **„Zirla"** sind nicht markiert, schwierig und gefährlich. Bitte nur in Begleitung von Bergsteigern durchsteigen, die diese Route gut kennen.

Region Traunsee / Gmunden

Gmundner Hütte

Traunsee-Klettersteig

Ein absolutes Schmankerl für Kletterer ist der vom Gmundner Hüttenwirt Gerald Auinger initiierte Traunsee-Klettersteig, der direkt in seinen Gastgarten führt! 80 Seilanker, 90 Trittstifte, 200 m Stahlseil und entsprechend belastbare Sicherheitsklemmen sichern diese neue Herausforderung. Der Einstieg befindet sich im oberen Teil des Hernlersteiges am Ende des Brandgrabens, Seehöhe 1500 m. 150 Höhenmeter anspruchsvoller Kletterei mit Schwierigkeitsgrad D mit grandiosen Tiefblicken zum Traunsee, etwa 30–40 Min. bis zur Gmundner Hütte. Klettersteigausrüstung ist selbstverständlich Voraussetzung.

Region Traunsee / Gmunden

Auf dem Grasberg

Gmundnerberg und Grasberg

Aussichtslogen der Traunseeregion

Wenn im Frühling die Wanderlust erwacht, eignen sich diese zwei sanften Berghügel wunderbar zum Einwandern. Die Aussicht auf die Traunseelandschaft, ins Aurachtal und Höllengebirge ist von beiden Hochebenen wunderschön, man kann keiner der beiden den Vorzug geben.

Ausgangspunkt: Altmünster am Traunsee, 442 m, Unimarkt oberhalb von Schloss Ebenzweier

Gehzeit: Rundweg etwa 3 Stunden

Schwierigkeit: Leichte Wanderung, bei Nässe gutes Schuhwerk

Höhenunterschied: Gut 400 m

Einkehr: Gh. Gmundnerberghaus, Gh. Urz'n; Gh. Reschn auf dem Grasberg

[26] Auf den Gmundnerberg

Gleich oberhalb des **Unimarktes** beginnt die **Stücklbachstraße**, die uns in wenigen Minuten in eine entzückende **Klammlandschaft** entführt! Bei einem Brücklein (Wegtafel) schwenken wir rechts in den Pfad auf den Gmundnerberg ein, überqueren die Gmundnerbergstraße und wandern durch den Wald hinauf auf eine Forststraße, die wir überqueren. Nach der Waldzone überrascht uns die Weite der Traunseelandschaft, wir wandern über Wiesen, immer wieder die prachtvolle Landschaft genießend, in weiten Kehren zu einem der Gasthäuser hinauf.
Vom **Gh. Urz'n** spazieren wir auf einem Güterweg nordwestlich, Richtung **Koglbauer**. Direkt bei ihm zweigt der Wiesenweg rechts ab. Durch ein Waldstück erwandern wir die Simetstraße, überqueren die Eisenbahn und die Hatschekstraße und wandern rechts über das Kinderdorf wieder nach Altmünster zurück.

[27] Auf den Grasberg

Durch die reizende Klammlandschaft des **Stücklbaches** wandern wir bis zur Wegscheide, wo wir uns für den Grasberg nach links entscheiden. Leider steht uns nun ein Marsch auf der Asphaltstraße bevor, aber die Pracht der Traunseelandschaft, die sich mit jedem Schritt aufwärts entfaltet, entschädigt uns dafür! Beim Haus Staudachstraße 18, gleich nach einer Rechtskurve, gibt es 2 Wegvarianten. Variante 1: Links biegt ein Natursträßchen ein, das uns immer im Waldschatten (von wegen Grasberg!) auf den höchsten Punkt des Grasberges bringt. Da dieser Weg immer wieder von Brombeersträuchern verwachsen ist, gehen wir ihn bitte nur mit gutem Orientierungssinn! Haben wir die Asphaltstraße erwandert, zum **Reschnwirt** rechts halten. Variante 2: Wir gehen zügig auf der Straße weiter, sie wird von einem Wiesenweg abgelöst und führt uns bald auf die sanfte Kuppe des Grasberges mit der ganzen imposanten Länge des Höllengebirges vor uns. Hier verführt uns der Reschnwirt zu einer Gaumenfreude, aber auch zu einer Reschnrunde, die uns in einer Stunde relativ flach das Plateau des Grasbergs mit seiner Prachtlandschaft aus See, Tal und Gebirge präsentiert.

REGION TRAUNSEE / TRAUNKIRCHEN

[28] Traunkirchner Sonnstein, 923 m

Sonniger Berg mit göttlicher Aussicht

Der Aufstieg auf den „Kleinen Sonnstein" ist nicht zu übersehen, denn an schönen Wochenenden parken an seinem schmalen Bergfuß Kolonnen von Autos. Wegen der Parkplatzknappheit ist man oft besser dran, wenn man in Traunkirchen parkt, durch die enge Bachgasse zur Eisenbahnhaltestelle Traunkirchen marschiert und hier zum Malerwinkel und weiter zum Höhensteig Siegesbach-Sonnstein wandert (½ Std. länger). Traunkirchen muss man gesehen haben: das uralte Kloster mit der berühmten Fischerkanzel, den Johannisberg – eine geheimnisvolle Kult- und Opferstelle der Kelten mit dem letzten Eibenhain Österreichs und dem hübschen Kalvarienbergweg.

Ausgangspunkt: Traunkirchen am Traunsee, 433 m, Ortschaft Siegesbach weiter Richtung Ebensee

Gehzeit: 1½ Std. auf den Gipfel

Höhenunterschied: Rund 500 m

Schwierigkeit: Beim Gipfelanstieg Trittsicherheit und Schwindelfreiheit gefragt, mit Kindern besonders aufpassen!

Einkehr: Sonnstein Hütte

Auf vielen Stufen überschreiten wir zunächst den Sonnsteintunnel der Eisenbahn und wir gelangen zu einer Bergwiese, wo noch eine winzige Streusiedlung mit typischen Salzkammerguthäusern an unsere Krippenlandschaften erinnert – oder umgekehrt? Wir nehmen den Sonnstein oft als Berg zum Einwandern im Frühling, er ist nicht schwierig zu erobern, bringt aber doch schnell einiges an Kondition. Seine vielen steilen Serpentinen leiten uns rela-

Region Traunsee / Traunkirchen

Sonnsteinkreuz vom Traunkirchner Sonnstein

tiv schnell zum Sattel zwischen dem Kleinen und dem Großen Sonnstein. Dort links über abgetretene Felsstufen nun steil zur Sonnstein Hütte, die sich wie ein Adlernest in den Steilhang schmiegt. Nun ist es auch nicht mehr weit zum Gipfel, der uns – egal wie oft wir schon oben waren – immer wieder mit seinem Prachtblick überwältigt! Senkrecht fallen die Felsen in den Traunsee und die vielen Boote und Segelschiffe ziehen direkt unter uns ihre Bahn über den glitzernden Wasserspiegel durch das Wasser.

Variante für Weitwanderer

Wer noch einen Gipfel drauflegen möchte, kann hinüberwandern zum Großen Bruder, dem Ebenseer Sonnstein. Der Wanderbegleiter könnte uns doch in Ebensee abholen und als Dank dafür eine köstliche Giovanni-Eis-Kreation beim Tiki-Taki in Rathausnähe in Aussicht gestellt bekommen … (siehe Tour 29). Ein erfrischendes Bad direkt auf der Badeinsel in Traunkrichen oder auf der Bräuwiese (siehe Foto) kühlt uns wieder ab.

Region Traunsee / Traunkirchen

[29] Die Sonnsteinüberschreitung
Vom Traunkirchner auf den Ebenseer Sonnstein

Ausgangspunkt und Einkehr: Sh. Traunkirchner Sonnstein
Gehzeit: 3–4 Std.; auf den Traunkirchner Sonnstein 1½ Std., zum Ebenseer Sonnstein 1 Std., Abstieg nach Ebensee 1 Std.
Höhenunterschied: 700 m
Schwierigkeit: Anspruchsvolle Bergtour, wegen exponierter Stellen Trittsicherheit und Schwindelfreiheit nötig; Vorsicht mit Kindern in den Gipfelbereichen
Rückkehr: Von Ebensee mit dem Zug oder dem Schiff

Diese Überschreitung setzt schon einiges an Kondition, Trittsicherheit und Schwindelfreiheit voraus. Wir wandern vom Sonnsteingipfel wieder hinunter auf den Sattel zwischen den beiden Bergen und diesmal hinauf zu Sender und Wildzaun, der überstiegen wird. Mithilfe von Stahlseilen überwinden wir die 15 m hohe, aber gut gestufte Felsflanke zum **Großen oder Ebenseer Sonnstein**. Wieder werden wir mit einem atemberaubenden Blick auf die Traunseelandschaft beschenkt. Über harmlose Felsen kraxeln wir drüben hinunter und wandern auf Weg 13 durch den steilen Waldhang und zuletzt über eine Stiege hinunter nach Ebensee. An der Pfarrkirche vorbei geht's durch das Ortszentrum und weiter zur Bahn- oder Schiffhaltestelle, von wo wir wieder nach Traunkirchen zurückfahren können.

Blick vom Pfaffenstein zum Sonnstein

Region Traunsee / Traunkirchen

[30] Hochsteinalm, 907 m und Lärlkogel, 1072 m

Bezaubernde Almidylle mit Streichelzoo

Wieder ein herzerwärmendes Ausflugsziel für Groß und Klein! Ob zum Einwandern im Frühjahr, zum Rodeln im Winter und zwischendurch zum Genießen der Traunseelandschaft und Bestaunen der exotischen Tiere in den Gehegen – wir besuchen die Hochsteinalm immer gerne.

> **Ausgangspunkt:** Traunkirchen am Traunsee, 433 m, im Ortsteil Winkl biegen wir von Gmunden kommend rechts ab, 6 km Auffahrt am Mühlbachberg bis zum Rödbauern, ca. 700 m, P
>
> **Längere Variante:** P beim Bahnhof Traunkirchen
>
> **Gehzeit:** 1 Std. vom Rödbauern, 2 Std. von Traunkirchen-Bahnhof auf die Alm; von dort 20 Min. auf den Lärlkogel
>
> **Schwierigkeit:** Familienfreundlich auf die Hochsteinalm, der steile Anstieg auf den Lärlkogel erfordert im Gipfelbereich Schwindelfreiheit – Vorsicht am Gipfelkreuz mit Kindern!
>
> **Höhenunterschied:** Ca. 200 m auf die Alm
>
> **Einkehr:** Landgasthof Hochsteinalm, freuen wir uns auf Wirt und Küche!

Kurzweilig, aber eine Stunde länger, wandert man auf der sanft ansteigenden Straße von Traunkirchen-Bahnhof über den Mühlbachberg zu den letzten Häusern am Waldrand, über einen Hohlweg und auf Waldwegen durch Mischwald bis zu den Wiesen der Hochsteinalm.

Region Traunsee / Traunkirchen

Hochsteinalm

Wir nehmen meist die kürzere Variante und fahren mit dem Auto bis zum Rödbauern, wo schon die Aussicht ein Gedicht ist!
Von hier geht's ein Stück die Straße hinauf, dann können wir entweder über die kinderwagentaugliche Forststraße die Hochsteinalm „erfahren" oder den Wanderweg rechts nehmen. Letzterer führt uns, natürlich viel schöner, zu den muldig-sanften Wiesen der Hochsteinalm.
Vor uns breitet sich die gewaltige Nordflucht des gesamten Höllengebirges aus, vom Feuerkogel mit seinen „Spielzeuggondeln" bis hinüber zum Hochlecken.
Auf weichem Wiesenweg durch die ohnehin schon selten gewordenen Bergwiesen erreichen wir den Berggasthof, der mit Streichelzoo und heimischen Köstlichkeiten aufwartet – ein Anziehungspunkt für die ganze Familie!

Auf den Lärlkogel, 1072 m
Zwischen den Gehegen führt ein schmaler Pfad durch den Wald zu einer Forststraße. Schräg rechts oberhalb zweigt der Waldweg links ab. Über eine Anhöhe und eine Mulde steigen wir zum Gipfelfelsen, der über einen kurzen, aber zackigen Grat zum Gipfelkreuz führt. Der etwas steile Anstieg wird mit einem traumhaften Panorama weit über Gmunden und den Traunsee hinaus belohnt!

REGION TRAUNSEE / EBENSEE

[31] Erlakogel, 1575 m

Variante 1: Für gipfelhungrige Bergwanderer

In Ebensee, am Fuße des Erlakogels, bieten wir mit Tour 31, 32, 33 Varianten mit verschiedenen Schwierigkeitsgraden und gleichem Ausgangspunkt für einen gelungenen Sporttag an. Als Treffpunkt danach schlagen wir die entzückende Badebucht in Rindbach oder den bekannten Mostheurigen Steinkogler vor.

Einst lebte – so geht die Sage – im Traunseegebiet der Riese Erla. Er verliebte sich in die schöne Nixe Blondchen. Vom Zwergenkönig Röthel ließ er sich das heutige Schloss Ort im Traunsee erbauen, heiratete die Nixe und verlebte mit ihr einen glücklichen Sommer. Mit den letzten Herbstsonnenstrahlen und den einfallenden Nebelschleiern verlosch das Leben Blondchens. Todtraurig meißelte der Riese Erla das Profil seiner ewigen Liebe, der Nixe, in den Berg, der seither Erlakogel oder Schlafende Griechin heißt. Von Gmunden und Altmünster ist dieses eindrucksvolle Profil mit wallendem Haar gut zu erkennen.

Ausgangspunkt: Ebensee, Ortsteil Rindbach, Jgdherberge Ebensee
Gehzeit: Rund 3 Std., Abstieg 2½ Std.
Schwierigkeit: Anspruchsvolle Bergwanderung auf Felsgipfel, der ganz oben Schwindelfreiheit und Trittsicherheit erfordert
Höhenunterschied: 1150 m
Einkehrmöglichkeit: Keine, Quelle auf halbem Weg zur Spitzlstein Alm
Besonderheiten: Blick zu den Gasseltürmen; erlesener Tiefblick vom Gipfel auf die Schönheit der Traunseelandschaft; Gletscherschliff (eiszeitl. Relikt)

Region Traunsee / Ebensee

Nach der Jugendherberge im Ortsteil **Rindbach** in Ebensee überqueren wir den Rindbach und sind auch schon auf dem markierten Weg. Durch Hochwald kommen wir – teilweise sehr steil – schnell höhenwärts. Das Gebiet um die **Spitzlstein Alm** ist etwas verwildert, konnte doch mangels Sennerin seit vielen Jahren kein Vieh mehr hinaufgetrieben werden. Aber die Aussicht beim Ruhepunkt Hütte in Richtung Ebensee, Hohe Schrott und zum Rettenkogel ist prächtig. Bald schon erreicht man den Sattel oberhalb der Alm und ist den Gassltürmen atemberaubend nahe. Gämsen sind hier keine Seltenheit. Bevor wir das Almgebiet verlassen und weiter durch den Hochwald ansteigen, genießen wir die Blicke hinaus bis zur Gletscherpracht des Dachsteins.

Gipfel des Erlakogels

Kurz vor dem Gipfel öffnet sich zur Linken eine dolinenartige Schlucht, aus der uns auch im Hochsommer ungewöhnliche, aber hochwillkommene Kühle entgegenströmt. In ihrem Grund hält sich der Schnee oft bis in den Herbst hinein. Über teilweise steile Felsen erkraxeln wir über gut gangbare Felsbänder den Gipfel, der uns mit seiner prachtvollen Aussicht die Zeit vergessen lässt.

Direkt unter uns breitet sich der Traunsee aus, im Osten die gesamte Flucht des Toten Gebirges, weit draußen das Dachsteinmassiv mit Gosaukamm, hinter dem Gipfelkreuz schlängelt sich das Silberband der Traun und im Westen schließt die Silhouette des Höllengebirges den Horizont.

Region Traunsee / Ebensee

[32] Gassl-Tropfsteinhöhle

Variante 2: Für Höhlenforscher

Im selben Gebirgsstock finden wir unterhalb des Gasslkogels die berühmten Gassl-Tropfsteinhöhle.

> **Ausgangspunkt:** Ebensee, Ortsteil Rindbach, P bei der Schießstätte
> **Gehzeit:** 2 ½ Std. zur Höhle **Höhenunterschied:** 778 m
> **Schwierigkeit:** Leichte Bergwanderung, festes Schuhwerk, warme Kleidung für die Höhlenführung
> **Einkehr:** Gasslhütte – bekannt für ihren Zirbengeist
> **Öffnungszeiten der Höhle:** An Wochenenden und Feiertagen von Mai–Mitte Sept.; im Sommer gibt es einen Wanderbus, der uns die 50 Min. „Forststraßenhatscher" bis zum Aufstieg erspart (Touristinfo Tel. 06133 5446)

Die Höhle blickt auf eine bewegte Geschichte zurück: Von Jägern und Holzknechten entdeckt, von Wilderern als willkommenes Versteck benützt, wurde 1918 mit ihrer Erschließung begonnen. Sie ist **eine der formenreichsten Tropfsteinhöhlen Europas.** Mit ihren prächtigen Tropfsteinbildungen, der Bären- und der Kanzelhalle und den versteinerten Wasserfällen hinterlässt sie einen unvergesslichen Eindruck. Heute ist die Gasslhöhle auf einer Länge von 1304 m vermessen, ihre größte Tiefe beträgt 104 m.

Vom P wandern wir auf der Forststraße 50 Min. durch das enge Tal des Rindbachs und zweigen dann auf Weg 424 zur Gassl-Tropfsteinhöhle hinauf. Die letzte halbe Stunde gehen wir auf einem schattigen Steig, dann legen wir vor der Höhlenführung in der an Wochenenden und Feiertagen geöffneten Gasslhütte eine Rast ein.

[33] Zu den Rindbach Wasserfällen
Variante 3: Genusswandern für die ganze Familie

Während der gipfelhungrige Teil unserer Familie die „Schlafende Griechin" wachküsst, kann man mit kleineren Kindern die Rindbach Wasserfälle besuchen.

Im Ortsteil Rindbach fahren wir bis zum Parkplatz bei der Schießstätte. Wir folgen der Straße ins Rindbachtal und zweigen nach etwa 20 Min. rechts ab, wo wir in wenigen Minuten den Wasserfall vor Augen haben. Hier schob sich in der letzten Eiszeit der Traungletscher einige Hundert Meter ins Rindbachtal, Gletscherschliffe und Moränen sind Zeugen seiner gewaltigen Schubkraft. Nach dem Schmelzen des Eises vor ca. 17 000 Jahren schnitt sich der Rindbach bis zum heutigen Stand in Schotter und Kalk ein und es bildeten sich der Wasserfall und die anschließende Klamm.

Am natürlichen See, in den die Wasser des Rindbachs tosen, verweilen wir zum Plantschen – mit der Brücke oberhalb ist der Klammteil unserer Wanderung schon fast zu Ende.

Durch den Wald wandern wir zur Forststraße hinauf, schlendern zum Bankerl an der mächtigen Kalkwand, genießen den „Platz an der Nachmittagssonne" und lassen unsere Blicke über den Salinenort Ebensee schweifen. Bei der folgenden Straßenkehre zweigen wir rechts auf den nicht markierten Weg ab, der uns an den mächtigen Kalkwänden des Erlakogelmassives direkt zum Parkplatz zurückführt.

Kletterturm und Kletterfelsen

Das Rindbachtal bietet sogar eine Möglichkeit zum Klettern an. Vom Parkplatz bei der Schießstätte wandern wir weiter bis zu einer Brücke, überqueren sie und wandern rechts hinauf bis zu den mächtigen Kalkblöcken des Erlakogelmassivs, wo unsere Kleinst-Familie vielleicht gerade von den Rindbach-Wasserfällen zurückkommt.

Dieser Kletterfelsen bietet mit seinen Klammern und Haken viele Übungsmöglichkeiten für junge Kletterer.

Region Traunsee / Ebensee

Rindbach, - das Wasser löst das Kalkgestein

Mountainbiken

Die Entscheidung zwischen den vielen Varianten in Ebensee wird nicht leichter, wenn wir nun auch noch für Mountainbiker eine Tour anbieten:

In 1 ½–2 Stunden können wir vom Parkplatz beim Schießstand auf der Forststraße weiter **über die Fahrnau zum Offensee** und auf der Straße wieder zurück nach Ebensee fahren.

Region Traunsee / Ebensee

Großer Schönberg, 2093 m und Varianten

Das Leben ist schön, Berg!

Heute machen wir uns auf zum westlichsten Gipfel des Toten Gebirges, ein immer wieder geschätztes Bergziel. Am besten verbinden wir es mit einer Übernachtung auf der Hochkogel Hütte. Auch an seinem Bergfuß gibt es ein schönes Wanderziel – so können wir wieder wählen zwischen verschiedenen Zielen und Schwierigkeitsgraden, haben aber denselben Ausgangspunkt.

Ausgangspunkt: Ebensee im Bezirk Gmunden, Richtung Bad Ischl, kurze Auffahrt zum Offensee, dann rechts zum Gimbach einschwenken, P nach E-Werk bzw. beim Ende der ausgebauten Fahrstrecke

Gehzeit und Anforderungen: Je nach Variante

Einkehr: Mitterecker Stüberl, Ebenseer Hochkogelhütte

Region Traunsee / Ebensee

[34] Mitterecker Stüberl, 804 m
Großer Schönberg– Variante 1: Für Familien

Ausgangspunkt: Ebensee im Bezirk Gmunden, Richtung Bad Ischl, kurze Auffahrt zum Offensee, dann rechts zum Gimbach einschwenken, P nach E-Werk bzw. beim Ende der ausgebauten Fahrstrecke

Gehzeit: Rundwanderung insgesamt gut 2 Std.

Einkehr: Mitterecker Stüberl, Schmankerl aller Art

Eine entzückende Rundwanderung für die ganze Familie! Entlang des Gimbaches und dann links weiter entlang des glucksenden und rauschenden Schwarzenbaches flanieren wir gemütlich zum gastlichen Mitterecker Stüberl. Falls wir sprachliche Kommunikationsschwierigkeiten mit dem Original-Ebenseer Slang haben – beim Bestellen einfach auf die Tafel zeigen! Zurück geht's links von der Hütte über einen wunderschönen Waldweg.

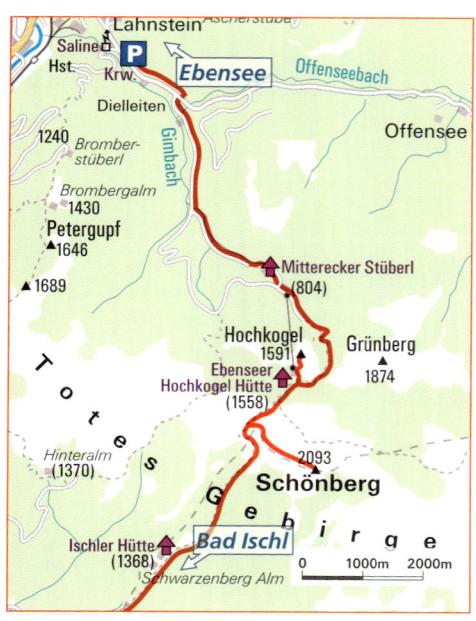

Region Traunsee / Ebensee

[35] Der Ebenseer Hochkogel, 1591 m
Großer Schönberg – Variante 2: Für den Gipfelstürmer

Vom Mitterecker Stüberl ersteigen wir in gut 2 Std. sehr steil, aber wildromantisch einen der Aussichtsgipfel der Ebenseer: den Ebenseer Hochkogel. Hunderte Meter fällt die Felswand in die Tiefe, der Blick in die Runde ist großartig: kühn die Felsgestalten von Rauhen und Hangeden Kogel, weit hinten der Schönberg und die Gipfel des Toten Gebirges. Einkehr in der Hochkogel Hütte, 1558 m.

Klettersteig am Hochkogel

[36] Auf den Gr. Schönberg, 2093 m
Variante 3: Für den Bergsteiger

Am besten als 2-Tagestour planen. Übrigens – für die Ebenseer heißt der Schönberg „Wildenkogel"

> **Ausgangspunkt:** Ebensee im Bezirk Gmunden, Richtung Bad Ischl, kurze Auffahrt zum Offensee, dann rechts zum Gimbach einschwenken, P nach E-Werk bzw. beim Ende der ausgebauten Fahrstrecke
>
> **Gehzeit:** Gut 1 Std. aufs Mittereckerstüberl, gut 2 Std. auf die Hochkogel Hütte, von ihr gut 2 Std. auf den Schönberg
>
> **Schwierigkeit:** Bergtour in hochalpinem Gelände; Trittsicherheit, Schwindelfreiheit und Schönwetterlage Voraussetzung! Übernachtung auf der Hütte empfohlen
>
> **Höhenunterschied:** 1600 m
>
> **Einkehr:** Mitterecker Stüberl, Hochkogel Hütte
>
> **Weitere Möglichkeit:** Abstieg zur Ischler Hütte im Rettenbachtal, 3 Std.

Von der **Hochkogel Hütte** bringt uns der gut markierte Bergpfad durch Legföhrengänge bergwärts. Kann sein, dass wir uns unterwegs an der Gesellschaft von Gämsen erfreuen dürfen. Beim Sattel am **Möselhorn** treffen wir auf den ebenfalls sehr schönen Weg, der von der Ischlerhütte heraufführt. Wir schwenken nach rechts und steigen über den Kamm – Vorsicht bei den jähen Abstürzen! – zum Gipfelkreuz auf dem **Schönberg**. Eine kurze Kletterei noch bis zu seinem höchsten Punkt auf der Kuppe daneben und der Schönberg macht seinem Namen alle Ehre: ein prächtiges Panorama über die Gipfel des Toten Gebirges, Großer Priel mit Trabanten, Traunsee, Attersee, Tauernkette, die Gletscher des Dachsteins blinken, weit draußen das Gesäuse und vor uns die Augstecken bis zum Loser. Nun geht es entweder auf demselben Weg zurück oder wir steigen auf Steig 226 hinunter zur **Ischler Hütte** und weiter zur **Rettenbach Alm**, die wir in gut 3 Std. erreichen.

Region Traunsee / Ebensee

[37] Rinnerkogel, 2012 m, Wildensee

Deftige Bergtour und romantischer Bergsee

Auf diesem Wander-Klassiker zeigt es sich wieder einmal, dass das Tote Gebirge ganz schön lebendig ist: Die scheinbare Steinwüste um den Rinner schwelgt im Sommer in aller Farbenpracht! Alpenanemone, Alpenglöckchen, Glockenblumen vieler Arten, Eisenhut und sogar das schon so seltene, nach Zimt duftende Kohlröserl schmücken Alm- und Berghänge in den kräftigsten Farben! Natürlich ist der Aufstieg zum felsigen, einsam aufragenden Rinnerkogel ganz schön schweißtreibend, aber allein das Schauvergnügen von seinem Gipfel aus ist es allemal wert!

Ausgangspunkt: Offensee, 656 m, Zufahrt über Ebensee im Bezirk Gmunden, Richtung Bad Ischl, 9 km Auffahrt zum Offensee, 656 m, P am Ostufer

Gehzeit: Aufstieg 4–4 ½ Std. (2–2 ½ Std. zum Rinner Stüberl, 45 Min. zum Wildensee, 1 ½ Std. auf den Rinnerkogel), 3 Std. Abstieg

Schwierigkeit: Leichte Bergwanderung zum Wildensee, auf den Rinner anspruchsvolle Bergtour mit ausgesetzten, gesicherten Stellen; keinesfalls bei Nebel oder Schneelage!

Höhenunterschied: 900 m auf den Wildensee, insg. 1400 m auf den Rinner KOgel

Einkehr: Rinnerhütte (auch Rinnerkogelhütte genannt) Jausenstation Seeau am Offensee

Besonderheit: Wegen seiner wildromantischen Schönheit ein „Muss" für jeden Bergsteiger

Diese wunderschöne Bergwanderung ins Tote Gebirge lässt wieder zwei Varianten zu: Die einen wandern nur bis zum Wildensee, der Bergfex erklimmt den Rinnerkogel.

Variante 1: Bergwanderung zum Wildensee, 1535 m, gut 3 Std.

Von unserem Parkplatz am Offensee wandern wir auf der Forststraße das Ostufer entlang. Weg 212 geleitet uns über das Moosbründl und dann immer steiler werdend in engen Serpentinen und Stufen neben der Wasserfallwand empor –bitte mit Kindern besonders aufpassen! Bei der Schneeschmelze tost hier das Wasser über 100 m in die Tiefe, der Wasserfall ist dann auch vom Offensee aus gut sichtbar. Über eine Alustiege kommen wir zum

Region Traunsee / Ebensee

Panorama vom Rinnerkogel (Offensee, Eibenberg, Traunstein)

Rinnerbodenbründl und durch die Schutthalde und das gelinde ansteigende Hochtal zum Rinner Stüberl, 1473 m.

Das klare Bächlein entlang wandern wir nun zum Wildensee. Da lacht das Kinderherz: Schwärme von Baby-Fischen füttern, rundherum klettern; schon entlang des Baches können wir uns auf die Suche nach Köcherfliegenlarven machen …

Variante 2: Bergtour auf den Rinnerkogel, 4–4½ Std.

Vom Wildensee wandern wir zurück zum felsigen Sattel, da zweigt rechts der Weg 231 Richtung Rinnerkogel ab. Hier treffen wir auch auf den Pfad, der direkt, ohne „Umweg" über den Wildensee, herauf und uns in steilen Serpentinen und über den steinigen Westhang zum Gipfelkreuz führt. Berg Heil!

Region Traunsee / Ebensee

[38] Vom Offensee zum Almsee

Schattige Wanderung von See zu See

Eine immer beschattete Hochsommerwanderung! Wir sind hier international unterwegs, denn dieser Weg ist Teil des europäischen Wanderweges E 4, bürgt aber trotzdem für ziemliche Einsamkeit – kein Renner mit Volksmassen! Wenn es uns passiert, dass wir den Pfad verlieren, so halten wir uns an die von Westen nach Osten führenden Foststraßen.

Ausgangspunkt: Ebensee, P an der Ostseite des Offensees
Endpunkt: Almsee
Gehzeit: Offensee–Almsee etwa 3 ½ Std.
Schwierigkeit: Ungefährlich, aber nicht gut markiert
Höhenunterschied: Rund 300 m
Einkehr: Jausenstation Seeau am Offensee, Seehaus am Almsee

Vom P an der Ostseite des **Offensee**s erreichen wir in 10 Min. die markierte Abzweigung von der Seestraße. Ein anfangs schmaler Steig zieht uns über einen mächtigen Schuttstrom bergwärts. Im Herbst kann es manchmal auch ganz schön schaurig zugehen, wenn die Hirsche auf Brautschau gehen und das Röhren durch die Wälder hallt. Bevor uns der Hochwald umfängt, ein Blick zurück zum Offensee zu unseren Füßen, wunderschön der Ausblick zum Höhenzug des Toten Gebirges. Ein guter Pfad führt

Blick vom Offensee zum Eibenbergl

uns in 1 Std. bis zum Scheitelpunkt zwischen **Himmelsteinkogel** und **Gschirreck,** 1410 m. Allmählich wandelt sich unser Weg zu einer breiten Forststraße, die uns zu einer Holzknechthütte führt – 1½ Std., erste Pause, erfrischend klares Wasser liefert uns die Quelle gegenüber.

Mit geringem Gefälle führt uns die Forststraße ostwärts bis zu einer Brücke und zu einer Wegkreuzung mit einem kleinen Heustadel, vor dem ein wenig begangener Weg links hinaufführt. Wir lassen die Rucksäcke zurück und marschieren in zwei Minuten hinauf zu einem Jagdhaus, das uns einen überraschend freien Blick in die Gebirgsfelsen des Toten Gebirges präsentiert. Wild ragen die Wände, Türme und Grate von Rosskogel, Feigentalhimmel und Woising himmelwärts.

Etwa 20 Minuten nach der Brücke erreichen wir eine Straßenabzweigung mit drei Hinweistafeln, etwa 50–100 m nach diesen zweigt unser Weglein links in den Hochwald ab – schwach markiert, nicht übersehen! –, führt uns hinab zu einem Wildbach und weiter durch Hochwald zur Straße. Bald leitet uns ein schmaler Steig, rechts abzweigend, hinab zum im weiten Kessel gelegenen **Almsee.** Badewannenwarmes Wasser im Offensee steht nun dem immer quellkalten Wasser des Almsees gegenüber – aber nach dieser Wanderung ist es für uns köstlich erfrischend!

REGION HÖLLENGEBIRGE / FEUERKOGEL

Auf dem Feuerkogel, 1592 m

Alpenblumenpracht im Karstgebiet

Berühmt ist die Hochfläche des Feuerkogels für ihre Alpenflora, deren Blütenpracht bis in den späten Sommer das Herz erfreut! Aber auch im Spätherbst wird ein Besuch unvergesslich, wenn hoch oben die Sonne leuchtet und die Welt in den Niederungen im Nebelmeer versinkt.

Ein gepflegtes Wandernetz ermöglicht uns, die schroffe, latschenbegrünte Karsthochfläche zu erforschen und alpine Gipfel relativ mühelos zu erklimmen. Auch hier finden wir von Tour 39–42 Wandermöglichkeiten mit verschiedenen Schwierigkeitsgraden – für fast jeden etwas!

Ausgangspunkt: Ebensee, 443 m, Talstation der Feuerkogel-Seilbahn, Zufahrt Richtung Langbathsee, Auffahrt zur Bergstation, 1592 m

Gehzeit und Schwierigkeit: Je nach Wanderziel

Einkehr: Mehrere Hütten und Gasthöfe auf dem Feuerkogel

[39] Alberfeld Kogel / Helmes Kogel

Feuerkogel – Variante 1: Für die ganze Familie

Schon nach wenigen Minuten haben wir die vielen Hütten und den mit ihnen verbundenen Trubel hinter uns und durchschreiten eine Gebirgswelt von außergewöhnlicher Schönheit. An Aussichtspunkten laden immer wieder Bankerl zu gemütlicher Rast und unzählige Grasmulden locken zwischen den Latscheninseln zum Liegen und Träumen in der Sonne.

Ausgangspunkt: Bergstation Feuerkogelseilbahn
Wanderzeit: Kurzvariante: 1 Std. auf den Alberfeldkogel, 1707 m
Rundwanderung: Schöne Rundwanderung zu zwei Aussichtskanzeln, über den Helmes Kogel auf den Alberfeldkogel insgesamt 3 Std.

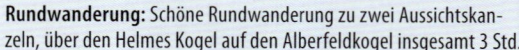

1. Kurzvariante:

Vom Gipfel des Feuerkogels flanieren wir in einer knappen Stunde zum **Alberfeldkogel**. Die überaus kühn gebaute Aussichtskanzel schenkt uns einen grandiosen Blick tief hinab zu den Langbathseen, zum Traunsee, hinüber zum Attersee und weit hinaus ins Alpenvorland. Hier können wir auch unsere Schwindelfreiheit testen: Zu unseren Füßen stürzt die Nordwestwand viele hundert Meter senkrecht in den Bergwald. Seit 2006 ziert den Gipfel des Alberfeldkogels das Europakreuz, 5 m hoch, bestehend aus 25 Würfeln, von denen jeder einen EU-Staat symbolisiert.

Region Höllengebirge / Feuerkogel

Feuerkogel

2. Rundwanderung:

Immer wieder schön ist die **Rundwanderung** Bergstation – Naturfreunde Haus – **Helmes Kogel**, 1633 m – **Alberfeldkogel**, 1707 m.

Von der Bergstation wandern wir links zum **Naturfreunde Haus** und weiter zum **Helmes Kogel**. Auch ihn krönt eine Aussichtskanzel mit berührenden Blicken ins Trauntal und hinüber zu den unzähligen Gipfeln des Toten Gebirges – greifbar nahe. Zwischen Latschengassen und Wieseninseln wandern wir in einer Runde auf die zweite Aussichtskanzel, den **Alberfeldkogel**, von dem wir über den Heumahdgupf wieder zurück zur Seilbahn wandern.

Feuerkogel-Panorama

[40] Großer Höllkogel, 1862 m

Feuerkogel –Variante 2: Höchster Gipfel im Höllengebirge

Ein ganz besonderes Erlebnis ist diese Wanderung von Ende Mai bis weit in den Juni hinein, denn zu dieser Zeit beherrscht der reizvolle Kontrast zwischen alpiner Blütenpracht und den Schneefeldern die Landschaft. Aber auch im Sommer ist sie schön, wenn die Hitze zwischen den unzähligen Latschenhügeln und den Wieseninseln so richtig sommrig flirrt und es nach Harz und Urlaubsfreude duftet. Vom Tal aus ist unser Gipfelziel an der Schneezunge erkennbar, die oft noch bis in den August hinein bis zum Gipfelkreuz reicht.

Ausgangspunkt: Ebensee, Bergstation Feuerkogelseilbahn, 1592 m
Gehzeit: 2½–3 Std. auf den Gipfel (knapp 2 Std. zur Riederhütte, 45 Min. auf Gipfel), 1½ Std. retour
Schwierigkeit: Hochalpine Bergwanderung, Trittsicherheit nötig; nicht bei Nebel oder Schneefall – Orientierungsschwierigkeiten!
Höhenunterschied: 300 m
Einkehr: Gh. am Feuerkogel, Riederhütte

Auf bequemem Weg wandern wir vom Feuerkogel – wenn wir wollen über den **Alberfeldkogel** (Weg 835) – nun auf Steig 804 durch Latschen- und Felsgassen, queren Karsthänge und stehen

Region Höllengebirge / Feuerkogel

Großer Höllkogel: Riederhütte

dann vor der Qual der Wahl: Vor dem Gipfelsieg einen Einkehrschwung auf der **Riederhütte** oder nicht? Rechts geht's zwischen einigen Kuppen schnell zur nahen Hütte hinüber, links steigen wir in die **Höllkogelgrube** ab und über den steilen Zielhang auf den Gipfel. Aber auch von der Riederhütte führt ein markierter Steig in die Höllkogelgrube hinab. Die Aussicht vom **Höllkogel** ist himmlisch: Gipfel grüßen aus allen Himmelsrichtungen, Seen schimmern herauf und im weichen Berggras lässt es sich nach getaner Tat doppelt erholsam ruhen. Bei halbwegs festem Schnee können wir vom Gipfel des Höllkogels auf den Schuhsohlen „abfahren" – das ist jedoch nur Könnern vorbehalten!

Wer noch einen Höhepunkt draufsetzen will, wandert von der Riederhütte auf Steig 834 auf den **Eiblgupf**, ein karstiger Weg mit schönen Blicken zum Langbathsee (1 ½ Std. insgesamt).

Region Höllengebirge / Feuerkogel

[41] Höllengebirgs-Überschreitung

Feuerkogel – Variante 3: Deftiges für Freaks

Beinahe ehrfürchtig bestaunt man das Höllengebirge in seiner eindrucksvollen Gesamtlänge vom Tal aus – vom Feuerkogel bis zum Hochlecken. Und man wundert sich, dass es möglich ist, diesen gewaltigen Gebirgsstock an einem Tag zu überschreiten. Es ist eine lange, aber schöne und einsame Wanderung, die wir ganz besonders dem Blumenfreund ans Herz legen. Denn bis tief in den Sommer blüht im Höllengebirge alles in Hülle und Fülle, was unter den Bergblumen Rang und Namen hat.

> **Ausgangspunkt:** Ebensee, Bergstation Feuerkogelseilbahn, 1592 m
> **Endpunkt:** Taferlklause an der Großalmstraße (Verbindung Attersee – Traunsee, Postbusverbindung)
> **Gehzeit:** 7–9 Std.
> **Schwierigkeit:** Hochalpine Bergtour, beste sportliche Kondition, Trittsicherheit, Schwindelfreiheit und Ausdauer nötig; nur bei bestem Bergwetter!
> **Höhenunterschied:** Etwa 600 m Aufstieg, 1250 m Abstieg
> **Einkehr:** Riederhütte, Hochleckenhaus

Von der Bergstation der Feuerkogelseilbahn wandern wir zuerst auf breiten Wegen, dann vom schmalen Steig abgelöst bis zur **Riederhütte**. Den Höllkogel lassen wir links, den Eiblgupf

Region Höllengebirge / Feuerkogel

Höllengebirge

rechts liegen, genau nach Westen führt unser Steig weiter. Schon wird der Blick zum Hochhirn und Brunnkogel frei und das Wasserauge des Hinteren Langbathsees blinkt von tief unten aus dem dunklen Baummeer. In dieser Karsthochfläche dürfen wir uns keinesfalls verirren, wenn doch, sofort wieder zurück und die Markierung suchen! Die nächsten Höhenzüge werden nördlich umgangen, überaus romantisch der Blick in die gewaltigen Abstürze zur Rechten. In den steilen Felsen ist der Schafluckensteig sichtbar, der vom Langbathsee heraufführt. Vorbei an einer riesigen Doline wandern wir hinauf zum Gipfel des **Grünalmkogels**, 1821 m. Über den Gratrücken, von dem aus das Hochleckenhaus bereits sichtbar ist, geht's nun tief hinab in den **Pfaffengraben** und leider wieder steil bergan! Der Pfaffengraben-Anstieg ist zu jeder Jahreszeit als „Schinder" bekannt!
Also noch einmal alle Kräfte aktivieren, uns magnetisch anziehen lassen vom gastlichen **Hochleckenhaus** – und nach einer ausgiebigen Rast hinunter über den Aurachursprung zur **Taferlklause**.
Eine so intensive Bergtour bedarf langer Vorbereitungsarbeit.

Region Höllengebirge / Feuerkogel

[42] Von der Kreh auf den Feuerkogel

Feuerkogel – Variante 4: Für Aufsteiger

Wer den Feuerkogel zu Fuß erwandern will, nimmt am besten die Route über die Nordflanke des östlichen Höllengebirges.

Ausgangspunkt: Ebensee, Gh. „Wirt in der Kreh" an der Straße zu den Langbathseen, 647 m

Gehzeit: 2–2 ½ Std.

Rückweg: Mit der Feuerkogelseilbahn ins Tal, Busverbindung zum Gasthaus; oder wir stellen unsere Fahrräder bei der Seilbahn ab und schließen dann gleich eine schöne Radtour zu den Langbathseen an

Schwierigkeit: Schöne Bergwanderung, Trittsicherheit erforderlich

Einkehr: In der „Feuerkogelsiedlung" für jeden Geschmack etwas

Tipp: Bademöglichkeit im Langbathsee, 2 km vom „Wirt in der Kreh"

Vom „**Wirt in der Kreh**" überqueren wir den Langbathbach und wenden uns auf gut markiertem Weg durch schönen Wald bergwärts. Über weite Kehren kommen wir schnell bergan. Zwischen den Baumwipfeln ragen hoch über uns die markanten Felsgipfel und Grate des Alberfeldkogels. Schon nach einer knappen halben Stunde gibt eine Kehre den Blick nach Westen auf Langbathsee, Grünalmkogel, Brunnkogel und Spielberg frei. Der

Region Höllengebirge / Feuerkogel

Langbathsee im Herbst

Wald lichtet sich, von der Jagdhütte weg führt nun ein schmaler Steig steil und oft in ganz schmalen Serpentinen bergwärts zur aufgelassenen **Pledi Alm**, 1125 m. Reizvoll der Blick zu den umliegenden Bergen! Sehr steil führt uns der Steig allmählich der Baumgrenze zu, mit den ersten Legföhren wird das Haus Dachsteinblick sichtbar, das von uns aus wie ein Schwalbennest auf dem Fels klebt. Mit jedem Schritt wird der Blick hinaus über die Traunseelandschaft großartiger. Auf einer Felskanzel am Lärchenstock wird eine Rast fällig. Hier ist auch ein Routenbuch zum Einschreiben montiert, wie wir sonst nur auf Gipfeln finden. Von diesem stimmungsvollen Platz ist es nur mehr eine knappe halbe Stunde hinauf ins Hüttengebiet des Feuerkogels.

Region Höllengebirge / Feuerkogel

[43] Über den Schafluckensteig auf den Brunnkogel, 1708 m

Sanfte Seen – wilder Steig

Extravagante Kombination aus Bergseen und wilder Bergtour durch die senkrechten Fluchten der Schaflucken!

Ausgangspunkt: Ebensee, 8 km zum P Vorderer Langbathsee

Rückweg: Auf demselben Weg oder über das Hochleckenhaus zum Taferlklaussee oder zum Attersee (siehe Tour 16)

Gehzeit: 3 ½ Std. vom Vorderen Langbathsee, 2 ½ Std. Abstieg

Schwierigkeit: Anspruchsvolle Bergtour, die Trittsicherheit und Schwindelfreiheit voraussetzt. Nicht bei Nebel oder Schneelage!

Höhenunterschied: 1050 m

Einkehr: Unterwegs keine, Gh. „Wirt in der Kreh"

Wir wandern rechts vom **Vorderen Langbathsee** zum **Hinteren Langbathsee** (auf dem Heimweg am anderen Ufer). Wenn wir genau schauen, sehen wir die dünne Linie, welche die aufragenden Felswände durchzieht – die Route des in den Felsen gesprengten **Schafluckensteiges**. Dieser exponierte Steig wurde herausgeschlagen, um die entlegene **Schafalm** unter dem Brunnkogel für das Weidevieh zugänglich zu machen! Am Südufer des Hinteren Sees zweigt Weg 828 rechts ab und zieht durch Wald

zum Wandfuß hinauf. 400 m teilweise senkrechte Felswand sind zu überwinden. Der Steig ist gut gesichert und führt flott aufwärts. Ist die erste Steilstufe überwunden, schimmert zu unseren Füßen der Hintere Langbathsee. Wald nimmt uns auf, noch eine schuttgefüllte Rinne, einmal noch eine Wandstufe mit Sicherungen, dann steigen wir durch den Hochwald zu besagter, aufgelassener Schafalm-Jagdhütte. Beim Steinmann zweigen wir rechts ab und steigen durch mäßig steile Wiesen und Felsen zum Grat und Gipfelkreuz auf. Weite Grasflächen, beschauliches Rasten hoch über Gipfeln und Seen. Zurück entweder über das Hochleckenhaus oder auf demselben Weg. „Wilde Hunde" mit großer Bergerfahrung können dem Grat Richtung Spielberg, 1538 m, folgen, der vom Gipfelkreuz talwärts zieht. Auch er bietet faszinierende Tiefblicke. Vom Grat gelangen wir rechts über Hänge und durch schütteren Baumbestand hinab zum Schafluckensteig (nicht vorbeilaufen!), der uns wieder ins Tal leitet.

Brunnkogelkreuz

Region Höllengebirge / Feuerkogel

[44] Hochlecken, 1574 m, Brunnkogel, 1708 m

Beliebte Hüttenwanderung mit Steilanstieg

Am äußersten Westgipfel des Höllengebirges errichtete die Alpenvereinssektion Vöcklabruck 1925 das Hochleckenhaus. Es ist unschwer erreichbar und daher häufig frequentiert! Zu Füßen unseres Zieles liegt – umsäumt von Wald und einem Bodenlehrpfad – der Taferlklaussee, den wir, am besten nach der Bergtour, auf jeden Fall umrunden sollten.

Ausgangspunkt: Altmünster, rechts Richtung Neukirchen – Großalmstraße (Verbindungsstraße zwischen Traunsee und Attersee)

Gehzeit: 1½–2 Std. auf das Hochleckenhaus, von dort auf den Brunnkogel 1½ Std.

Schwierigkeit: Populäre Bergtour mit steilem Anstieg, Trainingsberg

Höhenunterschied: 814 m auf das Hochleckenhaus, weitere 140 m auf den Brunnkogel

Einkehr: Hochleckenhaus

Besonderheiten: Extravagantes Gipfelkreuz, Aussicht

Weitere Möglichkeiten: Abstieg über Schafluckensteig, sh. Tour 43; Radtour über die Großalmstraße

Variante 1: Für die ganze Familie

Während sich die „Jung-Familie" eine gemütliche Auszeit am Taferlklaussee gönnt, erwandern die Konditionsstärkeren auf steilem Anstieg das Hochleckenhaus. Der See wurde 1716 für die Holztrift aufgestaut, inzwischen ist er natürlich in den Landschaftspark „Höllengebirge-Hongar" integriert. Einkehr in Gh. Großalm, 3 km vom See.

Region Höllengebirge / Feuerkogel

Blick vom Weg zum Brunnkogel und Traunstein

Variante 2: Für Gipfelstürmer
Aufi zur Hütte und auf den Brunnkogel

Wenn wir Einheimischen sagen: „Mir gengan auf den Hochleckn", so meinen wir meistens nur das Gasthaus, das uns durchwegs als Ziel genügt. Im Frühjahr dient uns diese beliebte Hüttenwanderung mit steilem Anstieg vor allem zum Einwandern, sie fördert die Kondition und baut so die körperlichen Voraussetzungen für richtige Bergtouren auf.

Links vom See gustieren wir zuerst durch Wald und Latschenhänge, bevor uns der Steilanstieg auf engen Serpentinen zügig hinauf- und auf jeden Fall zum Schwitzen bringt! Das **Hochleckenhaus** ist wegen des prachtvollen Blicks zum Traunsee berühmt. Besonders faszinierend ist es, hier zu nächtigen und aus dunkler Nacht den Glanz der Lichter aus der Traunseestadt Gmunden zu betrachten.

Es zahlt sich aus, von hier den leicht ersteigbaren Gipfel des **Brunnkogels** mit seinem 14 m hohen Gipfelkreuz zu erwandern. Zurück geht es zur manchmal verwachsenen Wegkreuzung, wo wir auf Steig 892 über den **Hochleckenkogel** direkt ins **Aurachkar** und zurück zum **Taferlklaussee** absteigen können.

REGION BAD ISCHL

[45] Die Katrin & Varianten, 1542 m

Der Hausberg im Katergebirge

In 12 Minuten trägt uns die Seilbahn mühelos auf einen der schönsten Aussichtsberge des Salzkammergutes, die Katrin. Es erwartet uns eine großartige Bergkulisse, ein Blick auf das Dachsteinmassiv, Traunsee, Hallstättersee und vom Gipfel aus auch auf den Wolfgangsee.

Die Katrin ist eines der ältesten Naturschutzgebiete Oberösterreichs – das heißt, die Rechte liegen bei den Pflanzen und Tieren, wir sind nur sorgsame Gäste in ihrem Raum.

Sie präsentiert sich aber mit ihren beschilderten Trainings-Laufstrecken und ihren gekennzeichneten Atempfaden auch als „Fit & Gesund-Berg". 1999 wurde ein Naturlehrpfad angelegt, der mit der Broschüre „Naturlehrpfad Katrin" (unbedingt bei der Talstation erwerben, es gibt auch ein kostenloses Heftchen für Kinder) zu einer sinnlichen Naturerfahrung wird.

Die Katrin hat für jeden etwas zu bieten, keiner kommt zu kurz.

Ausgangspunkt: Bad Ischl, Bergstation der Katrinseilbahn, 1415 m

Gehzeit und Schwierigkeit: Je nach Wanderung

Einkehr: urige Katrin Almhütte mit Blick auf den Dachstein – jeden Dienstag (außer Nov.–Mitte Dez.) Volksmusik zum Mitsingen, 5 Min. von der Bergstation.

Sonstiges: Die Lebensdauer der Katrin-Seilbahn ist leider absehbar, aber für uns nicht prognostizierbar. Bitte erkundigen Sie sich, ob sie noch in Betrieb ist. Tourismusbüro Bad Ischl: Tel. 06132 / 27757

Region Bad Ischl

Katrin – Variante 1: Naturlehrpfad und Katringipfel – für die Familie mit kleinen Kindern

Ausgangspunkt: Bergstation Katrin
Gehzeit: 30–40 Min. auf den Katringipfel, denselben Weg zurück

Von der Bergstation führt der Naturlehrpfad mit 9 Stationen in bequemen Serpentinen durch Almrausch und Latschenkrummholz, gesäumt von zur Ruhe einladenden Aussichtsbankerln, hinauf zum Katringipfel. Sein Gipfelkreuz hat Geschichte: Es wurde anlässlich des 80. Geburtstages von Kaiser Franz Joseph am 17. August 1910 eingeweiht.

Mit kleinen Kindern spazieren wir denselben Weg zurück.

Katrin – Variante 2: Katringipfel und Kleiner Feuerkogel

Ausgangspunkt: Bergstation Katrin
Gehzeit: 2½–3 Std.
Schwierigkeit: Bergwanderung, Trittsicherheit gefragt

Von der Bergstation wandern wir wieder in etwa 30 Min. auf den Katringipfel, der uns mit einem einzigartigen Rundblick beschenkt. Wir wandern aber nicht denselben Weg zurück, sondern wenden uns bei einer schlecht sichtbaren Wegkreuzung bald nach dem Gipfelkreuz nach rechts Richtung Hainzen, kehren aber bei der nächsten Pfadgabelung zur Bergstation zurück. Vorsicht mit Kindern bei den steilen Grashängen.

Eine wunderschöne Wanderung im Katrin-Hochplateau.

Bei der Bergstation können wir Almhütten-Atmosphäre genießen oder gleich weiterwandern zum Ischler Feuerkogel, dem kleinen Bruder des gleichnamigen großen im Höllengebirge. Dieser Naturlehrpfad führt uns mit 21 Stationen durch Bergwiesen und Buchenwald bis zum Aussichtspunkt (Station 9). Bis hierher geht's auf sanftem Waldweg, nun wird's steil: Auf den

Region Bad Ischl

Sender auf der Katrin

Feuerkogel führt ein schmaler alpiner Steig zum Gipfel und wieder steil zur Katrin Almhütte hinunter.

Katrin – Variante 3: Auf den Hainzen, 1638 m

Ausgangspunkt: Bergstation Katrin
Gehzeit: 1 Std. auf den Gipfel
Schwierigkeit: Bergpfad – Trittsicherheit nötig

Eine kleine Tour mit großem Ausblick: Der Gipfel beschenkt uns mit einem prachtvollen Blick zum Wolfgangsee.
Von der Bergstation wandern wir auf dem alpinen Wanderweg 2 über die Latschenfelder der Hochfläche weiter auf den **Hainzen**.

Region Bad Ischl

Katrin – Variante 4: Über Hainzen (1638 m) und Rosskopf (1659 m) zum Gh. Wacht

Ausgangspunkt: Bergstation Katrin
Gehzeit: 4 Std.
Schwierigkeit: Nur für geübte Bergsteiger, Trittsicherheit nötig, Vorsicht beim Gratstück!

Von der Bergstation wandern wir in 1 Std. zum **Hainzen** und weiter auf einem gut markierten Steig zum Gipfel des **Rosskopfs**. Zwischen ihren Höhen laden uns im Sommer zahlreiche Mulden und Hänge zum Sonnen ein – in prächtiger Aussicht: Sie reicht bis zum mächtigen Rinnkogel, zum Bergwerkkogel und dem bizarren Horn des Rettenkogels. Über das **Ahornfeld** – eine aufgelassene Schutzhütte in stiller Einsamkeit – führt der Steig über unzählige Serpentinen meist steil hinab und hinaus zum **Gh. Wacht**. Von hier fahren wir entweder mit dem Bus nach Bad Ischl (Strecke Strobl–Bad Ischl) oder lassen uns von einem Familienmitglied abholen.

Ahornfeldalm

Region Bad Ischl

Almwanderungen um Bad Ischl

Eingebettet in die Wälder südöstlich von Bad Ischl liegen einige Almoasen, die jedes Wandererherz erfreuen: die Hoisnradalm, die Rettenbach Alm und die schon im Ausseerischen gelegene Blaa-Alm. Tosende Wasser und liebliche Almgefilde im Schatten der Gipfel.

Region Bad Ischl

[46] Durch die Rettenbachwildnis auf die Hoisnradalm, 968 m

Ausgangspunkt: Jeweils Bad Ischl, Abfahrt Süd – Rettenbachtal, Parkplatz beim Gh. „Rettenbachtalmühle" (505 m)

Wanderzeit: 3–4 Std. insg.

Schwierigkeit: Leichte Bergwanderung, wegen der Lamas auch besonders für Kinder geeignet

Einkehr: Hoisnradalm

Diese Wanderung an den Abhängen des Ischler Salzberges durch die romantische, wasserdurchtoste **Rettenbachwildnis** ist ganz gewiss kein Fehler! Von der Rettenbachmühle wandern wir parallel zum schäumenden Wasser abwechslungsreich ostwärts in den Wald und auf gut bezeichnetem und von Buchen beschattetem Weg hinauf in die lieblichen Almgefilde der Hoisnradalm. Schon zu Kaisers Zeiten wusste man die unvergleichlich schöne Aussicht zu schätzen, man ließ sich damals in Tragsesseln auf die Alm befördern! Damals war Wandern nur dem Adel vorbehalten, dem normalen Volk war der Aufenthalt in den Bergen nur mit Erlaubnis gestattet.

Region Bad Ischl

Alm am Weg zur Hoisnradalm

Katrin, Wolfgangsee mit Schafberg, Zwölferhorn, die Ausläufer des Höllengebirges, Schrott, Wildenkogel und Sandling umsäumen die Almgefilde. Und diese Bergkulisse ist nicht die einzige Attraktion: Der Hüttenwirt hält hier oben **Lamas** – eine Tiergattung, die man bestimmt nicht auf den Weiden an den Abhängen des Salzberges erwartet.

Zurück geht es auf einem langgestreckten Waldrücken (Weg Nr. 242) über den wunderschönen **Kaiser-Jubiläumssteig.**

Besonderheit: Eine ausgefallene Idee für Familie und Freunde: Hüttenwirt Hans Reiter bietet im Sommer Trekkingtouren mit „**Lama-Taxis**" durch das Salzkammergut an, im Winter Angebote von der einfachen Schneeschuhwanderung bis zu (mehrtägigen) Übernachtungen im Iglu. Tel. 0664 2419591

[47] Von der Rettenbach Alm zur Blaa-Alm

Im Sommer bewirtschaftet

Vom Gh. Rettenbachmühle führt eine ca. 6 km lange Naturstraße durch das großartige Rettenbachtal bis kurz vor die oasengrünen Talböden der Rettenbach Alm. Wildromantisch liegen die Wiesenböden inmitten dieses sonst schluchtartigen Gebirgskanons, der geradewegs in das Massiv des Toten Gebirges hineinführt, geprägt von den gewaltigen Abstürzen des Losermassivs. Hier können wir mit Kleinkindern Alm-Idylle erwandern, während der erwachsenere Teil der Familie vielleicht von hier die Blaa-Alm erobert.

Variante 1 – Eine Wanderung, die nach Wiederholung schreit!

Ausgangspunkt: Siehe Tour 46
Gehzeit: 1½ Std. auf die Blaa-Alm   **Höhenmeter:** 266 m
Einkehr: Rettenbach Alm, Blaa-Alm
Tipp: Auffahrt mit Rad oder Auto bis zur Rettenbach Alm

Von der Rettenbach Alm wandern wir wildromantisch auf dem alten Soleleitungsweg zur Blaa-Alm. Immer wieder werfen wir Blicke auf die wasserumtoste Schlucht tief unter uns, hoffen auf „Licht am Ende des 60 m langen Tunnels" und tun uns beim Auswählen unserer gschmackigen Jause auf der Blaa-Alm wegen des großen kulinarischen Angebots ganz schön schwer!

Variante 2 – Auf die Blaa-Alm mit dem Rad

Fahrzeit: 2–2½ Std. vom Gh. Rettenbachmühle auf die Blaa-Alm
Höhenmeter: Rund 400 m
Schwierigkeit: Relativ einfache Tour auf Forst- und Steinstraße
Einkehr: Rettenbach Alm, Blaa-Alm

Während der wanderbegeisterte Teil einer Familie eine der drei Almen als Ziel wählt, kann der Rad-Liebhaber die romantische

Region Bad Ischl

Blaa-Alm, im Hintergrund der Loser

Tour zur Blaa-Alm hinaufstrampeln. Die Route verläuft auf der Ausseer Soleleitung.

Vom Gh. Rettenbachmühle biken wir sanft ansteigend bis zur Rettenbach Alm, nehmen den „Highway" über die Almwiesen und widmen uns doch etwas wadelintensiv dem sich verengenden Aufstieg durch die teilweise abenteuerlich in den Fels gehauene Steinpiste. Tief unter uns das schroffe Bachbett (Vorsicht beim Zurückfahren), vor uns ein 60 m langer, unbeleuchteter Tunnel. Obwohl Licht am Ende des Tunnels zu sehen ist, rät ein gewisses unheimliches Gefühl zum Absteigen. Nun wird die Landschaft immer eigenwilliger und wilder, nach einem kurzen, aber umso steileren Teil belohnen wir uns mit einer gemütlichen Einkehr auf der Blaa-Alm.

Gestärkt schaffen wir die Abfahrt fast ohne zu treten und können zufrieden sein, eine der wildromantischsten Bike-Touren im Salzkammergut erfahren zu haben.

[48] Zimnitz oder Leonsberg, 1745 m

Gipfelgratbesteigung erster Güte!

Vor langer Zeit lebte, so die Sage, in Bad Ischl ein braves Mädchen, dessen Mutter plötzlich schwer krank wurde. Keine Medizin half, und als die Frau schon dem Tode nahe war, träumte das Mädchen vom Zimnitzgeist. Sie sollte in der nächsten Vollmondnacht auf die Zimnitz steigen und ein ganz besonders seltenes Heilkräutlein pflücken. Auf dieser Wanderung erschien ihr der Zimnitzgeist persönlich. Er führte sie in eine Höhle, in der viele Blumenstöcke standen. Der Geist zeigte auf einen, der nur mehr ein kümmerliches Blatt aufwies: „Das ist das Lebensbäumchen deiner Mutter. Sie hat nur mehr kurz zu leben." Das Mädchen bettelte so lange, bis der Zimnitzgeist ihre beiden Lebensbäume vertauschte. Am Höhlenausgang fand sie das gesuchte Kräutlein, das ihre Mutter auch wieder gesund machte. Doch dafür wurde das Mädchen immer kränker. Doch auch hier erschien die Rettung in Gestalt des Zimnitzgeistes: Er gab dem Mädchen einen Apfel zu essen und Mutter und Tochter lebten noch lange Zeit glücklich miteinander.

Wir müssen keine Angst haben, dem Zimnitzgeist zu begegnen, denn seither hat man nichts mehr von ihm gehört.

Die Ischler nennen ihren Hausberg „Zimnitz", in den Kartenwerken ist er meist als „Leonsberg" eingetragen. Seine Überschreitung zählt zu den schönsten Bergtouren, erfordert aber einiges an Bergerfahrung und Kondition. Eine schon rar gewordene Flora überschüttet die Almmatten mit Trollblumen, Akelei, Enzian und sogar zimtduftenden Kohlröserln.

Blick in Richtung Zimnitz/Leonsberg vom Grat

Region Bad Ischl

Ausgangspunkt: Bad Ischl, auf der B 158 in Pfandl abfahren, bis zur Ortschaft Kreutern, am Zimnitzbachweg parken
Gehzeit: Bad Ischl–Zimnitz 3–4 Stunden
Rückweg: 1. Denselben Weg zurück; 2. Über die Stückl Alm nach Rußbach bei Strobl (regelmäßig verkehrende Autobusse nach Bad Ischl)
3. Abstieg über den 1557 m hohen Gartenzinken nach Bad Ischl
Schwierigkeit: Trittsicherheit und gute Kondition nötig
Einkehrmöglichkeiten: Keine
Besonderheiten: Langer Gratanstieg, der wunderschöne Blicke freigibt

Vom **Zimnitzbach** aus wandern wir auf gut markierten Pfaden durch schönen Buchenwald, zeitweise atemberaubend in steilen Serpentinen. Nach der Jagdhütte biegt man links ab. Über der Baumgrenze wandern wir nun immer auf dem teilweise schmalen, grasbewachsenen, mit Felsstücken gespickten Grat zum Gipfel. Eine wunderschöne Gratwanderung mit erhebenden Blicken in die umliegenden Täler und Berge.

Die Fernsicht vom Gipfel ist ein Gedicht, besonders in Richtung Süden, von wo die Dachsteinprachts herüberblinkt.

Besonders romantisch ist der Abstieg über den **Gartenzinken**: Wieder eine kilometerlange, schmale Gratwanderung, unvergesslich wegen ihres schönen Ausblickes.

Region Bad Ischl

[49] Hohe Schrott, 1839 m

Laaange Gratwanderung mit Prachtblicken

Schroff, zerfurcht, mächtig und abweisend begleitet uns der lange Gratrücken der Hohen Schrott auf der Fahrt zwischen Ebensee und Bad Ischl. Sie ist der westlichste Bergzug des Toten Gebirges und ein „Außenseiter" nur für wirklich routinierte Berggeher. Ein selbstständiges Ziel für „Normal-Wanderer" sind ihre Bromberg-Almmatten und ihr Vorgipfel, der Petergupf, die uns beide einen prachtvollen Blick in das beeindruckende Bergpanorama schenken. Wenn wir Glück haben, kann uns jemand „nur" bis zur Brombergalm und eventuell noch auf den Petergupf begleiten und uns, die wir die doch teilweise sehr ausgesetzte Gratwanderung wagen, in Bad Ischl abholen.

Ausgangspunkt: 2 Möglichkeiten

a) Bahnstation Langwies zwischen Ebensee und Bad Ischl, 450 m

b) Ebensee: Wenn wir jemanden haben, der eine leichtere Variante begehen will, so können wir mit ihm bis zum P beim E-Werk Richtung Offensee fahren, Weiteres siehe Variante 2

Endpunkt: Bad Ischl, Rückfahrt mit dem Zug

Gehzeit: Ganztagestour, 7–8 Std.; 3 Std. auf die Brombergalm, 2 ½ Std. auf die Hohe Schrott, 2 ½ Std. Abstieg vom Gipfel nach Bad Ischl

Schwierigkeit: Sehr lange, anspruchsvolle, aber landschaftlich einmalig schöne Bergtour, die Ausdauer, Trittsicherheit und Schwindelfreiheit erfordert. Auf keinen Fall bei Nebel oder Schneelage!

Höhenunterschied: 1500 m

117

Region Bad Ischl

Hohe Schrott – Variante 1: Auf die Brombergalm, 1430 m, und auf den Petergupf, 1646 m, – für ausdauernde Wanderer

Ausgangspunkt: Ebensee, Auffahrt Richtung Offensee, 1 ½ km nach der Abfahrt „Steinkogl-Offensee" zweigt von der Offenseestraße rechts eine Forststraße ab, P, Brücke über den Frauenweißenbach überqueren, hier beginnt die Tour
Gehzeit: 3 Std. auf die Brombergalm, 50 Min. auf den Petergupf
Schwierigkeit: Mittelschwere Bergwanderung, die Ausdauer erfordert!
Höhenmeter: 1300 m auf den Petergupf

Über den Talboden und eine Forststraße marschieren wir zu einem Holzlagerplatz mit Hütte. Von hier geht es durch Jungwald steil bergauf, durch Hochwald bis zu einer Forststraße, auf der wir nach wenigen Metern links auf einen markierten Steig abzweigen. Auf einem lang gezogenen Rücken legen wir die letzten 200 Höhenmeter zur in einem flachen Hochtal gelegenen Brombergalm zurück. Das begrenzte Angebot an Grund und Boden im Trauntal zwang die Bauern früher, ihr Vieh auf die Hochalm zu treiben. Auch heute ist der Trend zum „Bestoßen" der Almen wieder zu erkennen, es wird finanziell unterstützt und verhindert den Verfall der Kulturlandschaft im alpinen Raum. Herrlich ist sie gelegen, die Alm, die prächtige Aussicht über die Traunseelandschaft hat die Mühen des Aufstiegs gelohnt!

Ordentlich ausgerastet begeben wir uns auf Spurensuche: Wo geht's weiter auf **Petergupf** und Hohe Schrott? In diesem Gebiet wird immer wieder Holz geschlägert und auch Sturm Kyrill hat seine Spuren hinterlassen, sodass sich fast jeder, der in den vergangenen Jahren die Schrott bestieg, mindestens einmal verlief. Wir legen also noch eine knappe Stunde auf den Petergupf zu, genießen das Prachtpanorama, steigen entweder auf demselben Weg ab oder machen uns auf die wunderschöne, aber fordernde Überschreitung der Hohen Schrott.

Ausblick von der Hohen Schrott

Hohe Schrott, 1839 m – Variante 2: für routinierte Gratwanderer

Wenn wir das Glück haben, dass jemand für uns Taxidienst macht, dann wandern wir nach Variante 1 auf die Brombergalm. Fahren wir umweltschonender mit dem Zug, so steigen wir auf dem Bahnhof Langwies aus, überqueren den Bahnübergang und folgen der Straße zur Kapelle hinauf. Rechts geht's auf der Forststraße weiter und wir zweigen auf Weg 221 ab. Die Kehren der Forststraße oben im Hochwald kürzen wir ab. In vielen Serpentinen steigen wir auf einen Waldrücken und links unter dem **Loskogel** zur **Brombergalm**. Nun gehen wir wieder auf Wegsuche, ersteigen den Petergupf und über den Kamm den **Bannkogel**. Weiter in die Scharte vom schroffen **Bergwerkskogel**, hier etwa möchte uns ein Gamssteig auf ebenem Weg geradeaus verführen, wir aber gehen in die kleine Geröllhalde hinein und auf ausgesetztem Felssteig unter einem Überhang und über senkrechte, aber gut gesicherte Wandstufen auf den Gipfel. Bergauf und bergab, links oder rechts neben dem Grat, dann wieder direkt auf ihm leitet uns der luftige Steig durch diese prachtvolle Bergwelt. Über einen kleinen Kamin ersteigen wir den Südhang des **Mittagskogels**. Über diesen steigen wir wieder zum Grat und zum Gipfel der **Hohen Schrott**.

Der Abstieg führt uns weiter über den Grat in eine Senke und rechts auf den **Hochglegt**, durch Latschengassen und sturm-

Vom Petergupf auf die Hohe Schrott

erprobte Wetterfichten zur **Kotalm** hinab. Auch hier hat Orkan Kyrill bewirkt, dass wir auf der Wegsuche unsere Pfadfinderqualitäten auspacken müssen, weil er ganze Waldstriche niederriss. Anstrengend steil durch Wälder, Schläge, drei Forststraßen überquerend, steigen wir in den Bad Ischler Ortsteil Rettenbach hinunter, wo wir entweder von unserem „Taxi" im Gh. Rettenbachmühle erwartet werden oder auf der Steinfeldstraße nach Bad Ischl zum Bahnhof marschieren.

REGION BAD GOISERN

[50] Predigstuhl, 1278 m

Luftige Kanzel mit Traumaussicht

Als besonderes Juwel unserer Bergwelt präsentieren sich Predigstuhl und Goiserer Höhenweg durch die „Ewige Wand". Nirgendwo erreicht man mit so wenig Aufwand Kraftplätze dieser Qualität. Vom Berghotel Predigstuhl aus fasziniert der Blick auf den Dachstein und den Hallstättersee. Die luftige Kanzel des Predigstuhlgipfels mit der prächtigen Aussicht, die abwechslungsreiche Wanderung zur Hütteneckalm (mit Klettergarten) und nicht zuletzt der einzigartige Abstieg durch den Goiserer Höhenweg ins Tal sind Labsal für die Seele und Balsam für die Nerven.

Ausgangspunkt: Berghotel Predigstuhl, 973 m, von Bad Goisern über Wurmstein, beschilderte Zufahrt „Panorama nova"

Gehzeit: Rundwanderweg Predigstuhl 2 Std.

Schwierigkeit: Leichte Bergwanderung, die am Gipfelanstieg Trittsicherheit und Schwindelfreiheit erfordert! Nicht bei Nässe gehen und auf dem Gipfel äußerste Vorsicht mit Kindern!

Einkehrmöglichkeit: Berghotel Predigstuhl – Traumpanorama auf Dachstein mit Hallstätter Gletscher

Region Bad Goisern

Variante 1: Vom Berghotel auf den Predigstuhl

Der Predigstuhl überrascht durch seinen steilen und exponierten Gipfel: senkrecht, überhängend, himmelhohe Felsabbrüche – scheinbar unbezwingbar. Aber alles nur ein Täuschungsmanöver der Natur – wir ersteigen ihn von hinten über seinen Waldrücken.

Vom Berghotel geht es kurz nach Norden hinauf zu einer Forststraße, links weiter bis zu einer Verzweigung. Hier halten wir uns rechts, auf dem „Radsteig" geht es nun in steilen Kehren hinauf.

Der Gipfelblick lässt keine Wünsche offen: Hallstätter See, gegenüber der Dachstein, Gosaukamm, Gamsfeld, Katergebirge, Zimnitz, Höllengebirge, Totes Gebirge, im Steirischen der gewaltige Grimming. Schaurig schön schießt die senkrechte Wand Hunderte Meter tief in den Bergwald. Unterhalb des Gipfels bei einem Bankerl (beim Abstieg jetzt nach rechts) führt der Rundwanderweg wieder zurück zum Parkplatz.

Panoramablick vom Predigtstuhl

Region Bad Goisern

Variante 2: Von Bad Goisern über den „Goiserer Höhenweg" auf den Predigstuhl

Der ausdauernde Wanderer marschiert im Tal weg: Vom Jodschwefelbad im Ortsteil Posern wandern wir in 2½ Std. über den atemberaubenden „Goiserer Höhenweg" auf den Gipfel. Abstieg: 1½–2 Std.

Der „Goiserer Höhenweg"
Diese Wanderung zählt zu den absoluten Pflichtzielen und lässt jedes Wandererherz höher schlagen!

Der nördlich von Bad Goisern gelegene Anzenberg wird in seiner gesamten Flanke von einer glatten, abweisenden Felsflucht durchzogen. Sie schlingt sich wie ein Gürtel um den Berg und wird vom Volksmund „Ewige Wand" genannt. In diese lotrechten Abstürze schlug ein Sprengtrupp der Bundesforste ein breites Band. Tunnels, Bankerl, ein atemberaubender Rund- und Tiefblick machen diesen Weg zu einer für das Salzkammergut einzigartigen Passage.

Es bleibt uns überlassen, ob wir ihn als eigenständige Wanderung sehen (von Bad Goisern aus in 1½ Std. zum Berghotel) oder ob wir auf den Predigstuhl oder auf die Hütteneckalm (Nr. 51) weiterwandern.

Region Bad Goisern

[51] Hütteneckalm, 1240 m

Auf kaiserlichen Pfaden zur königlichen Aussicht

Schon kaiserliche Füße entdeckten die bezaubernde Landschaft um die Hütteneckalm – für die wanderfreudige Kaiserin Elisabeth, Gemahlin Kaiser Franz Josephs, war sie bevorzugtes Wanderziel. Ihr Salettl wurde 1998 neu errichtet, daraus ist der eingerahmte Blick auf die prachtvolle Bergwelt mit König Dachstein doppelt genussvoll. Den Prachtblick auf die damals noch perfektere Gletscherwelt verewigte bereits der Biedermeier-Maler Ferdinand Waldmüller in einem seiner Bilder – zu betrachten im Kunsthistorischen Museum Wien.

> **Ausgangspunkt:** Berghof Predigstuhl, 973 m, Auffahrt auf der „Panorama nova" von Bad Goisern über Wurmstein, 6 km
> **Gehzeit:** 1 ½ Std. auf die Hütteneckalm
> **Schwierigkeit:** Leichte Bergwanderung
> **Einkehr:** Berggasthof Predigstuhl, Hütteneckalm
> **Tipp:** Wegen des prachtvollen Panoramas nur bei Fernsichtwetter

Aber auch aus **geologischer Sicht** ist unsere Wanderung spektakulär: Immer wieder ist die Gebirgswelt Umformungen unterworfen. So barsten aus der **Zwerchwand** – ein Felsrücken etwa in der Mitte dieser Wanderung – im Oktober 1978 rund

60 000 m3 Gestein. 1983 donnerten weitere turmhohe Felsbrocken herunter – ein kleines Kletterparadies für Kinder, ist doch auch das kreuzgeschmückte „**Matterhörndl**" dabei, das zum Kraxeln verlockt.

Matterhörndl

Zu Fuß auf die Hütteneckalm

Vom Parkplatz wandern wir zum nahen Berghof Predigstuhl hinauf, genießen auf seiner Panoramaterrasse den ersten prachtvollen Weitblick auf den Dachstein gegenüber, kurz durch Wald aufwärts und dann auf der markierten Forststraße rechts weiter, an der Rossmoosalm vorbei bis zum „Stiegl". Hier, **vor** dem grandiosen Klettergarten von Heli Putz, gibt es 2 Möglichkeiten:

1. Mit kleinen Kindern nehmen wir den normalen, meist schmalen Weg auf der Südseite der **Zwerchwand** (rechts) weiter. Er führt durch schönen Wald, aber auch durch eine bizarre Welt aus in die Almlandschaft geschleuderten Blöcken und Kalkbrocken und gipfelt in einem einzigartigen Bergpanorama.

2. Beim „**Stiegl**" führt **vor** dem Klettergarten ein Pfad sehr steil links in den Wald – leicht zu übersehen, spärlich markiert, hinauf zu den zerklüfteten Felsen und einer kleinen Scharte. Durch den schütter bewaldeten Hang und auf einem Sträßlein mit tiefen Klüften links und rechts wandern wir – die Zwerchwand nördlich umrundend – rechts Richtung Hütteneckalm. Perfekt wird die Rundwanderung, wenn wir den Weg zurück übers „**Matterhörndl**" nun **links** nehmen und die Zwerchwand südlich umwandern (wie bei Möglichkeit 1).

[52] Auf den Sandling, 1717 m

Tolle Gipfeltour auf historischem Bergsturz

Möglicherweise war es eine Mischung aus hausgemachter Katastrophe apokalyptischen Ausmaßes und der natürlichen Ruhelosigkeit der Erde, als im September 1920 unvorstellbare 6–9 Millionen Kubikmeter Gestein – und damit ein Teil der gesamten Sandlinger Westwand – in die Tiefe donnerten. Schon im Mittelalter hatte man Bergwerksstollen ins Gestein getrieben; gepaart mit der unentwegten Erosion der Erde dürfte das diese gewaltige Sprengkraft freigesetzt haben.

Riesige Schuttfelder, haushohe Kalkblöcke mitten auf den Almwiesen und die heute noch sichtbaren Spuren einer fast 4 km langen Erdmure zeugen von dieser zerstörerischen Urkraft.

Ausgangspunkt: Bad Goisern, Ortsteil Pichlern, P „Panorama nova"
Schwierigkeit: Anspruchsvolle Bergtour auf guten Bergpfaden, Gipfelaufstieg wie Klettersteig mit Klammern und Seilen gesichert
Gehzeit: 1 ½–2 Std. zur Lambacher Hütte, 1 ½ Std. auf den Sandling, Abstieg 2 ½ Std.
Höhenunterschied: 850 m
Einkehr: Raschberg-Hütte, Lambacher Hütte, Haller Alm

Vom Parkplatz wandern wir auf der Forststraße auf dem Weg 248 über die **Raschberg-Hütte** Richtung **Lambacher Hütte** (1432 m). Auf schmalem Steig queren wir den Südwesthang des

Region Bad Goisern

Der Sandling vom Westen

Raschberges und wandern zur auf einer Felsenhöhe liegenden Lambacher Hütte, die uns mit Blicken in die Loser-Westwand, zum Grimming, Dachstein und Gosaukamm beschenkt. Steil geht's zur Vorderen Sandling Alm hinunter, wo wir links abbiegen und weiter bis zur Abzweigung des Steiges 250 gehen. Nun wird es hochalpin: Über ausgesetzte Felsenstufen und durch mit Stahlseilen und Eisenklammern gesicherte Gassen klettern wir auf das Gipfeldach.

Zurück geht es auf derselben Route oder nach dem Abstieg auf Steig 250 nach Süden weiter, westlich über die ehemalige **Obere Leising Alm** und später rechts über die **Flohwiese** zum Ausgangspunkt hinauf.

Region Bad Goisern

[53] Toleranzweg und Haller Alm

Höhlenwanderung auf heimlichem Glaubensweg

Die Haller Alm wollen wir besonders herausgreifen und in einen geschichtsträchtigen Rundweg einbeziehen, dem Toleranzweg.

Ausgangspunkt: Bad Goisern Richtung Pötschenpass, von St. Agatha 3 km aufwärts, P Flohwiesn

Schwierigkeit: Leichte Bergwanderung m. kurzem Steilstück, 1 ½ Std.

Einkehr: Haller Alm, kurz unterhalb des Parkplatzes; Familienmitglieder mit Kleinkindern können gleich auf der Haller Alm bleiben, Kinderspielplatz und Federviehzoo machen das Warten zum Spaß! Glücksplatz mit Schwarzenbachlochhöhle

Tipp: Taschenlampe mitnehmen

Eine Etappe des langen **Salzkammergutweges** ist der **Toleranzweg**, der historisch und landschaftlich ein Geheimtipp ist. Gut beschildert führt er uns vom Parkplatz nach links weg auf weichen Hochmoor- und Waldwegen über den Dachsteinsessel zur **Schwarzenbachlochhöhle** hinauf. Wir wandern hier auf den Spuren der Geheimprotestanten im Salzkammergut, an deren Konflikte und Überwindung der informative Wanderweg erinnert. Zahlreiche Thementafeln erzählen von ihrer Geschichte. Unseren Höhepunkt finden wir beim Glücksplatz in der Schwarzenberglochhöhle. Wir trauen uns durch den niedrigen

Schwarzenbachlochhöhle

Einstieg, und wenn sich unsere Augen an die Dunkelheit im Inneren der Höhle gewöhnt haben, überraschten uns ihre Größe und Höhe. Hier feierten die Geheimprotestanten ihre verbotetenen und darum heimlichen Gottesdienste. Man kommt schon ein bisschen ins Grübeln, was Menschen damals für ihren Glauben auf sich nahmen.

Für Kinder ist das Erforschen der Höhle sicher ein Abenteuer, wahrscheinlich auch ein nasses, da der Schwarzenbach einen Teil der Höhle durchfließt.

Aufwärts wandern wir bis zur Forststraße und auf ihr mit Blick auf den Dachstein zum Auto und dann zum Hüttengenuss auf die Haller Alm hinunter.

Toleranzweg

Region Bad Goisern

[54] Goiserer Hütte, 1592 m, Hochkalmberg, 1833 m

Auf Gipfelschau

Südwestlich von Bad Goisern erhebt sich das Kalmberg-Massiv, in dessen westlichem Ausläufer die gern besuchte Goiserer Hütte erbaut wurde. Ein Besuch von Schutzhütte und Hochkalmberg ist überaus lohnend, Fernsicht sowie das gesamte Alpenpanorama sind weiträumig und großartig, die Tour setzt aber Kondition und Ausdauer voraus.

Zu diesem Wanderziel bieten sich auch wieder 2 Varianten an: Der gemeinsame Treffpunkt ist die Goiserer Hütte, die wir entweder auf dem Normalweg oder als Überschreitung ersteigen (siehe nächste Tour).

Ausgangspunkt: Bad Goisern, Ortsteil Gschwandt – hinauf zum Parkplatz oberhalb von Ramsau

Rückweg: Entweder auf demselben Weg oder länger, aber sanfter über Knie Kogel und Hochmuth nach Bad Goisern

Gehzeit: 2 ½–3 Std. auf die Goiserer Hütte, weiter auf den Hochkalmberg 1 Std.

Schwierigkeit: Lange, stellenweise steile Bergwanderung; Trittsicherheit und Schwindelfreiheit auf dem Hochkalmberg

Höhenunterschied: Etwa 900 m auf die Goiserer Hütte, weitere 240 m auf den Gipfel

Einkehr: Goiserer Hütte

Region Bad Goisern

Goiserer Hütte – Variante 1: Für Familien
Über die **Trockentann Alm** und **Untere Scharten Alm** erwandern wir relativ unschwer die Goiserer Hütte.

Hochkalmberg – Variante 2: Gipfel
Wollen wir den Gipfelsturm wagen – bitte nur mit entsprechender Ausrüstung und entsprechenden Anforderungen –, steigen wir südlich auf Gipfelsteig 888 empor. Wir durchqueren den Hang vor der **Kalmoskirche** (Höhle), und über einen Latschenkamm geht's auf den felsigen Gipfel des Hochkalmbergs. Das Gipfelmeer ist eine wahre Augenweide: Dachsteinblick, als grüne Insel das Gosautal zu unseren Füßen, wildzackig der Gosaukamm, weit hinten die Hohen Tauern mit Großglockner und Wiesbachhorn.

Region Bad Goisern

[55] Überschreitung der Kalmberge

Eine ordentliche Stufe schwieriger, aber auch entsprechend reizvoller ist die Überschreitung der beiden Kalmberg-Brüder Hochkalmberg, 1833 m, und Niederer Kalmberg, 1827 m.

Ausgangspunkt, Rückweg und Einkehr: Siehe Tour 54
Gehzeit: Über die Tiefe Scharte und die Kalmberggipfel zur Goiserer Hütte 3 ½ – 4 Std.
Höhenunterschied: Rund 1200 m
Schwierigkeit: Bergtour, die Kondition, Bergerfahrung, Trittsicherheit und Schwindelfreiheit voraussetzt

Hochkalmberg – Variante 3: Gratwanderung

Von unserem P **im Ortsteil Ramsau** wandern wir ein kurzes Stück auf Weg 880, bevor wir links auf Steig 888 einschwenken. Im steilen Hochwald führt er uns in vielen kurzen Serpentinen rasch höhenwärts. Bald wird der Blick zur Goiserer Hütte frei und auch einen Blick auf das Gipfelkreuz erhaschen wir. Zur Zeit der Almrosenblüte schwelgen die nordseits liegenden Steilhänge oft noch weit in den August hinein in rosaroter Blütenpracht. Steile, romantische Urlandschaft – und wir mitten-

Blick in Richtung Dachstein beim Aufstieg zu den Kalmbergen

drin. Unser Steiglein führt uns hinauf zur „Tiefen Scharte", zu unseren Füßen üppige Bergblumen, in Über-Augen-Höhe der nahe Dachstein. Nun leitet uns der Steig rechts, immer dem Grat folgend durch oft hohe Legföhrenbestände, gewürzt mit prächtigen Tiefblicken hinauf zum **Niederen Kalmberg**. Wie es im Leben auch oft spielt, geht es wieder hinab zu einer Scharte und abermals steil hinauf zu unserem höchsten Gipfel, dem **Hochkalmberg**.

Kurze, steile Felspartien, bei denen auch die Hände zugreifen müssen, verleihen dieser Gratüberschreitung ihren besonderen Reiz.

Über die **Kalmoskirche** erwandern wir die Goiserer Hütte und gehen nach ordentlichem Auftanken nach Bad Goisern zurück.

REGION HALLSTÄTTERSEE

[56] Ostufer-Wanderweg & Varianten

Hallstättersee – Kleinod und Weltkulturerbe

Hallstatt – eine mystische Stätte, mit der wir viele Begriffe verbinden: 4500 Jahre Geschichte in Zusammenhang mit dem Rohstoff Salz, Gräberfeld, die älteste Pipeline der Welt (Soleleitung), Weltkulturerbe seit 1997, eigene Keramik, der Kraftort Hallstatt mit seinen Holzhäusern, die wie Schwalbennester an den Berg geschmiegt sind, Tauchzentrum, Holzfachschule.

Hallstatt steht aber auch für viele reizvolle Wanderungen, heute bleiben wir in Talnähe.

Ausgangspunkt: Steeg, Nordende des Hallstättersees, Bahnstation; oder kürzer in der Ortschaft Obersee

Rückkehr: Vom Bhf. Hallstatt oder Obertraun; Achtung, nicht alle Züge halten in Obersee

Gehzeit: 3 ½ Stunden bis Obertraun, besser, man nimmt sich einen Halbtag Zeit

Schwierigkeit: Leichte Seeufer-Wanderung

Einkehr: Gh. Seeraunzn, unterhalb der Bahnstation Obersee

Variante 1: Hallstätter Ostufer-Wanderweg, mit dem Zug zurück

Ein reizvoller Wanderweg, der uns immer das Hallstättersee-Ostufer entlangführt, über Holzstege und eine abenteuerlich schwingende Hän-

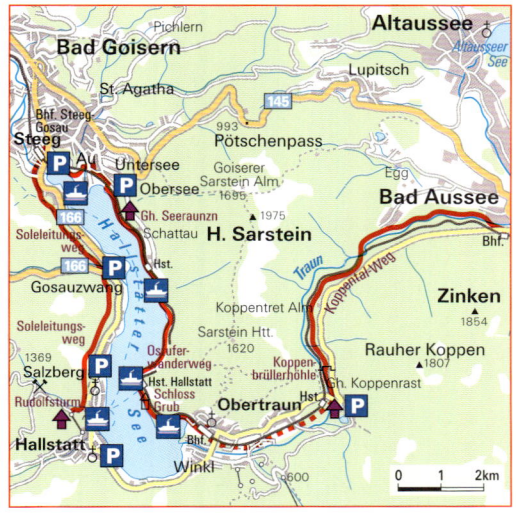

Region Hallstättersee

gebrücke. Er entzückt uns auch durch seine botanischen Raritäten, den kurzen Blick auf den Gosauzwang (43 m hohe Brücke für Soleleitung und Wanderer) und die Aussicht zum eng an den Bannwald geschmiegten Hallstatt gegenüber. An heißen Sommertagen ergeben sich nette Bademöglichkeiten, mit Kindern genießen wir diesen Halbtag in aller Ruhe.

Vom Bhf. Steeg oder der Ortschaft Obersee (kommt drauf an, ob die Wanderung kürzer oder länger sein soll) wandern wir auf breitem Wanderweg immer zwischen Seeufer und Salzkammergut-Bahn. Im **Gh. Seeraunzn** heißt uns eine urige Mahlzeit willkommen, bevor wir zum Bahnhof Hallstatt oder – etwa eine Stunde länger – zum Bhf. Obertraun weiterwandern. Wenn wir schon in dieser kulturhistorisch bemerkenswerten Gegend sind, sollten wir auch einen Besuch in Hallstatt einplanen. Es liegt dem gleichnamigen Bahnhof gegenüber, zu jedem der häufig verkehrenden Züge fährt ein Schiff hinüber.

Rundgang durch Hallstatt

Jeder Schritt atmet hier Geschichte. Wir erkunden die engen Gässchen: hinauf zur katholischen Pfarrkirche mit den Flügelaltären, dem einzigartigen Friedhof mit dem weltberühmten Beinhaus (noch heute werden Totenköpfe auf einem Holzbrett am nebenstehenden Pfarrhof gebleicht). Am Dr.-Morton-Weg spazieren wir ins „junge" Hallstatt bis zur Holzfachschule und weiter zur Badeinsel, auf der Seeuferstraße wieder zurück zum historischen Marktplatz, genießen die mystische Stimmung und ein Giovanni-Eis.

Variante 2: Hallstätter Ostufer-Wanderweg und über den Soleleitungsweg zurück

Wenn wir gut zu Fuß sind, können wir der ohnehin schon reizvollen Wanderung als weiteres Gustostückerl den Soleleitungsweg von Hallstatt nach Steeg hinzufügen und sie so zu einer wirklich unvergesslichen Runde machen.

Vom Bhf. Hallstatt fahren wir mit dem Schiff hinüber in den Ort Hallstatt.

Wir wandern hinauf zur katholischen Kirche, direkt dahinter führt der Weg „Durch die Klamm" Richtung Salzberg. Ca. 20 Min. geht es ziemlich steil hinauf bis zum Soleleitungsweg,

Region Hallstättersee

Hallstättersee

der uns rechts hinunter unheimlich romantisch erst einmal bis zum Gosauzwang führt. Dieses 1756 erbaute Brückenkunstwerk bezwingt die Schlucht, die der Gosaubach in jahrtausendelanger Arbeit eingeschnitten hat. In schwindelerregender Höhe von 43 Metern werden Sole und Wanderer sicher an den anderen Bergrücken geleitet. Von dort spazieren wir weiter bis Steeg, während die Sole bis zu ihrer Weiterverarbeitung nach Ebensee fließt.

Biken rund um den Hallstättersee

Seit 2007 dürfen auch Mountainbiker das gesamte Ufer des dunklen Hallstättersees umradeln, eine im Prinzip leichte, wunderschöne Tour. Wir starten mit den Wanderern z. B. beim Bhf. Steeg, fahren auf dem Ostufer-Wanderweg bis zum Gh. Seeraunzn. Von dort führt uns eine neu angelegte Trasse einige Male ganz schön steil auf einer Schotterpiste hinauf zum Wald und entsprechend steil wieder hinunter. Eine kurze Steilabfahrt biegt in rasantem 90 Grad-Winkel wieder in den Wanderweg ein – bei diesen Steilstücken soll man kleinere Kinder vielleicht absteigen lassen. Für Normalbiker ist diese Strecke ein Traum: sanfte Asphaltwege, leicht fordernde Schotter- und Naturwege durch wunderschönen Wald, ab Obertraun dann auf der Straße über Hallstatt bis zum Ausgangspunkt Steeg. Ca. 2 Std.

Region Hallstättersee

[57] Der Soleleitungsweg

Die älteste Pipeline der Welt

Jeder Platz von Hallstatt hat Flair, erworben in 4500 jähriger Geschichte. Kelten und Römer schürften hier schon nach Salz. Wir können auf dem Salzberg die Hallstätter „Salzwelten" besuchen und einen Blick in das Herz des Salzberges werfen, zwei lustige Rutschpartien und eine Fahrt mit dem Grubenhunt wagen und Einblick in Arbeitswelt und Geschichte des Salzberges bekommen. Schon zur Zeit von Kaiserin Maria Theresia laugte man mit Hilfe von Wasser das Salz aus dem Berg und beförderte es auf dem 40 km langen Soleleitungsweg nach Ebensee. Heute wie früher wird die Sole (Salzlauge) dort verkocht und das Salz in die ganze Welt geliefert. Die kunstvoll hergestellten Holzrohre sind inzwischen haltbarem Kunststoff gewichen, aber auf dem Weg durch die Klamm immer noch zu betrachten. Wir können auf diesem historischen Weg bis Ebensee wandern, bis Steeg bzw. Goisern ist er aber nicht zu überbieten!

Ausgangspunkt: Hallstatt, Ortsteil Lahn, 511 m, P beim Busterminal, Auffahrt mit der Standseilbahn auf den Salzberg, 855 m

Gehzeit: Salzberg–Steeg 2 Std., nach Bad Goisern etwa 1 ½ Std.

Höhenunterschied: 350 m Abstieg

Schwierigkeit: In der Klamm exponierte Stellen und gut gesicherte Steilabstürze, Trittsicherheit und Schwindelfreiheit nötig, wegen der Holzstufen nicht bei Nässe durchwandern

Einkehr: Gh. Rudolfsturm auf dem Salzberg

Besonderheiten: Salzberg, imposante Aussichtsplattform „Welterbeblick" am Salzberg, Gräberfeld, Gosauzwang

Rückkehr: Mit dem Zug bis Hallstatt, Überfahrt mit dem Schiff

Mit der Standseilbahn überwinden wir gleich ein krasses Steilstück, für einen Besuch im Salzbergwerk muss man rund 2–3 Stunden einplanen. Dazu wandern wir über das weltberühmte Gräberfeld hinauf zum Haus der Bergknappen. Die Wanderung durch die Klamm startet links unten vor dem Aufgang zum Rudolfsturm, führt romantisch über Stufen und gut gesicherte Felsbänder durch Steilabstürze und Bannwald. Auf dem Weg der Sole wandern wir vorerst bis zum Gosauzwang. Dieser Brückenbau überwindet die 135 m breite Bergschlucht mit bis zu 43 m hohen Steinpfeilern. Er wurde 1756 vom Gosauer Holzknecht Spielbüchler erbaut und damals so bewundert wie heute

Region Hallstättersee

Soleleitungsweg

die Europabrücke. Der weitere Abschnitt des Soleleitungsweges wurde teilweise aus dem Felsen herausgeschlagen und führt uns bis Steeg, wohin wir kurz vor dem Kraftwerk absteigen können, rechts zur Schiffsanlegestelle, links zum nahen Bahnhof Steeg-Gosau.

Weiterwanderer dagegen zieht es bis Bad Goisern oder Lauffen, von wo uns die Bahn zum Ausgangspunkt zurückchauffieren kann.

Region Hallstättersee

[58] Echerntal und Waldbachstrub
Wasserfall-Paradies und Gletschergarten

Hallstatt hat so viele paradiesische und kulturell spannende Plätzchen anzubieten, dass es unmöglich bei einem Besuch bleiben kann. Der Malerweg – nomen est omen – führt uns auf den Spuren von Künstlern wie Ferdinand Waldmüller und Adalbert Stifter, die sich hier zu ihren Werken inspirieren ließen. Und nicht zuletzt wandern wir in diesem über 200 Mill. Jahre alten Tal zu einem sehr imposanten und informativen Gletschergarten, der uns Einblicke in die Urkraft der Gletscher schenkt, die vor 12 000 Jahren noch alles mit ihrem „ewigen" Eis umschlossen. Wer noch höher hinaus will, versucht Glück und Kondition auf dem spektakulären Gangsteig, auf dem es 396 Stufen zu überwinden gilt.

Ausgangspunkt: Hallstatt, 511 m, Ortsteil Lahn, P beim Busterminal
Gehzeit: Rund 3 Std., 1 Std. zum Wasserfall, 1½ Std. über den Gletschergarten zurück
Schwierigkeit: Familienfreundliche Wanderung, mit Kindern beim Wasserfall und beim Gletschergarten aufpassen
Höhenunterschied: Ca. 300 m **Einkehr:** Gh. Hirlatz im Echerntal

Variante 1: Über den Malerweg zum Gletschergarten mit Familie

Das cañonartige Echerntal im „modernen" Teil Hallstatts ist seit Jahrhunderten Anziehungspunkt für Künstler, heute bezaubert es uns. Vom Busterminal wandern wir rechts vom **Waldbach** auf dem **Echerntalweg**, vorbei am imposanten Kreuzstein, über

Region Hallstättersee

Wildbachstrub

Wiesen bis zum ehemaligen Gh. Dachsteinwarte. Wir überqueren den Bach und wandern unter Tosen und Rauschen auf gut bezeichnetem Weg bis zum Aussichtsplatz vor den prachtvollen **Waldbachstrub-Wasserfällen**. Aus der 90 m hohen Klamm, die sich in drei Stufen gliedert, stürzen die Wassermassen unaufhaltsam und unentwegt in die Tiefe. Auf einem Bankerl genießen wir sprachlos das Naturschauspiel – sprachlos wegen der Schönheit, aber auch wegen des Brausens und Tosens, das jedes Wort verschluckt.

Ein Stück wandern wir denselben Weg zurück, folgen dann aber dem **Malerweg** mit seinen lauschigen Plätzchen auf der anderen Bachseite.

In einem etwa 15-minütigen Anstieg können wir dann den **Gletschergarten** bestaunen. Faszinierend für Groß und Klein, die Kleinen aber bitte an der Hand halten! 1926 wurde das Naturdenkmal „Gletschergarten" entdeckt. Phänomene wie die Töpfe, die Gletschermühlen und die Riesenschnecke erzählen von der Urgewalt von Gletscher und Wasser. Spiralförmig stürzt das Wasser 10 m in die Tiefe, um beim Felsentor wieder auszutreten, formt Rinnen und Wannen und Spiralen und lässt uns schauen und staunen. Nach dem Simonydenkmal entweder geradeaus auf der Straße über das Gh. Hirlatz nach Lahn hinaus oder, schöner, links über den Waldbach und rechts auf dem Echerntalweg zurück.

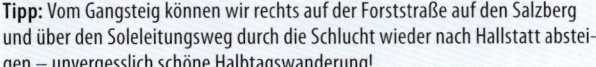
Region Hallstättersee

Eine Wanderung, die unsere vorherige noch übertrifft: Zusätzlich zum Waldbachstrub ersteigen wir einen der ältesten Klettersteige des Salzkammergutes und besichtigen die Riesenquelle des Waldbachursprungs!

Variante 2: Durch den Gangsteig zum Waldbachursprung – für Trittsichere

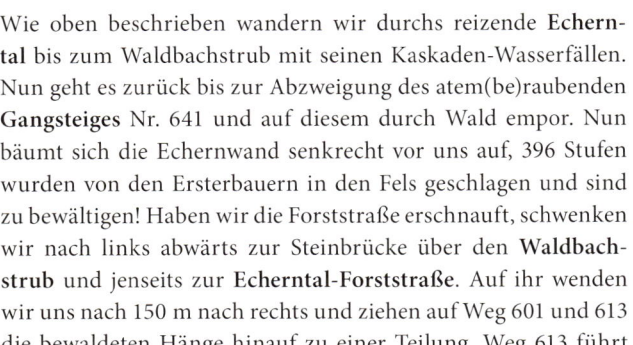

Ausgangspunkt und Einkehr: Siehe S. 111
Gehzeit: 3 – 3 ½ Std.
Schwierigkeit: Trittsicherheit und Schwindelfreiheit nötig!
Höhenunterschied: 437 m
Tipp: Vom Gangsteig können wir rechts auf der Forststraße auf den Salzberg und über den Soleleitungsweg durch die Schlucht wieder nach Hallstatt absteigen – unvergesslich schöne Halbtagswanderung!

Wie oben beschrieben wandern wir durchs reizende **Echerntal** bis zum Waldbachstrub mit seinen Kaskaden-Wasserfällen. Nun geht es zurück bis zur Abzweigung des atem(be)raubenden **Gangsteiges** Nr. 641 und auf diesem durch Wald empor. Nun bäumt sich die Echernwand senkrecht vor uns auf, 396 Stufen wurden von den Ersterbauern in den Fels geschlagen und sind zu bewältigen! Haben wir die Forststraße erschnauft, schwenken wir nach links abwärts zur Steinbrücke über den **Waldbachstrub** und jenseits zur **Echerntal-Forststraße**. Auf ihr wenden wir uns nach 150 m nach rechts und ziehen auf Weg 601 und 613 die bewaldeten Hänge hinauf zu einer Teilung. Weg 613 führt uns rechts weiter, und wiederum rechts geht's hinunter zur Riesenquelle des Waldbachursprungs.

Nun müssen wir wieder zurück bis zur Steinbrücke über den Waldbachstrub und über die Forststraße zurück zum Gh. Hirlatz, wo uns vielleicht der Rest der Familie erwartet.

Region Hallstättersee

[59] Durchs Koppental nach Bad Aussee

Weg durch die Wildnis

Seit 2004 führt der „Salzkammerweg" satte 45,5 km lang rund um den Sarstein. Er ist als durchgehender Themenweg ausgestattet und erweist sich als ein lehr- und abwechslungsreicher Rundweg für die ganze Familie. Wir wollen heute einen von dessen fünf Teilen erwandern, den „Weg durch die Wildnis", der uns durchs wild-romantische Koppentrauntal nach Bad Aussee führt.

> **Ausgangspunkt:** Obertraun, Gh. Koppenrast
> bzw. Bhf. Obertraun-Koppenbrüllerhöhle
> **Endpunkt:** Bhf. Bad Aussee, Rückfahrt mit dem Zug
> **Gehzeit:** 2 ½ Std. – 10 km
> **Schwierigkeit:** Leichte Wanderung
> **Einkehr:** Gh. Koppenrast an der Koppenwinkellacke, Mostschänke Sarsteinrast
> **Tipp:** Koppenbrüller Tropfstein-Höhle besuchen!

Beim **Gh. Koppenrast** startet unsere Wanderung, wir peilen zunächst die **Koppenbrüllerhöhle** an. Nicht nur für Kinder ist eine Führung durch die einzigartige Tropfsteinhöhle ein unvergessliches Erlebnis. Unser Wanderweg biegt kurz vor der Höhle links ab und führt uns in den Talgrund hinab. Links die Steilstürze des Sarstein, rechts die Steilhänge des Koppen, mittig, auf engstem Platz, einst die Bahn – und wir.

Wir können uns das Donnern der Schneelawinen im Winter gut vorstellen, auch das reißende Hochwasser bei der Schmelze danach. Die Bahnpioniere können ein Lied davon singen! Der alte Bahntunnel ist ein Relikt der ersten, alten Bahntrasse, die immer wieder vom Hochwasser weggerissen wurde. Man musste schließlich die ganze Bahn-

Region Hallstättersee

An der Traun

linie etwas höher legen und in sicherer Position neu erbauen. Vorbei an der Bahnbau-Kapelle, immer entlang der wilden **Koppentraun** wandern wir zur **Jausenstation Koppental**. Eine Hängebrücke bringt uns sicher ans andere Ufer, jenseits leiten uns steile Serpentinen bergwärts und auf der Forststraße rechts in die **Ortschaft Sarstein**. Ein kurzer Abstecher rechts zur Mostschänke „Sarsteinrast" tut gut! Nun geht es zum Austeg hinab und parallel zur Traun flussaufwärts zum Bahnhof Aussee.

Region Hallstättersee

[60] Hoher Sarstein, 1975 m und seine Überschreitung

5 Sterne, 3 Hauben: 1. Klasse Aussichtsberg!
Gleich vorweg: Weit ist der Weg und steil der Anstieg! Aber der Blick vom schönsten Aussichtsberg des Salzkammergutes entschädigt uns für jeden vergossenen Tropfen Schweiß unseres Aufstiegs!

Ausgangspunkt: a) Bad Goisern, Richtung Bad Aussee, Pötschenhöhe
b) Bad Goisern, weiter nach Steeg am Hallstättersee, Bahnhof Steeg-Gosau; Rückfahrt mit dem Zug von Obertraun;

Gehzeit: Von der Pötschenhöhe auf den Gipfel: 2 ½ Std.; Sarstein-Überschreitung von Steeg aus: 9 Std.

Höhenunterschied: 1450 m

Schwierigkeit: Bergtour, die uns Ausdauer und Trittsicherheit abverlangt

Einkehr: Sarstein Alm Bad Goisern (im Sommer meist bewirtschaftet, Obertrauner Sarsteinhütte (Selbstversorgerhütte, nur fallweise bewirtschaftet), bei Bedarf vorher anrufen

Besonderheit: 2 km lange Überschreitung Aug in Aug mit Dachsteinpracht und Blick ins Ausseerland u. zum Toten Gebirge u. zu den Hohen Tauern ...

Variante 1: Auf den Sarsteingipfel

a) Von der **Pötschenhöhe am Pötschenpass**, wenn wir „nur" den Gipfel anstreben. Die Pötschenhöhe ist die Grenze zwischen Oberösterreich und der Steiermark und von dort sind es nur

Sarstein Hütte

2 ½ Std. auf den Sarsteingipfel, wobei uns eine Rast auf der Sarsteinalm (1 ¾ Std.) sehr willkommen ist. Aufgrund hoher Tritte und des steilen Geländes ist dieser Pfad nicht für Kinder unter 8 Jahren geeignet. **Mit Kindern** kann man den Weg von der **ersten Pötschenkehre** aus wählen.

b) Vom Bahnhof Steeg aus, wenn wir eine Überschreitung anpeilen, können wir von Obertraun mit der Bahn unsere Traumrunde beenden. Vom **Bahnhof Steeg-Gosau** marschieren wir durch die Ortschaft Untersee und anschließend auf markiertem Weg durch steilen Hochwald bergan. Zeitweilig verkürzen uns schöne Tiefblicke auf den Hallstättersee und – je höher wir kommen – hinüber zum Dachstein unseren doch ganz schön in die Knochen gehenden Anstieg! Eine Rast auf der **Sarstein Alm** ist uns äußerst willkommen. Das Ärgste haben wir geschafft, es geht noch kurz zu einem Sattel, dann zweigen wir rechts auf Steig 692 ab und erwandern über die Rasenhänge des **Gipfelrückens** das Gipfelkreuz! Stundenlang könnten wir hier im Gras liegen und nur genießen: im Rundblick das gesamte Tote Gebirge, tief unter uns Grundlsee und Altausseersee, die steirischen Berge, beinahe überwältigend die Nähe des **Hohen Dachsteins** mit dem Hallstätter Gletscher.

Region Hallstättersee

Sarstein

Variante 2: Überschreitung des Sarsteins

Nun geht es überaus romantisch weiter über das gesamte Hochplateau des Sarsteins, das zur gleichnamigen Hütte leicht abfällt. Gezählte 2000 m haben wir nun den Dachstein im Blickfeld – immer aus wechselnden Perspektiven. Nach der Schutzhütte geht es über einen steilen Waldrücken abwärts, links durch den Hang und endlich in vielen Kehren steil neben dem Brettsteingraben nach Obertraun hinab. Unvergesslich wegen der alpinen Bergpracht – aber auch wegen der Strapazen, denen wir am besten mit einem ausgiebigen Bad im Hallstättersee oder in der wohltemperierten Badewanne entgegenwirken, damit wir dem Muskelkater keine Chance geben.

[61] Plassen, 1953 m

Auf den Hallstätter Salzberg

Der Plassen steht gewissermaßen im Schatten des Dachsteins und hat seine Stammkundschaft vor allem aus dem Salzkammergut. Seit sein Steilanstieg durch den Bau der Standseilbahn beträchtlich verkürzt wurde, erweiterte sich sein Freundeskreis doch um einige Bergsteiger …

Ausgangspunkt: Hallstatt, Bergstation der Standseilbahn auf den Salzberg

Gehzeit: 3 Std. von der Bergstation, 855 m

Höhenunterschied: 1100 steile Meter

Schwierigkeit: Bergtour, die Trittsicherheit und Schwindelfreiheit erfordert

Einkehr: Gh. Rudolfsturm am Salzberg

Besonderheit: Gräberfeld mit Ausgrabungen, wunderschöner Gipfelblick

Weitere Möglichkeit: Übergangsmöglichkeiten vom Plassen auf romantischen Almpfaden nach Gosau und über die Landner Alm zum Gosausee

Schon die Auffahrt mit der Standseilbahn ist ein Erlebnis; dann bewegen wir uns auf geschichtsträchtigem Boden ersten Ranges: Vor über 4500 Jahren hat man hier bereits Salz abgebaut, und eine der spektakulärsten Entdeckungen war das **Gräberfeld** aus der Zeit der Kelten und Römer. Über dieses wandern wir nun bis

Region Hallstättersee

Tiefblick vom Plassen zum Hallstättersee

zum **Salzbergwerk** – ein Besuch des Schau- und Erlebnisbergwerks wird sich zeitlich schwer ausgehen – und auf markiertem Weg steil bergwärts. Durch den Bergwald wandernd erreichen wir bald lichte, latschenbewachsene Steilhänge, über die uns in Serpentinen angelegte Wege über freie Grashalden und Felsrippen leiten. Immer freier und großartiger wird der Blick, und die Rundsicht vom Gipfel ist eine der allerschönsten in unserem Bergraum. Besonders an klaren Herbsttagen präsentiert sich der Dachstein mit dem Hallstätter Gletscher zum Greifen nahe. Die zahlreichen bizarren Zacken des Gosaukammes ragen vor uns himmelwärts und grüne Almmatten und Wälder breiten sich zu unseren Füßen.

Zurück zum **Gh. Rudolfsturm**, dort von der imposanten Aussichtsplattform „Welterbeblick" die Sternstundenaussicht auf Hallstatt genießen. Und entweder wieder mit der Standseilbahn, oder wenn es die Kraft noch erlaubt, durch die Klamm und den Bannwald nach Hallstatt hinunterwandern ((1 ½ Std.). Der Abstieg beginnt gleich links vor dem Rudolfsturm und endet beim **Beinhaus** des Hallstätter Friedhofs.

REGION GOSAU / DACHSTEIN

[62] Löckensee, 1348 m

Wadelintensiv zur Kraftquelle Gosaus

Einer der kraftvollsten und mystischsten Plätze in Oberösterreich ist der Löckensee, versteckt im Labyrinth der „Leggan" (übersetzt: Legföhren). In seinem nachtschwarzen Moorwasser spiegeln sich die kantigen Schroffen des Gosaukammes, die Gipfelparade rundherum ist überwältigend: Hochkönig, Postalm, Osterhorn, das Gamsfeld ist zum Greifen nahe, Kalmberg, Plassen; die Stille ist überwältigend. 2007 baute man durch die unberührte Hochmoorlandschaft, in die der winzige See eingebettet ist, eine Art Steg – äußerst sensibel und nur mit natürlichen Baustoffen, sodass wir unser beglückendes Bergziel nun auch trockenen Fußes erreichen.

> **Ausgangspunkt:** Gosau, weiter nach Gosau Hintertal – P beim Gh. „Gamsjäger" (ca. 730 m Seehöhe)
> **Gehzeit:** 2 Std., 1 ½ Std. sehr steil auf schönem Waldweg zu den Schleifsteinbrüchen, ½ Std. zum See
> **Höhenunterschied:** Gut 500 m
> **Rückweg:** Entweder auf demselben Weg oder auf der Forststraße, die von den Schleifsteinbrüchen zum P führt

Hinter dem **Gh. Gamsjäger** schraubt uns ein wirklich steiler, aber schöner Waldweg zweimal die Forststraße kreuzend schnell in die Höhe. Beim dritten Mal wenden wir uns nach links, wandern das ehemalige **Hüttendorf der Gosauer Schleifsteinar-**

149

Auf der Plankensteinalm zwischen Gosau und Hallstatt

beiter entlang und nehmen den markierten Weg rechts hinauf. Ganz überraschend liegt dann die latschenbewachsene Hochebene des **Löckenmooses** vor uns. Neben den kleinen Moorwassertümpeln mit seltenen Moosen bieten sich Preisel-, Schwarz- und Moorbeeren als Proviant an.

Beim Abstieg besichtigen wir noch die Schleifsteinbrüche, 5 Min. vom Hüttendorf entfernt. Sie waren lange Zeit eine wichtige Einnahmequelle der Gosauer. Kräftige Träger können einen Schleifstein als Andenken mit nach Hause schleppen.

Region Gosau / Dachstein

Gablonzer Hütte

Zwieselalmhöhe 1587 m

Im Bann von Dachstein und Gosaukamm

Schon die Fahrt durch die Urlandschaft Gosautal beeindruckt durch den Blick auf die schroffe, großartige Felskette des Gosaukammes, der den Talschluss beherrscht. Wir fahren bis an seinen Fuß und gehen vom Parkplatz am Vorderen Gosausee die paar Minuten zum Vorderen Gosausee hinauf und stehen vor der wohl am häufigsten gemalten Bergkulisse Österreichs: Gosausee mit grandiosem Blick zum Dachstein. Von hier schweben wir in kürzester Zeit auf die Hochalmen der Zwieselalmhöhe, die uns die Pracht des Dachsteins und die bizarren Türme des Gosaukammes aus nächster Nähe präsentiert. Hier bieten sich Varianten für die Großfamilie an: vom Almspaziergang bis zur anspruchsvollen Kletterei (Ziele 63–67).

Ausgangspunkt: Gosau, Talstation der Gosaukamm-Seilbahn am Vorderen Gosausee, 937 m. Auffahrt zur Bergstation, 1485 m (zu Fuß 1½ Std.)

Parken: Großparkplatz beim Vorderen Gosausee

Gehzeit: Je nach Variante

Einkehr: Gablonzer Hütte, Breining Hütte, Ghf. Sonnen Alm

Region Gosau / Dachstein

[63] Auf die Zwieselalmhöhe

Variante 1: Für die ganze Familie

Die Zwieselalm ist eine der landschaftlich schönsten Almen Österreichs. Weite Almwiesen mit mächtigen Wetterfichten immer im Banne des Dachsteinmassivs mit dem (noch) gleißenden Gosaugletscher sind durchzogen mit breiten, einladenden Wanderwegen. Auf jeden Fall wandern wir nach Westen zur **Gablonzer Hütte** (1510 m) und über den Rücken dann hinauf über den Ghf. **Sonnen Alm** zur höchsten Erhebung auf dieser Alm, der **Zwieselalmhöhe**. (½ Std.)

Glockengebimmel des weidenden Almviehs, Gletscherpracht, kraftvoll blühende Alpenblumen – das Verweilen in dieser Almidylle entschleunigt auf heilsame Weise.

[64] Herrenweg

Variante 2: Für Bergabgeher

Von der Zwieselalmhöhe können wir in langem Abstieg auf dem gut bezeichneten **Herrenweg** (Weg 611) nach Gosau absteigen (Gesamtzeit 3 Std.). Es ist eine einfache Bergwanderung auf problemlosen, aber stellenweise schmalen Pfaden, kurz auch auf der Forststraße. Rückfahrt mit dem Bus zum Parkplatz beim Vorderen Gosausee.

[65] Großer Donnerkogel, 2055 m

Variante 3: Für Bergsteiger

Ausgangspunkt: Gosau, Zwieselalm
Gehzeit: Zwieselalm–Donnerkogel 2 Std.
Schwierigkeit: Anspruchsvolle Bergtour, Trittsicherheit und Schwindelfreiheit nötig!

Wenn wir schon kräftesparend auf die Zwieselalmhöhe gleiten konnten, wollen wir – wenn wir gut bei Fuß sind – den Gipfel des Donnerkogels erobern. Von der Seilbahn wandern wir zur Gablonzerhütte und von hier nach links hinauf. Bei der Gabelung führt uns der Weg 628 recht ansprechend auf den Gipfel. Die Fernsicht reicht bis hinein zu den gewaltigen schneebedeckten Dreitausendern der Hohen Tauern. Am faszinierendsten ist aber der Blick auf und über die unzähligen, wild zerklüfteten Schroffen und Zacken des Gosaukammes. Tief zu unseren Füßen der Gosausee, greifbar nahe der Dachstein.

Klettertipp: Donnerkogel Intersport-Klettersteig

Ausgangspunkt: Gosau, Zwieselalm
Zustieg: Einstieg 15 Min. von der Bergstation, von der Gablonzer Hütte, 3 Etappen
Durchstieg: 3 Std., 2 Ausstiege möglich
Abstieg: Auf dem normalen Wanderweg
Schwierigkeit: Grad C und D, daher nur mit vorschriftsmäßiger Klettersteigausrüstung!

In 3 Etappen führt dieser Klettersteig auf den Donnerkogel, 8 Uhr früh wird als ideale Einstiegszeit empfohlen, wobei wir eine Übernachtung auf einer der Hütten empfehlen.

[66] Rund um den Gosaukamm

Klassiker in den „Gosauer Dolomiten"

Der Gosaukamm mit seinen schroffen Türmen und zackigen Zinnen trägt zurecht auch den Namen „Gosauer Dolomiten". Auf dieser Bergtour rücken wir ihm ganz nahe und umrunden respektvoll seine Unzahl an zackigen Spitzen und Schroffen. Die Umrundung des Gosaukammes ist DER Klassiker unter den Höhenwegen, am unvergesslichsten ist er im Frühsommer, wenn die Almrosen die Hänge in altrosa Farbe tauchen und die Gletscherpracht der uns begrenzenden Alpen noch gleißendes Weiß zeigt.

Ein Sonnenuntergang auf der Hofpürgl Hütte taucht die Kalkwände von der ganz nahen Bischofsmütze, dem Steiglkogel und Vorstein in golden widerstrahlendes Licht, die ausnehmend freundlichen Hüttenwirte kredenzen schmackhafte Kost, und am Morgen machen wir uns ausgeruht auf zum schönsten Teil der Wanderung: dem Steiglpass.

Ausgangspunkt: Gosau, Zwieselalm

Gehzeit: Insg. 8 Std.: Zwieselalm–Stuhl Alm 2 Std., zur Hofpürglhütte 2 Std., über den Steiglpass zum Gosausee 4 Std.

Am schönsten ist diese Höhenwanderung, wenn man auf der Hofpürgl Hütte übernachtet! (Tel. anmelden!)

Einkehr: Gablonzer Hütte, Stuhl Alm, Theodor Körner Hütte, Hofpürgl Hütte

Schwierigkeit: Landschaftlich einmalige Zweitagestour; wegen einiger gesicherter, aber ausgesetzter Passagen Trittsicherheit nötig.

Nur bei trockenem Wetter und guter Fernsicht!

Tipp: Bergsteiger mit absoluter Trittsicherheit können auf alpinen Steigen über den Gipfel des Großen Donnerkogels Richtung Hofpürgl Hütte wandern, bei der Stuhl Alm schwenken wir wieder auf den Normalweg ein; alpin, 2 Std. länger.

Wir wandern von der Seilbahnstation zur nahen Gablonzer Hütte und weiter zur Wegteilung im Unteren Törlecksattel. Rechts abwärts führt uns nun der **Austriaweg** (Weg 611) zur **Stuhlalm** (die **Theodor Körner Hütte** finden wir kurz nachher im Wald versteckt). Über den Grasrücken oberhalb der Alm geht's ab ins latschenbegrünte Grubach und eng zwischen schroffen Felsen durch eine mit kurzer Seilsicherung gangbar gemachte Schlucht (Durchgang) steilst ins **„Jöchl"** hinauf. Unter den felsigen Ausläufern der Bischofsmütze zum Mahdalmriegel, dort nach links und über die Gras- und Schotterhänge zur schon

Region Gosau / Dachstein

Hofpürgl Hütte

von weitem sichtbaren **Hofpürgl Hütte**. Unbeschreiblich die uns auf dem gesamten Dachsteinrundweg umsäumende Gebirgskette der Hohen Tauern und ihre Dreitausender.

Am nächsten Tag wandern wir weiter auf Weg 612 in den gewaltigen Schuttkessel unter der Bischofsmütze und erkämpfen uns auf gut gehbarem Felssteig über ausgesetzte, aber mit Stahlseilen gut gesicherte Felsbänder den **Steiglpass** – unser einziges „Gipfelerlebnis". Verweilen, prachtvollen Bergblick genießen. Hinab geht's nun unter der Devise „Der Weg zu mein Auto ist stoanig …", zwischen imposanten Felsklötzen und steinreichen Schuttkaren, auf teilweise mit Wald und Latschen bewachsenen Karen – aber immer entlang der gewaltigen Felszinnen des Gosaukammes bis zu unserem Parkplatz beim Vorderen Gosausee.

Region Gosau / Dachstein

Erweiterungsmöglichkeit: Der Steiglkogel, 2205 m

Als wir das letzte Mal den Gosaukamm umrundeten, kombinierten wir die Rundwanderung mit einer kleinen Kletterei auf einen ausgesetzten Gipfel: den **Steiglkogel**.

Vom Steiglpass ist er in einer knappen Stunde zu erobern: Schwierigkeitsgrad I, sein schmaler Gipfel ist nur mit absoluter Trittsicherheit und Schwindelfreiheit zu erklettern. Stöcke und Rucksäcke am Sattel unterhalb des Gipfels zurücklassen. Der Steiglkogel beschenkt uns mit einer unglaublichen Aussicht zum nahen Dachstein, die Gebirgskette der Hohen Tauern umrundet uns wie eine in Fels gegossene Halskette.

Wir wenden uns auf dem Steiglpass nach rechts (östlich), queren Kare, bevor wir uns zum Sattel hochschrauben und den Gipfel über einen gesicherten Kamin erklettern. Tiefes Durchatmen, ausgiebige Verschnaufpause – verdiente Rast. Und dann geht's wieder mutig auf demselben Steig abwärts …

Gosaukamm

Region Gosau / Dachstein

[67] Große Bischofsmütze, 2458 m

Kletterei in heiligen Gefilden

Der Berg lebt! Bergabstürze gehören zum Gosaukamm wie die Gämse ins Gebirge. Veränderungen im Kalkgebirge sind oft erosionsbedingt, Sonne, Frost, Eis und Hitze arbeiten am Fels und verändern ihn. Seit 1993 ist die Bischofsmütze – der höchste Berg des Gosaukammes – um große Teile ihrer Süd- und Ostwand ärmer. Es war ein Jahrhundertbergsturz – die helle Steinfläche zeugt von den Tonnen von Gestein, die in die Tiefe krachten. Auch die Nordostflanke des Gosaukammes schickt immer wieder Gesteinssalven in die Tiefe – Veränderungen gehören auch zum steinernen Leben.

Ausgangspunkt: Gosau, Großparkplatz am Vorderen Gosausee, Hofpürgl Hütte

Gehzeit: 2 Möglichkeiten:

a) Bergstation der Gosaukammbahn–Zwieselalm– Hofpürgl Hütte: 4 Std.

b) Vorderer Gosausee– Steiglpass–Hofpürgl Hütte immer bergauf: 4 Std.

Kletterzeit: Gut 3 Std. auf die Mütze

Schwierigkeit: Abwechslungsreiche Kletterei auf schon abgespecktem Fels

Ausrüstung: Kl. Kleinkeilsortiment, 5 Expressschlingen, 50 m Seil, für Zustieg im Frühsommer Eispickel

Region Gosau / Dachstein

Große Bischofsmütze

Schon vor den beiden Felsstürzen war die Große Bischofsmütze Ziel der Felskletterer von Nah und Fern. Die Erstbegehung des „behaubten Berges" fand im Jahre 1879 statt.

Heute bietet die Bischofsmütze vom „Normalweg" durch die Mützenschlucht bis zur anspruchsvollen Durchsteigung der direkten Nordwand etliche lohnende Ziele. Detailgetreue Auskunft darüber gibt der Kletterführer Gosaukamm, der auf der Hofpürgl Hütte zu erwerben ist.

Zustieg: Von der Hofpürgl Hütte auf gutem Steig ins Eiskar bis ca. 20 m unter den Eiskarsattel, 40 Min., Steinmann.

Routenverlauf: Im linken Teil der Südschlucht durch Verschneidungen und Kamine in die Mützenscharte, dann rechts (östlich) in abwechslungsreicher Kletterei in eine kleine Scharte und weiter über das Gipfeldach zum nahen Gipfel.

Erwähnenswert ist auch der öffentliche **Klettergarten**, der von der Hofpürgl Hütte (nach Norden) in wenigen Minuten erreichbar ist. Kletterkurse möglich.

Region Gosau / Dachstein

[68] Simony Hütte / Dachstein, 2205 m

Dem Dachstein ganz nahe

Eine hochalpine, aber nicht sehr schwierige Wanderung, die für uns zu den schönsten im Alpenraum zählt! Sie rückt uns hautnah an den Dachsteingipfel heran und lässt uns teilhaben an der alpinen Hochgebirgspracht des Dachsteinraumes mit seinen Gletschern.

Benannt ist unser gemütliches Hüttenziel nach dem Erschließer des Dachsteingebietes, Dr. Friedrich Simony. Seit 2007 führt der „Nature trail", ein Teil der Welterbe WanderWelt, auf die Hütte, 18 Thementafeln informieren uns über Flora, Fauna und Geologie des Dachsteinmassivs.

Ausgangspunkt: Obertraun am Hallstättersee, Auffahrt über den Krippenstein zur Gjaid Alm, 1788 m

Gehzeit: 2½ – 3 Std. auf die Simony Hütte

Höhenunterschied: Gut steile 400 Hm zur Hütte, 300 Hm zu den Eisseen

Schwierigkeit: Hochalpine, landschaftlich prachtvolle Wanderung im Gletschervorfeld des Dachsteins, gute und steile felsige Steige; Schönwetter, gute Ausrüstung (wir sind im Hochgebirge, es kann auch im Sommer sehr plötzlich zu schneien beginnen!), Trittsicherheit und Schwindelfreiheit Voraussetzung, auf keinen Fall bei Schnee oder Nebel!

Einkehr: Lodge mit Taumaussicht auf den Dachstein, Schilcher Haus, Simony Hütte; Wiesberg Hütte

Tipp: Telefonisch oder bei der Seilbahn wegen ermäßigter Ticket-Packages anfragen; letzte Seilbahn-Talfahrt abklären!

Region Gosau / Dachstein

Der Hallstättergletscher mit dem Hohen Dachstein von der Simony Hütte

Spätsommer oder Frühherbst eignen sich am besten für unser Vorhaben, eine Übernachtung auf der **Simony Hütte** schenkt uns entsprechend Muße: Man kann sich Zeit nehmen für diesen großartigen Gletscherraum, der **Plattform „5fingers"** und eventuell noch der Eis- oder Mammuthöhle einen Besuch abstatten. Der gut markierte Weg bzw. Steig 650 führt uns durch weiträumige Legföhrenmeere und scharf ausgewaschene Karstfelsen rasch hinauf in die karge 2000 m-Zone. Selbst dort sprießen auf den winzigsten Humusfleckchen noch unzählige zarte und doch zähe Berggewächse, die die Steinwüste in ein Blütenmeer verzaubern. Auf dem **Kaiser-Franz-Joseph-Reitweg** steigen wir ins Taubenkar hinauf, vorbei am „Hotel Simony", einer Notbiwakhöhle. Und dann überwältigt uns der Blick: vor uns erstrahlt die gewaltige Gletscherpracht des Dachsteins.

Schön wäre noch ein Abstecher zu den **Eisseen** (20 Min.). Bei der ersten Ausgabe dieses Buches, im Jahr 1963, floss der Gletscher noch in den Unteren Eissee hinein, seine Gletschermilch plätscherte in Kaskaden die oberen Eisseen herab. Schauen wir heute selbst, was von der weißen Pracht noch übrig ist …

Rückweg: Entweder auf demselben Weg oder schöner auf dem Reitweg geradeaus, durch eine Mulde zum **Wiesberghaus** hinab. Von dort führen auch 12 Stationen des **Nature trail** über die Bärengasse zur Gjaid Alm hinunter.

Region Gosau / Dachstein

[69] Heilbronnerkreuz, 1959 m und Dachstein-Seelein

Auf dem Karstlehrpfad durch die Karstwüste

Es war eine der größten heimischen Bergtragödien, als 10 Schüler und 3 Lehrer aus Heilbronn am 15. April 1954 in einem Schneesturm ums Leben kamen. Als Erinnerung wurde an der Unglücksstelle das Heilbronnerkreuz errichtet, zu dem ein informativer Karst-Lehrpfad führt. Nie vergessen, dass wir uns hier in hochalpinem Gelände befinden, wo bei Nebel oder Schneefall ein Stein dem andern gleicht und kaum eine Orientierung möglich ist. Darum ist – trotz bestens ausgebauter Wege – gutes Bergwetter Voraussetzung für Touren in dieser Höhenlage!

Die Wanderwelt auf dem Dachstein-Hochplateau wurde 2007 völlig neu inszeniert. Über das Wiesberghaus zur Simony Hütte führt der Nature Trail mit seinen 18 Infotafeln. Der absolute Höhepunkt sind die „5fingers", die wohl spektakulärste Aussichtsplattform der Alpen. Sie ragt wie eine Hand in einen über 400 m tiefen Abgrund hinein – und das auf einem Steg ganz aus Glas! Doch auch der Welt Naturerbe-Blick oberhalb der Krippensteinlodge eröffnet einen fantastischen Blick auf beide – Hallstätter- und Schladminger-Gletscher. Und nicht genug, wurde auch der Heilbronner-Rundwanderweg zu einem Erlebnisweg für die ganze Familie ausgebaut. Last not least sind die Dachstein Eishöhle, die Mammut Höhle und die Koppenbrüller Höhle zu erwähnen, die alle unserer Erforschung harren.

Wir haben die Qual der Wahl. Wir können nur empfehlen, dass Sie sich um kostengünstige Ticket-Packages kümmern; auch eine Übernachtung auf einer der Hütten könnte die Dachstein-Erforschung zu einem wahrhaft unvergesslichen Erlebnis machen.

Krippenstein, Ausblick von den Five-Fingers

Region Gosau / Dachstein

Ausgangspunkt: Obertraun am Hallstättersee, 616 m, Auffahrt zum Krippenstein (2. Seilbahnteilstrecke), 2074 m

Endpunkt: Station Krippeneck (3. Teilstation) bzw. Gjaid Alm

Gehzeit: 20 Min. zu Pionierkreuz und Plattform 5fingers, 3 Std. Heilbronnerkreuz-Rundweg

Höhenmeter: Rund 300 m

Schwierigkeit: Nebelfreies Wetter und schneefreie Höhenlage sind unbedingte Voraussetzungen! Der Heilbronnerweg ist besonders für Familien mit Kindern geeignet, die gerne wandern; der Weg zu den Seelein ist schmal und steil!

Einkehr: Krippenstein Lodge, Schilcher Haus = Dachstein Alm

Tipp: Telefonisch oder bei der Seilbahn um ermäßigte Ticket-Packages anfragen; siehe auch Tour 68 (Simony Hütte)

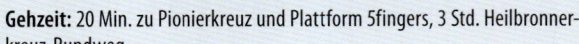

Wir gleiten mit der Dachstein-Welterbe-Seilbahn hochromantisch auf den **Krippenstein** und statten auf dem Weg zum Pionierkreuz den zwei Plattformen einen Besuch ab: der **Welterbespirale** mit ihrem überwältigende Dachstein-Blick und den „**5fingers**" mit ihrem atemberaubende Tiefblick. Nervenkitzel ist garantiert! Wieder zurück zur Seilbahn schlagen wir den breiten, unverfehlbaren Weg zum Heilbronnerkreuz ein.

Auf unserem Rundweg könnten wir vier Dachstein-Seelein besuchen. Das erste finden wir nach etwa ½ Std. Wir biegen bei einer

Hirzkarseelein

auffälligen Rot-weiß-rot-Markierung links ab, nur wenige Minuten steil abwärts und er liegt in einer Art Krater plötzlich vor uns, der **Däumelsee**! Wieder zurück auf dem Heilbronnerkreuz-Weg wandern wir durch das karge Karstplateau bis zum Kreuz. Im Juli erwacht die Steinwüste zum Leben, kleine Oasen von Glockenblumen, Enzian, Teppiche von Leimkraut und Almrosen sprießen aus jedem Humusfleckchen. Überwältigend der Blick zum prachtvollen Gipfelreigen und zum nahen Hohen Dachstein.

Durch Legföhreninseln erwandern wir einen versteinerten Wasserfall mit einem der hier oben seltenen Quellchen. Bei der Unterstandshütte Nr. 662 steigen wir in 10 Min. rechts hinauf zum **Oberen Hirzkarsee**, der seinen Namen wenigstens halbwegs zu Recht trägt, denn seine beiden Brüder sind schon ziemlich verlandet und beinahe wasserlos.

Über das Gelände der längst aufgelassenen Hirzkar Alm wandern wir hinunter zur **Seilbahnstation Krippeneck** bzw. zur nahe gelegenen **Gjaid Alm** mit dem gastlichen Schilcherhaus, fast immer in Augenkontakt mit der gleißenden Gletscherpracht des Dachsteins.

Region Gosau / Dachstein

[70] Schöberl am Dachstein, 2422 m

Der Hausberg der Simony Hütte

Heute geht es auf zu einem Dachstein-Trabanten, der inzwischen wegen des Kletterbooms zum beliebten „Hausberg" der Simony-Hütte geworden ist. Übrigens finden wir im Dachsteingebiet ganze 14 Klettersteige. Wir nehmen hier den Normalsteig auf den Schöberl, es gibt auch weitere Klettersteige mit höheren Schwierigkeitsgraden.

> **Ausgangspunkt:** Obertraun, Simony Hütte, siehe Tour 68
> **Geh- und Kletterzeit:** Von der Gjaid Alm 2½ Std. auf die Simony Hütte, 1–2 Std. auf den Schöberl
> **Höhenunterschied:** Gut 620 steile Meter
> **Schwierigkeit:** Klettersteig, der Klettererfahrung, Orientierungsvermögen und bestes Bergwetter voraussetzt! Keinesfalls bei Schnee oder Nebel!
> **Einkehr:** Simony Hütte

Von der Simony Hütte folgen wir dem Steig – dieser hier ist übrigens auch für Kletteranfänger geeignet – in Richtung Dachstein, zweigen nach etwa 200 m rechts ab in Richtung Steinerscharte. Steinmandln sind unsere Markierung, über Geröll und Felsblöcke ziehen wir unterhalb der Ostabstürze des Schöberls bergan. Immer wieder prachtvolle Blicke auf den Hallstätter Gletscher und seinen Gipfelkranz. Bald erreichen wir die zum Schöberl

Region Gosau / Dachstein

Im Vordergrund der Schöberl

hinaufziehenden Felsen, verlassen die zum Gletscher führende Route und steigen von Süden zum Schöberl auf. Bei einiger Bergerfahrung ist die Anstiegsroute leicht zu finden, sie führt über mehrere Felsbänder und einige steilere Felspartien zum Gipfel. Besonders beeindruckt der Blick hinüber zum Gjaidstein, zu den Dirndln und zu den gewaltigen Felsen des Hohen Kreuzes zu unserer Rechten. Tief zu unseren Füßen die Simony Hütte und weit draußen die unzähligen oberösterreichischen Gipfel.

[71] Hoher Dachstein, 2995 m
Höhepunkt eines oö. Bergsteigerlebens

Ein kurzer geologischer Exkurs: Wir wandeln hier auf dem Dachstein auf Meeresboden, den ungeheure tektonische Kräfte vor rund 200 Mill. Jahren zu seiner „königlichen" Größe emporhoben. In seinen drei Gletschern lagern immer noch gewaltige Mengen an Schnee und Eis – aber wie lange noch?! Ihre Namen richten sich nach der Richtung ihres Gletscherflusses: Gosau-, Hallstätter- und Schladminger Gletscher.

Obwohl der Dachstein „nur" 2995,23 m misst, reden wir immer von unserem heimatlichen Dreitausender. Er wird uns die patriotische Übertreibung verzeihen und jährlich weiterhin von Tausenden Bergsteigern erobert werden.

Für die Besteigung des Hohen Dachsteins gibt es drei **Ausgangsmöglichkeiten**:

Variante 1: Simony Hütte, 2005 m, Auffahrt mit der Krippensteinseilbahn bis zur Gjaid Alm, in 2½ Std. auf die Hütte, von hier in 3 Std. „über die Randkluft" auf den Dachsteingipfel, siehe Tour 68

Variante 2: leichtester Anstieg: Auffahrt von der steirischen Ramsau mit der Hunerkogelbahn (2687 m), weiter westlich 1 Std. zur Seethaler Hütte und in etwa 2 Std. „über die Schulter" auf den Gipfel; siehe auch Tour 72

Variante 3: Gosau, Vorderer Gosausee – Adamekhütte 3–4 Std., von hier in 3 Std. auf den Gipfel

Schwierigkeit: Hochalpine Bergtour, Klettererfahrung oder Bergführer nötig, gute Kondition und Ausdauer selbstverständlich, beste Berg- bzw. Kletterausrüstung; auch bei strahlendem Sonnenschein sind Handschuhe, Kopfbedeckung und warme Kleidung mitzunehmen; Bergführer unter Tel. 03622 52322

Variante 1 – Obertraun: Von der Simony Hütte über die „Randkluft" auf den Dachstein

Er will erobert werden, der „König Dachstein"! Seinen königlichen Gipfel muss man sich wahrlich erkämpfen! Wir wissen von namhaften Alpinisten, denen das Gipfelglück dreimal verwehrt war – witterungsbedingt. Und auch wir drehten einmal bei der Randkluft – eine mehr oder große Spalte zwischen Gletscher und Felswand – um, da uns die Spalte zum Überspringen zu groß war. Oft gehört mehr Mut zum Abbrechen eines Vorhabens, als es – vielleicht verantwortungslos – durchzuziehen.

Region Gosau / Dachstein

Dachstein

Der „Normalweg" auf den Dachstein führt über die Simonyhütte. Wir haben sie von Obertraun aus mit der Seilbahn (Gjaid Alm) und dann auf gut markiertem Kalksteinweg durch duftendes Latschenmeer und seltene Alpenblumen erreicht.

Region Gosau / Dachstein

Dachstein Südwand von der Dachstein Südwandhütte

Wir können es jedem ans Herz legen, hier zu übernachten: Abendstimmung und Sonnenaufgang Aug in Aug mit dem Dachstein überwältigen jeden von uns! Auch könnte man bis hierher mit der Familie wandern, der Alpinist unter uns nimmt dann den Gipfel in Arbeit. Vorausschicken möchten wir noch, dass zur Besteigung des Dachsteins wirklich Bergerfahrung, Kondition, gute Gesundheit und Schönwetter Voraussetzung sind. Auch einen Bergführer können wir absolut empfehlen!
Selbstverständlich ist eine komplette Kletterausrüstung mit Helm, Brust- und Hüftgurt und Klettersteigset; auch Handschuhe und Sonnenschutz müssen mit. Steigeisen für den Gletscher, bei verschneiten Bedingungen auch Eispickel und ev. ein Sicherungsseil für die Randkluft (10m) komplettieren die Ausrüstung .

Und dann kann's los gehen, wir nehmen den sogenannten Randkluftsteig. „Und die Morgenfrühe, das ist unsere Zeit …" gilt hier besonders, um bei den neuralgischen Stellen nicht in den Stau zu kommen – ja auch das gibt's in diesen Höhen!
Auf gut sichtbarem Weg geht es über die Moränenhalden hinauf zum immer mehr zurückrückenden Gletscherrand des Hallstätter Gletschers. Zeigt der Gletscher sein blankes Eis, tragen wir

Blick von der Adamekhütte

die Steigeisen nicht umsonst mit. Einer Bergsteigergrundregel folgend seilen wir uns auch an, Gletscherspalten kommen meist überraschend.
Fast immer führt eine ausgetretene Spur Richtung Randkluft, die je nach Verhältnissen mehr oder weniger schwer zu überwinden ist. Der Hüttenwirt weiß meist Bescheid darüber. Wie gesagt: Wir sind hier schon einmal gescheitert …

Nun beginnt die Kletterei über die anfangs fast senkrechte Wand zum Gipfel, wir treffen auf den Klettersteig „Über die Schulter", der von der Dachsteinwarte (Seethalerhütte) aus erreichbar ist. Der Schlussanstieg ist inzwischen mit einem fast durchgehenden Stahlseil versichert (Kletterschwierigkeitsgrad B), was die Kletterei vereinfacht.

Da man auf dieser viel besuchten Route besonders im Gipfelbereich durch Steinschlag gefährdet ist, ist das Tragen eines Helmes selbstverständlich!
Und dann haben wir es geschafft: Die Aussicht versetzt uns in einen handfesten Panoramarausch und alle Strapazen sind vergessen.

Region Gosau / Dachstein

[72] Walcher Alm, 1750 m

Dachsteinsüdwand-Zauber

Entlang der Südwände des Dachsteins breitet sich ein Almgebiet von berauschender Schönheit aus. Es liegt schon im Steirischen, da aber von hier die kürzeste Route auf den Hohen Dachstein führt und Oberösterreich einen gewaltigen Anteil am Dachsteinmassiv hat, sei uns dieser Seitensprung in ein anderes Bundesland gewährt! Wir stehen hier im Bann der ungeheuren Wandflucht des Dachsteins, dessen Wände direkt vom Almboden über 1000 Meter in den Himmel ragen, und finden in diesem Almgebiet eine Vielzahl an wunderschönen Wanderzielen. Einige davon greifen wir heraus:

Ausgangspunkt: Ramsau am Dachstein, von Schladming aus erreichbar, durch die Ortschaft Ramsau fahren, auf der Mautstraße zur Dachsteinsüdwand-Seilbahn (Gletscherbahn), P bei der Talstation

Gehzeit und Schwierigkeit: Je nach gewählter Route verschieden

Einkehr: Hotel Dachstein bei der Talstation, Türlwand Hütte; Dachsteinsüdwand Hütte, Austria Hütte; Restaurant Hunerkogel bei der Bergstation

Tipp: Mountainbiken auf die Walcher Alm; auf einer der Hütten nächtigen – ein Sonnenuntergang im Alpenglühen der Dachsteinsüdwand bleibt wirklich unvergessen!

Region Gosau / Dachstein

Variante 1: Auf die Dachsteinsüdwand Hütte, 1871 m
Der beliebteste „Spaziergang" ist auf dem schönen Steig hinauf zur romantisch gelegenen **Dachsteinsüdwand Hütte**, 1 Std. Sie war früher fast ausschließlich Quartier der Südwandkletterer. Heute pilgern ganze Massen zu ihr, um den **Südwandzauber** genießen zu können. Oft können wir unmittelbar von der Hütte aus Kletterer in der senkrechten Wand beobachten. Auf jeden Fall suchen wir uns ein Rasenbändchen oberhalb der Hütte, nehmen uns eine Aus-Zeit und geben uns ganz der Faszination dieser mächtigen Wand hin.

Variante 2: Austria Hütte und Brandriedl, 1725 m
Überaus lohnend ist die Wanderung zur Austria Hütte mit Alpinmuseum. Wir finden sie inmitten von herrlichen Almböden und Lärchenhainen und können von ihr relativ mühelos auf den **Brandriedl** steigen. Zu unseren Füßen breiten sich die sattgrünen Almböden aus, draußen im Süden finden wir die Niederen Tauern, aber unsere Blicke können sich nicht satt sehen an der riesigen Felsflucht der Dachsteinsüdwand vor uns.

Variante 3: Bachl Alm, 1495 m, und Rötelstein, 2247 m
Wunderschön auch die Wanderung in diesem Almzauber hinüber zur **Bachl Alm**, in Richtung des westlich mächtig aufragenden **Rötelsteins**. Almmatten, Almfrieden, Bergstille, Bergromantik – alle diese Schlagworte beschreiben das Almgebiet treffend. Auf den Rötelstein führt ein Steig, der Trittsicherheit und Schwindelfreiheit voraussetzt!

Variante 4: Mit der Panoramaseilbahn auf den Dachstein bzw. Hunerkogel, 2687 m
Mir fällt spontan kein Plätzchen ein, wo es so einen Spagat gibt zwischen Almfrieden und technischen Höchstleistungen. Ein Quantensprung zwischen idyllischem Kuhglockenläuten und architektonischen Highlights! Die Berge allein sind nicht mehr Ziel genug, so sucht man nach touristischen Höhepunkten, um die Region auch fremdenverkehrsmäßig zu beleben. In diesem Fall sind es gleich vier technische Attraktionen in rund 2.700m Höhe und einer atemberaubenden Qualität, die auch den Event-

Region Gosau / Dachstein

Rötelstein

Menschen einmal befriedigen müsste!
Seit 1969 befördert die **Dachsteinsüdwand-Seilbahn** Touristen, Wanderer, Bergsteiger und Schifahrer aus dem Tal in hochalpines Gelände. Mit der 2013 neu erbauten Panoramaseilbahn schweben wir auf den **Hunerkogel** im Dachsteinmassiv. Seine Bergstation ist Ausgangspunkt für die Dachsteinbesteigung von der Ramsau aus, für Schi-Erlebnisse am Gletscher und für Wanderungen und spektakuläre Highlights im Gletschergebiet Egal, aus welchen Gründen wir auf den Hunerkogel fahren (die Stille suchen wir besser woanders), er wird uns immer beglücken: allein die Auffahrt im Bann der mächtigen Dachsteinsüdwand, der himmlische Ausblick vom Bergrestaurant und die alpine Umgebung schenken uns emotionelle Momente. Vom Glasboden des „**Skywalk**" schauen mit wohligem Schaudern auf das „Nichts" unter uns; der „**Eispalast**" entführt uns 100m tief in den Gletscher, bietet uns eine Installation aus Eis, Licht und Klang; die 100m lange **Hängebrücke** schenkt uns mit einigem Nervenkitzel eine umfangreiche Aussicht über die höchsten Berge Österreichs und gleichzeitig 400 m in die Tiefe; in unmittelbarer Nachbarschaft liegt die „**Treppe ins Nichts**", 14 gläserne Stufen zu einer Plattform aus Glas – da wird unser Adrenalinspiegel schon einmal ein bisschen gepusht werden!

Normalwanderer können in 1 Std. bis zur **Seethaler Hütte** wandern und sich in diesem (noch) prachtvollen Gletschergebiet und in der fast greifbaren Nähe des Dachsteingipfels einfach so richtig freuen!

Region Gosau / Dachstein

Walcher Alm mit Dachstein-Südwand

Variante 5: (siehe auch Tour 71): Über den Hunerkogel führt der Klettersteig „Über die Schulter" auf den Dachsteingipfel , ältester Klettersteig; „leichteste" Route auf den Dachstein – aber nicht unterschätzen! Es ist immer noch eine Kletterei!

Nur für Alpinisten ist die Bergstation des Hunerkogels Ausgangspunkt für die Besteigung des Hohen Dachstein – eben von der steirischen Seite von Ramsau aus. Selbstverständlich sind **Bergerfahrung**, **Trittsicherheit**, **Schwindelfreiheit** und **bestes Bergwetter** Voraussetzung für unsere Tour. Bergführer garantieren uns größtmögliche Sicherheit – Selbstüberschätzung ist eine der häufigsten Ursachen für Bergunfälle! **Kletterset**, **Gurt** und **Helm** sind selbstverständliche Begleiter, denn Seilsicherung ist manchmal dringend nötig! Je nach Schneelage kann der Übergang vom Gletscher zur Randkluft ein echtes Problem werden. Auffahrt mit der Hunerkogel-Seilbahn, von der Seethalerhütte (Dachsteinwarte, 1Std.) ist der Dachstein in etwa 2 Std. über die sogenannte „Schulter" zu ersteigen.

Von der Bergstation auf dem Hunerkogel wählen wir den Touristenweg Richtung Seethalerhütte, knapp vor ihr beginnt der Einstieg zum der Klettersteig. Staugefahr!

Region Gosau / Dachstein

Gosautal mit Gosaukamm

Gleich der Beginn hat es in sich, und es stellt sich gleich heraus, ob man für diese Kletterei tauglich ist, sonst bricht man die Tour besser ab!

Nach dem Einstieg geht es die Schulter hinauf, der Überstieg in den Randkluftsteig geschieht über das Mecklenburger Band. (Vorsicht, keine Steine lostreten!) Dringende Helmempfehlung! Der Randkluftsteig wurde 2008 mit einem durchgehenden Seil versichert und dadurch wesentlich entschärft. Nun gilt es doch einige Steilstufen zu überwinden bis man das kleine Gipfelplateau erreicht hat. Gipfelbussi und Bergglück!

Vom **Hunerkogel** aus können wir auch zur **Simony Hütte** hinunterwandern – aber Achtung, Gletschergebiet – bitte anseilen! 2 Std.

Auch eine Überschreitung des Dachsteins von Süden nach Norden ist von hier aus möglich: Hunerscharte–Gjaidsteinsattel–Hallstätter Gletscher–Simony Hütte–Hallstatt, 6–8 Std. Hochgebirgstour!

Natürlich gibt es auch eine Vielzahl an **Klettersteigen**, wie den **Steinerweg** oder „**Der Josef**", aber da gibt es genügend Literatur im Internet oder in der Buchhandlung.

Region Gosau / Dachstein

[73] Vorderer und Hinterer Gosausee

Rundweg zum beliebtesten Wohnzimmerbild

Eine unvergessliche Wanderung im Banne himmelstürmender Bergketten und ihrer Spiegelungen in den Seen.

Ausgangspunkt: Gosau, Parkplatz beim Vorderen Gosausee
Wanderzeit: 4 Stunden auf breiten Wegen
Einkehr: Gh. Gosausee, Hohe und niedere Holzmeisteralm, Seeklaus Alm

Am Nordufer des Vorderen Gosausees wandern wir bis zum See-Ende, an der Gosaulacke vorbei, über den Launigg-Wasserfall zum Brandsee. Der Brandsee ist eine Senke, die bei Regenwetter oder Schneeschmelze mit Wasser gefüllt ist.

Seinen Namen leiten die Gosauer von folgender „wahren Begebenheit" ab: Der Brandwirt von Gosau sollte einige seiner Gäste zum Hinteren Gosausee führen. Eine durchzechte Nacht ließ aber seine Kräfte derart schwinden, dass er an dieser Stelle nicht mehr weiterkonnte und die Lacke neben dem Weg kurzerhand als Hinteren Gosausee bezeichnete, was ihr prompt den Namen Brandsee einbrachte.

Über ein Steilstück geht es weiter zum **Hinteren Gosausee.** Sein Wasserspiegel variiert je nach Schneeschmelze und Regenperioden!

Region Gosau / Dachstein

Gosausee

Die Schuttströme auf dem Weg zur Holzmeisteralm zeugen von den Naturgewalten, die in diesen Bergeshöhen oft frei werden. Die wenigen Bäume erhielten ihre eigenartig gebogene Gestalt von den Lawinen, die alljährlich über sie hinweggleiten.

Wer abgeschiedene und naturbelassene Urlandschaft liebt, der findet sie bei der **Gosaulacke**, die nur in den wasserreichen Jahreszeiten gefüllt ist. Selbst in trockenem Zustand ist sie jedoch interessant mit ihrem Hintergrund wie aus dem Bilderbuch, dem Dachstein mit seinen Nebengipfeln und dem Gosaugletscher.

Auf dem Süduferweg wandern wir am Vorderen Gosausee zurück und schauen dabei immer wieder zum Dachstein, der im Spiel von Sonne und Wolken jede Stunde in einem anderen Licht erstrahlt.

REGION AUSSEE

[74] Augstsee und Loser, 1838 m

Aug und Loser (= Ohren) gespitzt!

Manche Väter veranstalten mit ihren Sprösslingen ein Gipfel-Erkennungsspiel. Da gibt es beim Loser keine Schwierigkeiten, denn seine charakteristische Fels-Krone ist einzigartig und von nah und fern sofort identifizierbar. In der Eiszeit ragten nur diese Kalk-Klippen aus dem gewaltigen Eismeer.

Sein Name hat nichts mit dem englischen „Loser" (Verlierer) zu tun, sondern kommt aus dem alpenländischen Dialekt und bedeutet Ohr.

In seinem Grüngürtel birgt der Loser ein Juwel namens „Augstsee", eingebettet in einem der eiszeitlichen Kare. Dieses Kar mündet in einen Trichter, eine Doline. Wir finden keinen sichtbaren Abfluss, das Wasser des Sees strömt über das Schluckloch der Doline in das unterirdische, gewaltige Höhlennetz im Inneren des Toten Gebirges und trägt zur Wasserversorgung des Altausseer Sees bei.

Mit dem Auto ist es nur ein Katzensprung in das alpine Gelände; unvergesslich der Blick ins Hochgebirge, eine Augenweide die Bergblumen wie das schon seltene Kohlröserl, Petergstamm, Enziane und Almrausch, Alpenglöckchen und Alpenaster, Eisenhut und Germer – sie blühen ab Juni um die Wette.

Ausgangspunkt: Bad Aussee – Richtung Altaussee, P am Ende der Loser Mautstraße, 1577 m, 11 km von Altaussee

Einkehr: Loser Hütte, Bergrestaurant am Ende der Mautstraße

Region Aussee

Am Loser bieten sich wieder Wanderungen verschiedener Schwierigkeitsgrade an – wer die Wahl hat, hat die Qual!

Ausgangspunkt & Einkehr: Tour 74, Loser Bergrestaurant am Ende der Mautstraße

Gehzeit: Rundweg von etwa 2 Std.

Schwierigkeit: Keine

Tipp: Bergwanderer können von der Bräuning Alm den 1899 m hohen Bräuningzinken besteigen

Loser – Variante 1: Für die ganze Familie:
Augstsee und Geo-Erlebnisweg auf höherem Niveau

1. Vom Bergrestaurant erreichen wir in wenigen Minuten den Augstsee. Auch nach den intensivsten Schönwetterperioden erreicht dieser Bergsee nur eine Oberflächentemperatur von 18 Grad, sein Tiefenwasser ist immer bitterkalt. Rundherum gibt es mannigfaltige Möglichkeiten zum Kurzwandern und Bergerleben.

2. Wirklich interessant ist der **Geo-Erlebnisweg** auf dem Plateau des Losers. 25 Stationen führen uns auf einem Rundweg vom Bergrestaurant Richtung Bräuning Alm und gestatten uns einen Einblick in die Entstehung der Bergwelt.

Loser-Fenster

Region Aussee

Eine großartige Wanderung in alpiner Landschaft, verbunden mit prachtvollen Blicken schon von der Loser Hütte aus: Tief unter uns liegt der Altausseer See, vom Osten grüßt die Trisselwand und von Süden blinken die Gletscher des Dachsteins herüber.

Ausgangspunkt & Einkehr: P bei der Loser Hütte, 1504 m
Gehzeit: Rundwanderung von 2 Std.
Schwierigkeit: Leichte Bergwanderung, jedoch wegen exponierter Stellen Trittsicherheit und Vorsicht mit Kindern geboten
Höhenunterschied: Rund 400 m
Einkehr: Loser Hütte, Bergrestaurant am Ende der Mautstraße
Besonderheit: Phantastische Gipfelrundsicht vom Loser, das Loser-Fenster und der liebliche Augstsee

Loser – Variante 2: Über den Losergipfel und das Loser-Fenster zum Augstsee, 1838 m

Etwas unterhalb der Loser Hütte führt der Weg Nr. 255 gut markiert auf den Losergipfel. Nach ausgekosteter Gipfelstunde wandern wir zurück zum Sattel, zweigen hier nach **links** ab und wandern auf einem von bizarren Felsformen gesäumten Pfad zum **Hochanger** (1837 m) hinüber und weiter zum sogenannten **Loser-Fenster**, durch das wir einen herrlichen Tiefblick genießen. Durchs Loser-Fenster lugt auch die höchste Erhebung des westlichen Teiles des Toten Gebirges, der 2093 m hohe Schönberg. Der markierte Weg führt uns abwärts bis zum Augstsee, von dem wir auf der Straße zu unserem Parkplatz hinunterwandern.

Mountainbiken auf der Loser-Mautstraße, 11 km

Augstsee

Region Aussee

[75] Tauplitz Alm, 1640 m

All inclusive: Almmatten, 6 Bergseen, Berggipfel

Heute nehmen wir ausnahmsweise Anleihe an die Steiermark, denn die Tauplitz hat ihre Wurzeln zwar im Toten Gebirge in Oberösterreich, aber ihr Almgebiet ist eindeutig steirisch. Doch da sie so nahe an der Grenze liegt, haben wir sie als „Ehrenbürger" in unser Buch aufgenommen.

> **Ausgangspunkt:** Bad Mitterndorf, P am Ende der 9 km langen Tauplitz Alm-Mautstraße
>
> **Gehzeit auf die Tauplitz:** Gut 2 Std. von der Talstation des Sesselliftes
>
> **Schwierigkeit:** Je nach ausgesuchtem Ziel
>
> **Einkehrmöglichkeiten:** Viele! Von Selbstversorgerhütte bis 4-Sterne-Hotel
>
> **Besonderheiten:** Enzianblüte im Juni, Almrosenblüte im Juli

Die Tauplitz ist das größte **Seen-Hochplateau Europas:** Das Almgebiet erstreckt sich kilometerweit über das Hochplateau, **6 Seen** laden zum Erwandern ein. Einige sind überraschend groß, romantisch oder dunkel, moorig, glasklar oder smaragdgrün. Als wahres Wanderparadies hat die Tauplitz für jeden Geschmack etwas anzubieten, hier sind ihre schönsten Ziele.

Ob zur Enzian- oder Almrauschblüte, zur Badezeit im Hochsommer oder im Spätherbst, wenn die Lärchen gelb und golden brennen – diese Wanderung ist zu jeder Zeit top!

> **Ausgangspunkt:** P auf der Tauplitz
>
> **Gehzeit:** Vom Parkplatz bis zum östlichst gelegenen Schwarzensee rund 2 Std., die Runde lässt sich aber problemlos zu einer genüsslichen Ganztageswanderung ausdehnen
>
> **Schwierigkeit:** Bergwanderung   **Höhenunterschied:** Rund 200 m
>
> **Einkehr:** Zahlreiche Hütten im Almgebiet; Leistalm Hütte (1647 m)
>
> **Tipp:** Im Sommer Badesachen mitnehmen!

Variante 1: 5-Seen-Rundwanderung

Vom Parkplatz wandern wir entweder auf der Straße oder auf einem parallel verlaufenden Wanderweg nach Osten in Richtung **Leistalm/Tragl**. Nach einem Besuch in der **Tauplitzkapelle** ist unser erstes Ziel der **Steirersee**. Sein Ufer lässt uns kalt, wir neh-

Die Tauplitz mit dem Sturzhahn (Bildmitte)

men den Höhenweg, der die Hänge oberhalb quert. Prachtvolle Blicke zum Grimming und hinunter zum Steirersee – eine Bergwelt weitab vom Alltagstrubel. Unsere Augen sind bereits auf der Suche nach einem Strandplätzchen auf dem Rückweg, wir übersteigen eine Viehsperre und stehen vor dem lieblichen Tal, welches das Wasser des **Schwarzensees** zuliefert. Mit seinem Ostufer ist der östlichste Punkt unserer Wanderung erreicht. Wir können in ½ Std. zur bewirtschafteten **Leistalm** wandern, kehren zurück und zum Steirersee hinunter. An seinen flachen Sand- und Kiesufern gibt es jede Menge Badespaß. Wir wandern das Ufer ent-

lang, erklimmen die Kesselwand und gehen wieder – rechts haltend – Richtung Almdorf. Bald stehen wir vor dem **Tauplitzsee**, dessen Abfluss zum Großsee mäandert, zu dem wir hinunterwandern (rechts halten). Auf einem vom Weidevieh ausgetretenen Weg queren wir den Schneiderkogel, direkt hinter dem Großsee liegt der **Märchensee**. Zurück zum **Großsee** und an seinem Westufer auf eine Anhöhe. Mit Blick auf den See findet unsere 5-Seen-Wanderung ihren Abschluss. Nach rechts in Richtung der 3 Hütten, hinunter zum Alpengasthof, die den Berg hinaufführende Schotterstraße hinauf. Dort treffen wir direkt auf die Zufahrt, die zum Parkplatz führt.

Variante 2: Einfache Wanderung auf den Lawinenstein, 1965 m

Für jemanden, der eine leicht Wanderung machen will, ist der Lawinenstein das geeignete Ziel. Über sattgrüne Bergmatten wandern wir zum Gipfel, der uns nach ca. ½ Std. mit einer großartigen Aussicht belohnt. Glanzpunkte sind die Gletscherpracht des Dachsteins, der mächtige Grimming und der Gipfelreigen des Toten Gebirges.

Variante 3: Bergwanderung auf den Tragl, 2179 m

Lohnend ist es auch, in etwa 3 Std. den Tragl zu besteigen. Der Pfad zu diesem leicht ersteigbaren Gipfel führt über schöne

Tauplitzalm

Almen, durch Legföhrenhänge und wild zerklüftete Hochkare, vorbei an den besonders im Winter so gefährlichen Dolinen. Sein Gipfel belohnt die Mühe mit einem fantastischen Blick ins gesamte Tote Gebirge.

Variante 4: Bergtour auf den Almkogel, 2216 m
Ausdauer erfordert die Wanderung auf den Almkogel. Über den Steirer- und Schwarzensee wandern wir zur Leistalm, rechts von ihr führt der Wanderweg auf den Almkogel. Den Blick von seinem Gipfel zum Großen Priel muss man genossen haben – mindestens ein Fuß steht dabei auch schon wieder im Oberösterreichischen!

Variante 5: Klettern auf den Sturzhahn, 2028 m
Den Freund steiler Felsen und schöner Klettertouren lockt der hohe Sturzhahn, Kletterberg des bekannten Ethnologen Heinrich Harrer.

Variante 6: Bergtour über das Salzsteigjoch
Nicht unerwähnt bleiben soll die Bergtour über das Salzsteigjoch nach Hinterstoder – ein Erlebnis für jeden Wanderer! Leistalm–Baumschlagerreith 3 ½ Std.

REGION ALMTAL / GRÜNAU

[76] Almsee-Ostuferweg, 589 m

Spazieren in spiegelnder Berg-See-Landschaft

Es gibt Plätzchen und Orte, da zieht es einen immer wieder hin. Für uns ist das der Almsee. Er ist zu jeder Jahreszeit einfach wunderschön. Ob im späten Frühjahr, wenn die letzten Schneezungen von der Sonne aufgeleckt werden und die zarten und doch kraftvollen weißen Blüten der Schneerosen die Seehänge mit einem Meer aus Blüten übersäen. Oder im Hochsommer, wenn überall „sumpernde" Gluthitze herrscht und der Almsee von den unterirdischen Quellen auf 16 Grad gekühlt bleibt. Im Herbst, wenn wir durch raschelndes Laub schreiten und die Farbenpracht der Laubbäume sich im ruhigen Wasser des Almsees noch einmal spiegelt. Der Winter verlockt meist mit einer geschlossenen Eisfläche zum Eislaufen oder Wandern über den See. Hier ist einfach Talschluss, wir stehen vor einer himmelhohen Barriere voller gewaltiger Wände des Toten Gebirges, wo nur mehr der Bergsteiger einen Ausweg findet.

Hier ereignete sich vor etwa 15 000 Jahren einer der größten späteiszeitlichen Bergstürze der Alpen. Die Sturzmassen drangen 12 km bis zum Jagersimmerl vor und bildeten dort einen natürlichen Damm, der die Alm aufstaute. Heute beginnt der See mit einer Schwingrasenfläche aus Torf etwa bei der Seeklause, wo auch der Start unserer Wanderung ist.

Ausgangspunkt: Grünau im Almtal, Seeklause am Abfluss des Almsees

Gehzeit: Insgesamt 2 Std. hin und zurück

Schwierigkeit: Wunderschöne Wanderung für die ganze Familie entlang des Seeufers

Einkehr: Seehaus am Südufer, Fischspezialitäten

Tipp: Narzissenblüte im Frühjahr; Schatten meist schon ab Nachmittag

Almsee in Grünau

Bei der **Seeklause** bewundern wir die schnellen Forellen vor und hinter der Schleuse und genießen die Stille und landschaftliche Einzigartigkeit von Wald, Weg, See, Buchten und Bergmauern. Unser reizendes Weglein schlängelt sich immer den klaren See entlang, Wolkenspiegelungen verändern ihn ständig. Am Ostufer entdecken scharfe Augen die gestrandete Insel, die als kleine Attraktion jahrelang den Almsee durchschiffte. Auch Graugans und Waldtrappe, die hier durch Naturforscher Konrad Lorenz erforscht wurden, werden von hier wieder ausgesiedelt.
Buchten mit Bankerln laden zum Spielen und Plantschen.
Direkt unter den Nordwänden des Toten Gebirges entspringt die Alm, glasklar und türkisgrün, über die von Stegen überbrückten Mäander der jungen Alm streben wir durch den Augürtel dem Gh. Seehaus zu.
Entweder auf demselben Weg zurück, oder wir finden einen Opferbereiten, der mit dem Pkw zum Gh. **Seehaus** fährt und uns von dort entgegengeht.

Region Almtal / Grünau

[77] Vom Almsee zum Grundlsee

5-Seen-Wanderung durchs Tote Gebirge

Anfang vorigen Jahrhunderts waren Almen und Berge immer noch dem Adel vorbehalten, der hier seiner Jagdlust nachging. Einer der Vorkämpfer, der den Bergsteigern die nordseitigen Wege freistritt und mit Eisen sicherte, war der Welser Finanzbeamte Sepp Huber. Das war gewaltige Pionierarbeit Anfang des 20. Jhs., und noch heute braucht es ordentliche Kondition, Bergerfahrung und vor allem auch gutes Bergwetter, um in diesen steilen Steinwänden erst einmal die wüstenähnlichen, schroff-karstigen Hochflächen zu erkraxeln.

Ausgangspunkt: Grünau im Almtal, Bushaltestelle am Almsee, 589 m

Endpunkt: Gößl am Grundlsee

Gehzeit: Almsee – über den Sepp-Huber-Steig zur Pühringerhütte am Elmsee – Hinterer und Vorderer Lahngangsee – Gößl rund 7 Stunden

Höhenunterschied: Rund 1200 m

Schwierigkeit: Hochalpine Hochsommer-Bergtour, die Trittsicherheit und Schwindelfreiheit voraussetzt! Nur bei bestem Bergwetter, nicht bei Schnee und Altschnee.

Einkehr: Pühringerhütte, 1637 m, 3 ½–4 Std. vom Almsee

Tipp: Doppelt so schön ist diese Wanderung, wenn wir sie nicht durchrennen, sondern auf der Pühringerhütte übernachten – anmelden!

Zuerst einmal geht's auf einer Forststraße vom **Almsee** Richtung Talschluss und durch Wald, über Schutt- und Geröllströme „in die Röll". Vor uns links türmen sich die gewaltigen Felsfluchten der Schernberg-Nordwand auf, wir klettern den Sepp-Huber-Steig zwischen Rotgschirr und Neunerkogel bis zum **Röllsattel** hinauf, 1755 m. Stahlseile und viele Leitern sind ordentliche Aufstiegshilfe, etwa 3 Std.

Nun liegt die Pracht des Almtales und des karstigöden Hochplateaus vor

Grundlsee

uns, umkränzt von den Gipfeln des Toten Gebirges. Entlang der langen Felswand beim „Geiernest" schlängelt sich unser Pfad durch die Felsen, keine Spur von „totem" Gebirge, denn aus jeder Spalte drängt die üppige Bergflora ans Licht. Flott und leicht erreichen wir die am **Elmsee** gelegene **Pühringerhütte**. Wuchtig leuchten die Felsen des Salzofens und auch Gamsrudel haben wir hier immer wieder erspäht.

In der „Elmgrube" ist die Kaiserzeit noch gegenwärtig: In diesen Almhütten logierte Seine Kaiserliche Hoheit. Von der Pühringerhütte aus gesehen war rechts die Hütte mit der Küche, mittig war der Speisesaal und die Hütte ganz links bewahrt noch heute die Zimmer des Kaisers. In den anderen Bauwerken waren Treiber und Jäger untergebracht.

Von nun an geht's bergab – es laden aber immer wieder reizende Plätzchen ein zum Schauen, Träumen, vielleicht in Rückenlage den Wolkenflug betrachten, die Kräuter-Luft bewusst einatmen – unser Alltag hat uns ohnehin schnell genug wieder! Vorbei am **Hinteren und Vorderen Lahngangsee**, über den Schafbühel wandern wir auf gutem Bergpfad hinunter nach **Gössl am Grundlsee**. Und wenn wir noch einen Höhepunkt erleben wollen, buchen wir eine Plättenfahrt über den Toplitzsee und erwandern den geheimnisvollen Kammersee – mehr Seen hat diese Tour nun wirklich nicht mehr anzupreisen!

Region Almtal / Grünau

[78] Die „Almtaler Sonnenuhr"

Alpine Tour im Fels

Die Almtaler haben ihre eigene Sonnenuhr: Die Neuner-, Zehner-, Elfer-, Zwölfer- und Einserkogel dienten den Bauern früher als Sonnen-Chronometer. Heute peilen wir die „Almtaler Sonnenuhr" nur an, wenn wir entsprechend Klettersteigerfahrung und Kondition haben und uns sicher sind, dass die letzten Schneezungen den Bergblumen gewichen sind.

> **Ausgangspunkt:** Grünau im Almtal, Almsee, Gh. Seehaus
> **Gehzeit:** 3 ½ – 4 Std. auf die Pühringerhütte, über die Grießkarscharte zum Almsee 4 Std.
> **Höhenunterschied:** Etwa 1400 m **Einkehr:** Am Almsee, Pühringerhütte
> **Schwierigkeit:** Hochalpine Bergtour, Trittsicherheit und Schwindelfreiheit erforderlich; nicht bei Nebel und Schneelage! Hochsommertour!

Wie bei der Bergtour vom Almsee zum Grundlsee erkämpfen wir uns über den Sepp-Huber-Steig den **Röllsattel**, 1755 m, und wandern von dort an der **Pühringerhütte** vorbei in die **Elmgrube**. Hier zweigen wir rechts ab und steigen zum Abblasbühel an. Letzte Chance für uns, noch einmal in uns zu gehen: Trauen wir uns den Grießkarsteig zu oder blas ma die Wanderung ab?! Denn von nun an bewegen wir uns in einer Urlandschaft aus riesigen Felsplatten, Felsschrofen, wilden Zacken und Schnee bis in den Hochsommer hinein! Über die „Wiesen" steigen wir durch die Steinwüste zur **Grießkarscharte**, 1927 m. Überwältigende Tiefe unter uns, eine Felslandschaft, die sich nur über steile Leitern bewältigen lässt – das ist der **Grießkarsteig**. Über einen langen Steilabschnitt erreichen wir wieder die Röll und über die uns bekannte Forststraße den Almsee.

Region Almtal / Grünau

[79] Rund um die Ödseen, 690 m
Wanderromantik an warmen Bergseen

Schon die Auffahrt durch das Naturschutzgebiet Hetzau ist wildromantisch, allein die Bade- und Spielmöglichkeiten entlang des Straneggbaches und um das Almtaler Haus machen dieses prachtvolle Stück Naturlandschaft zu einem dankbaren Ausflugsziel für Familien. Aber auch Wanderer und Bergsteiger kommen hier voll auf ihre Kosten: Zünftige besteigen von hier aus den höchsten Berg des Toten Gebirges, den Großen Priel, und für Wanderer sind die Hintere Hetzau mit der gewaltigen Schermberg-Nordwand am Talschluss, die Rundwanderung um die von dichten Wäldern umgebenen romantischen Ödseen und der Herrentisch Ziele, die einen den hektischen Alltag vergessen lassen.

Ausgangspunkt: Grünau im Almtal, weiter Richtung Almsee, beim Gh. Jagersimmerl nach links in Richtung Hetzau – P beim Almtaler Haus, 17 km von Grünau
Gehzeit: Ca. 1 ½ Std. rund um beide Seen
Schwierigkeit: Familienfreundliche Wald- und Naturwege
Einkehr: Almtaler Haus

Das Almtaler Haus ist eine selten gemütliche, stromlose Berghütte geblieben. Sie ist Stützpunkt für viele Wanderungen ins Tote Gebirge, auch Jugendkletterkurse werden dort angeboten. Direkt von ihr wandern wir auf den breiten Naturwegen Nr. 404 und 430 zum **Kleinen Ödsee**. Den reizvollen Weg bis zu einem ganz einsamen Plätzchen am Westufer lassen wir uns nicht entgehen. Zurück zur Wegkreuzung geht es in vielen Auf und Abs zum **Großen Ödsee**. Eingerahmt von schönem Hochwald liegt er vor uns, im Hintergrund die Gipfel des Zwillingskogels, des Großen Priel, des Schermbergs und mit ihnen die lange Kette vieler weiterer

Region Almtal / Grünau

Die Ödseen; vom Herrentisch aus gesehen

Gipfel des Toten Gebirges. Angesichts dieser Naturkulisse ist ein Bad im Ödsee ein besonderes Ereignis.

Am rechten (östlichen) Ufer geht es durch den Wald zu einem Privathaus und weiter zum Nordende des Sees (Wasserfall). Wir wenden uns auf der Forststraße nach links abwärts zur asphaltierten **Hetzaustraße** und wandern auf ihr aufwärts zurück zum **Almtaler Haus**.

Herrentisch: Dieses Aussichtsplätzchen ist es wert, dass man es sich in einem steilen Anstieg erkämpft! Es geht wieder vom Almtaler Haus auf Fahrweg Nr. 404 und 430 durch den Wald nach Nordosten zu einer Teilung. Atem holen bei einem geraden Stück und dann die steile, zum Teil felsige Flanke in Kehren empor bis zum baumfreien Vorsprung „Herrentisch" (ca. 800 m, 1 ½ Std. insgesamt).

REGION KREMSTAL

[80] Rauhkogel & Pfannstein, 1423 m
Höhenrücken mit überwältigendem Rundblick

Diese lange Wanderung ist zu jeder Jahreszeit lohnend, besonders bezaubernd ist sie an Herbsttagen, an denen in den Voralpentälern noch die Herbstnebel ruhen und die Gipfel aus dem Nebelmeer ragen. Die Einheimischen nennen unser Gipfelziel Mittagsstein, auf den Karten heißt er Rauhkogel.

> **Ausgangspunkt:** Steinbach am Ziehberg, 547 m, kleine Ortschaft, ca. 9 km westlich von Kirchdorf; P entweder im Ortszentrum oder Güterweg Ottenau, P vor dem Wald (½ Std. Zeitersparnis – s. u.)
> **Gehzeit:** 7–8 Std.; 2 ½ Std. zum Mittagsstein, von dort 2 ½ Std. zur Gradnalm
> **Schwierigkeit:** Ausdauer und Trittsicherheit erforderlich
> **Höhenunterschied:** Gut 880 m
> **Einkehr:** Gradnalm zur Wanderzeit an Wochenenden bewirtschaftet

Wenn uns 2 Pkw zur Verfügung stehen, parkt der eine beim Graßner Kreuz – das ist auf der Kuppe zwischen Steinbach und Kirchdorf – bevor es wieder bergab geht. Der andere fährt mit uns wieder nach Steinbach zurück und parkt entweder im Ortszentrum oder auf dem Parkplatz vor dem Wald am Güterweg Ottenau; man spart sich so den langen Rückweg durch den Lackergraben – etwa 1 Std. Zeitersparnis.

Unsere schöne **Rundwanderung** beginnt im **Ortszentrum von Steinbach**, entlang des asphaltierten Güterweges **Ottenau** wandern wir auf Weg 439 über die Wiesenhänge zum **Parkplatz vor**

dem Wald (½ Std.). Durch Mischwald geht's bis in die Senke der Wolfswiesen, links am Moor vorbei bis zur Weggabelung Hochsalm/Mittagsstein. Links steigen wir dann durch steileren Fichtenwald hinauf auf den Aussichtsgipfel des **Mittagssteins**: überwältigend der Rundblick über weite Teile des Alpenvorlandes, auf das umliegende Waldmeer und die felsigen Abbrüche des Toten Gebirges. In sachtem Auf und Ab geht es weiter über abwechslungsreiche Höhenrücken und Ur-Mischwald, immer wieder mit prachtvoller Aussicht verbunden. Vom Gipfel des **Pfannsteins** erreichen wir in wenigen Minuten die urige **Gradnalm**. Sie ist landschaftlich sehr hübsch gelegen, ein gemütliches Gegenüber von den Schroffen der Falkenmauer und der Kremsmauer. Über die Forststraße laufen wir steil bergab zur **Jagdhütte Sattelhald**. Wenn wir beim Graßner Kreuz parken, geht's geradeaus weiter. Aber wenn wir zu Fuß nach Steinbach zurück müssen, folgen wir dem markierten Steig links in den Graben hinunter. Nun durch den **Lackergraben** abwärts bis 7 km vor der Bezirksstraße, dort schwenken wir links auf den Fußweg ein, der uns zurück nach Steinbach bringt.

Region Kremstal

[81] An der Kremsmauer

Varianten für jeden Geschmack

Wann immer wir auf der Pyhrnstraße durch Kirchdorf fahren, werden uns die schroffen und abweisenden Kämme der Kremsmauer und Falkenmauer ins Auge stechen. Kaum zu glauben, dass es gerade dort relativ leicht zu erwandernde Almen und Gipfel mit unbeschreiblich schönen 360-Grad-Panoramablicken gibt. Almenidyll, Bergflora mit Eisenhut, viele Enzianarten, Almrosen in Gipfelnähe. Hier gibt es sowohl für die Familie als auch für den routinierten Bergsteiger lohnende Ziele – hier einige Wandermöglichkeiten:

> **Ausgangspunkt:** Kirchdorf–Micheldorf, gegenüber der Ausfahrt Micheldorf-Süd Richtung „Kremsursprung" abbiegen, Fahrt bis zum Talschluss, Parkmöglichkeit kurz vor dem Kremsursprung
>
> **Für die Salzkammergütler:** In 2 Stunden kann man vom Graßner-Kreuz auf der Kuppe zwischen Kirchdorf und Steinbach am Ziehberg auch die Gradnalm erwandern
>
> **Einkehrmöglichkeiten:** Gradnalm, zeitweise bewirtschaftet

Variante 1: Mit der ganzen Familie auf die Gradnalm

In 1 ½ – 2 Stunden wandern wir auf Wald-, Zieh- und Bachbettwegen, immer wieder die zur Gradnalm führende Forststraße

kreuzend, ziemlich steil durch den Wald. Nach dem schweißtreibenden, beschatteten Anstieg ist man glücklich über die freien Sonnenstrahlen bei der Sattelhalt, wo wir links auf der Forststraße weitergehen. Bald lichtet sich der Wald, der Blick hinab ins Kremstal wird frei. Zwischen den Felszinnen der Kremsmauer ist das „Törl" als winziges, helles Felsloch sichtbar. Wenn sich die Hänge der Gradnalm weiten, hören wir bereits das heimelige Glockengebimmel des Almviehs. Während die einen auf der Gradnalm bleiben, können die anderen mit den Varianten 2 und 3 diese Wanderung erweitern.

Variante 2: Pfannstein (1423 m) und Rauher Kalbling (1381 m)

Wie oben, nur nehmen wir hier ein bis zwei Gipfel mit, auf denen man Kinder an die Hand nehmen sollte.

Oberhalb der Almhütte führt der Weg weiter Richtung „Törl-Kremsmauer". In ½ Stunde erreichen wir den **Pfannstein**. Der Blick vom Gipfel ist ein Geschenk des Himmels: faszinierend nahe die Gipfelkette der Kremsmauer und Falkenmauer, die mächtigen Nordwände von Großem Priel und Schermberg, Kasberg, Höllengebirge, bei klarer Fernsicht der Hochkönig, Traunstein, im Norden in sanfte Hügel eingebettet Kremsmünster und Kirchdorf.

Wieder zurück in der Senke mit den Wegweisern folgen wir dem Pfad bergwärts Richtung Törl. Ein Stück geradeaus, dann dem steilen Pfad links hinauf folgen – leicht zu übersehen: der Gipfel des **Rauhen Kalbling**. Hier stehen wir auf ausgesetztem, aber begrüntem Grat, Aug in Aug mit der Kremsmauer. Wieder zurück zur Gradnalm oder weiter auf Variante 3.

Variante 3: Rundwanderung an den Flanken der Kremsmauer über die Parnstaller Alm

Wanderzeit: 4 – 5 Stunden
Schwierigkeit: Bergwanderung mit Tourencharakter; nicht bei Nässe – Trittsicherheit nötig!

Region Kremstal

Gradnalm am Fuß des schroffen Kammes der Kremsmauer

Diese Tour bedarf zwar einiger Ausdauer, aber sie schenkt ein beglückendes Bergerlebnis!

Von der **Gradnalm** wandern wir über unsere zwei Gipfel **Richtung Törl–Parnstaller Alm**. Es ist ein schöner Bergweg, immer an den Flanken der schroffen Kämme entlang. Im höher gelegenen Baumgürtel kann man gut die wichtige Funktion der Bäume erkennen: Wo sie fehlen, verkarstet die Landschaft in kürzester Zeit.

Die Parnstaller Alm entpuppt sich als kleine grüne Oase mit Hubschrauberlandeplatz, umgeben von Farnwedelmatten. Inzwischen sind wir wieder ins Blättermeer eingetaucht, ein guter Waldweg führt uns girlandenartig gewunden und dennoch steil zu Tal. Unsere inzwischen wahrscheinlich schlotternden Knie erholen sich auf dem kurzen Schotterstraßenstück links hinauf zu unserem Auto.

Region Kremstal

Kremsmauer

Variante 4: Über das Törl auf die Kremsmauer, 1604 m, für Bergsteiger

Gehzeit: 3 ½ – 4 Std. auf den Gipfel
Schwierigkeit: Anspruchsvolle Bergtour mit gesichertem Gipfelanstieg, (oder Gratüberschreitung, Kletter-Schwierigkeitsgrad A–B), Bergerfahrung und Trittsicherheit Voraussetzung! Nicht bei Nässe! Vorsicht: Kalkstein ist brüchig, Steine können ausbrechen!
Höhenunterschied: 1100 m   **Einkehr:** Ev. Gradnalm

Der Weg auf den Gipfel der Kremsmauer ist eindrucksvoll, aber nicht ungefährlich!

Von der Gradnalm (siehe Variante 1) wandern wir direkt Richtung Törl–Kremsmauer–Parnstaller Alm. Die Abzweigung zum Törl ist gut markiert. An den Seilsicherungen ziehen wir uns zum romantischen Törl, dem 4 m hohen Felsloch zwischen den Felsflanken der Krems- und Falkensteinmauer, hoch. Es ist durchaus als eigenständige Wanderung zu empfehlen! Von hier geht's zuerst noch einmal steil hinunter, bei der Abzweigung nach Steyerling müssen wir wieder hinauf, und geradeaus über luftige Erhebungen erreichen wir das hohe Gipfelkreuz.

REGION STEYRTAL / MOLLN

[82] Zur Rinnenden Mauer

Schluchtpfad zum „Steyrtaler Grand Cañon"

Die Steyr brauchte Jahrtausende, um sich auf das Niveau einzugraben, auf das wir jetzt auf dem schmalen Pfad hinuntersteigen. Wände aus Konglomerat türmen sich neben und über uns, finden sich im rauschenden Wasser der Steyr wieder. Hochgebirgspflanzen wie Alpenrose, Petergstamm und Jagerblut wachsen völlig untypisch auf den sandsteingebackenen Schluchtwänden. Ihre Samen und Früchte wurden von den Quellbächen der Steyr aus dem Toten Gebirge mitgerissen, abgeschwemmt und als Alpenschwemmlinge hier in diesen Tallagen sesshaft. Sogar der äußerst seltene Fischotter hat in dieser schmalen, wilden Schlucht ein Zuhause gefunden.

Als wären das nicht schon genug Besonderheiten, winkt am Ende dieser Schluchtwegwanderung die „Rinnende Mauer".

Ausgangspunkt: Molln im Bezirk Kirchdorf, P beim Zentrum „Nationalpark Kalkalpen" (Tiefgarage)

Gehzeit: 3 Std. insg.

Schwierigkeit: Leichte Wanderung, die aber Trittsicherheit voraussetzt. Äußerste Vorsicht an den Steilabhängen zur Steyr hinunter!

Besonderheiten: Unbeschreiblich romantischer Waldpfad entlang der Steyr, haushohe Konglomeratwände, Naturwunder ersten Ranges

Tipp: Nachmittags wegen des Wassertropfenglitzerns bei Sonnenschein besuchen

Vom Zentrum des Nationalparks wandern wir zum **Gasthof Roidinger** bei der Stefaniebrücke. Zunächst geht's kurz auf dem Güterweg flussaufwärts und nach ca. 250 m rechts auf einem Sträßchen zum Ufer der smaragdgrünen Steyr hinunter. Auf dem romantischen **Schluchtsteig** – stets entlang der mächtigen Konglomeratwände – bis zur Mündung der **Krummen Steyrling**. Den

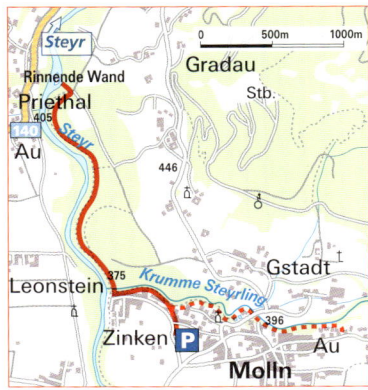

Region Steyrtal / Molln

Staunende Wanderer vor der Rinnenden Mauer

Holzsteg überqueren wir und schon steigen wir steil hinauf zur Oberkante der Schlucht. Unsere Wanderung bis zu einer ausgedienten Seilbahnhütte wird gewürzt durch überraschend schöne Tiefblicke auf die Steyr.

Nach ca. 50 m zweigt ein schmaler, nur schwer erkennbarer Steig links in die Schlucht ab, auf dem wir zur **„Rinnenden Mauer"** gelangen. Eine turmhohe Wand aus festgebackenem Konglomerat türmt sich über uns auf, auf den unteren 10 m löchrig wie ein Sieb. Das ist ein Tropfen, Platschen, Gurgeln, Rauschen, Pritscheln! Einzigartig! Durch undurchlässige Schichten im Konglomerat angestaut, quillt das Wasser eine ganze Länge aus der hier mit zierlichen Moosen und Feuchtpflanzen gekleideten Wand heraus. Ein einzigartiges Phänomen, nichts Vergleichbares ist bekannt. Zeit nehmen zum Lauschen, Schauen, Genießen. Auf dem Rückweg folgen wir noch dem Hinweis „Flötzersteig. Krumme Steyrling" zu den Mollner Maultrommelerzeugern und spazieren ins Ortszentrum zurück.

Die Blütezeit der Maultrommelerzeugung in Molln war im Jahr 1812. Damals stellten 33 Meister mit ihren Gesellen und Familien unvorstellbare 9 Millionen Maultrommeln her und exportierten die kleinen Musikinstrumente in die ganze Welt. Heute gibt es gerade noch zwei Familienbetriebe, die Maultrommeln herstellen.

Region Steyrtal / Molln

[83] Ebenforstalm und Trämpl, 1424 m

Gipfelreigen über Waldmeer

Wundervolle Wanderung im Nationalpark Kalkalpen. Hier entfaltet sich eine ursprüngliche Wildnis, die wieder Rückzug- und Jagdgebiet für Bär, Luchs, Eulen oder Marder ist, die Brut- und Schlafplätze für Reptilien, Spechte und seltene Käfer anbietet. Die Nordseite des Hintergebirges steht für uralte silbergraue Buchenstämme, riesenhafte Fichten, Orchideen, Wollgraswiesen, und oberhalb des Wald überrascht uns einzigartiger Gipfelreigen!

Ausgangspunkt: Molln, von dort 18 km Zufahrt über Breitenau zum P Scheiblingau oder Bodinggraben, 641 m

Achtung: Nationalpark-Grenze beim P Scheiblingau, zum P beim Bodinggraben (1 ½ km) darf man nur in der Zeit von 6–9 Uhr fahren, sonst zu Fuß oder mit dem Fahrrad; Rückfahrt jederzeit

Schwierigkeit: Familienfreundlich auf die Alm; Trittsicherheit auf den Trämpl nötig, alpiner Anstieg auf den Alpstein

Höhenunterschied: 300 m zur Alm, weitere 300 Höhenmeter auf den Trämpl

Gehzeit: 2 Std. vom Bodinggraben auf die Ebenforstalm, 1 Std. Themenweg; 1 weitere Std. auf den Trämpl, 1 ½ Std. über den Alpstein (1443 m) zur Alm zurück (gesamt 5 ½ Std.)

Einkehr: Jägerhaus im Bodinggraben, Ebenforstalm

Tipp: Anfahrt mit dem Rad, z. B. von Molln, erspart 2 km Forststraßenmarsch, wegen der Aussicht klare Tage bevorzugen

Variante 1: Zur Ebenforstalm mit der ganzen Familie

Wir wandern links hinauf durch den **Podinggraben**, atem(be)-raubend steil bis zu den Almwiesen der **Ebenforstalm**. Sie ist ein Urahn unter den 20 noch bewirtschafteten Almen des Hintergebirges – seit 350 Jahren wird sie beweidet. Noch vor ihr beginnen zwei Themenwege, vor der Thementafel „Karst" geht's rechts zu einer Wasserschwinde. Durch die Wollgraswiese weiter zum „Baumhotel". Nun lassen wir uns eine kräftige Jause auf der Alm nicht entgehen und genießen auch den Panoramablick, der uns erahnen lässt, welche Aussicht der Trämpl bietet!

Region Steyrtal / Molln

Ebenforstalm

Variante 2: Auf Trämpl und Alpstein – für Trittsichere

Von der Alm aus sehen wir die Gipfelkreuze unserer Bergziele. Im Sattel vor ihr führt ein Steig südwärts über den Waldhang und dann links zum Gipfelkreuz hinauf. Die Aussicht ist ein Traum: von den grünen Mugeln des Mollner Beckens zum Schoberstein im Norden, Hochschwab und Gesäuse im Osten, die Gipfel des Toten Gebirges im Süden!

Entweder wir wandern vom Trämpl wieder auf demselben Weg zurück oder steigen weiter ab Richtung Alpstein. Diese Flankenwanderung auf schmalem Steig unternehmen wir nur bei trockenem Wetter! In der Senke mit den Richtungspfeilen führt der Pfad links hinunter zur Ebenforstalm. Einstieg suchen, er führt vom Waldrand aus weg. Trittsichere nehmen auch den **Alpstein** in Angriff: Man muss einige Male in die Felsen greifen, hat einen steilen Gipfelanstieg, aber es lohnt sich!

Region Steyrtal / Molln

[84] Hoher Nock, 1963 m

Almvergnügen und Gipfelsturm

Knapp 20 km erstreckt sich das Sengsengebirge zwischen der Steyr und der Krummen Steyerling. Es gehört zum Nationalpark Kalkalpen, was bedeutet, man überlässt die Natur sich selbst. 165 km² Urwälder, 1000 Quellen, 180 km unverbaute Bachläufe, 800 Schmetterlingsarten, 50 Säugetier- und 80 Vogelarten, rund 2000 Blütenpflanzenarten und ca. 3000 Pilze bereichern die Landschaft. Dazu kommen 1000 km Wanderwege auf schroffe Berggipfel und reizvolle Almen. Das Sengsengebirge ist ein wenig begangener Gebirgszug, vielleicht, weil die wild abstürzenden Felswände so unnahbar wirken und die Anmarschwege verhältnismäßig lang sind. Seinen Namen leitet man von der Lage an der Eisenstraße ab: Vom Erzberg wurde Eisen nach Oberösterreich transportiert und verarbeitet – hier hatte wahrscheinlich die „Sensenerzeugung" ihren Mittelpunkt.

Ausgangspunkt: Molln, Bez. Kirchdf – Ramsau – Hopfing, P am Ende d. Straße beim Truppenübungsplatz, 605 m

Gehzeit: Tagestour! 2 ½ Std. auf die Feichtaualm, ½ Std. zu den Feichtau Seen, 2 Std. auf den Hohen Nock, Abstieg insgesamt 3 ½ Std.

Schwierigkeit: Familienfreundlich bis zur Feichtaualm, Bergtour auf den Hohen Nock, nur bei sicheren Wetterverhältnissen!

Höhenunterschied: 755 m auf die Alm, weitere 600 m auf den Gipfel

Einkehr: Polz Hütte; Feichtauhütte = Selbstversorgerhütte vom ÖAV, Schlüssel und Auskunft unter 07252 45171

Blick von der Feichtaualm zum Sengsengebirge

Variante 1: Auf die Feichtaualm und zu den Seen – für die ganze Familie

Vom Truppenübungsplatz Hopfing folgen wir der Straße ca. 2 km durch das Schießgelände des Bundesheeres. Wenn das Gelände wegen etwaiger Übungen gesperrt ist, werden wir sogar mit dem Jeep zum Anstieg befördert, von wo der gut markierte Wanderweg entlang des Niklbaches zur **Feichtau** hinaufführt.

Die Feichtaualm ist mit ihren 600 ha die größte der 20 bewirtschafteten Almen im Nationalpark Kalkalpen. Hier bekommt man auch den Schlüssel für die Selbstversorgerhütte des ÖAV. Jausenzeit ist angebracht, entweder bei der Feichtauhütte oder der nahe gelegenen Polz Hütte. Die „Sanft-Wanderer" finden in 30 Min. durch den „Feichtauer Urwald" zu den Feichtauseen, sie liegen ganz romantisch zwischen Wald, Kar und Fels.

Die Polzhütte auf der Feichtaualm

Variante 2: Auf den Hohen Nock für Bergsteiger, ingesamt 7 Std.

Während sich der Nachwuchs auf der Alm vergnügt, schwingen wir uns auf zur schwierigen Bergtour auf den Hohen Nock, den höchsten Gipfel des Sengsengebirges. Haben wir auf der Hütte übernachtet, erstrahlt die gewaltige Wandflucht im goldenen Sonnenlicht. Der Anstieg durch das mächtige Kar auf den Nock ist gut sichtbar. Durch Hochwald ersteigen wir eine kleine Felskanzel mit prächtigem Blick auf die Feichtauseen, dann geht's durch Latschengassen unter den überhängenden Felsen des Nordgrats ins schutterfüllte Nockkar. Über Geröll, Felsstufen und eine schräge, schluchtartige Rinne erklimmen wir den Gipfel mit seiner großartigen Fernsicht in alle Himmelsrichtungen.

[85] Anlaufalm und Triftsteig

Alm- und Klettersteig-Vergnügen

Früher verband man mit „Reichraminger Hintergebirge" das rege, schweißtreibende Arbeitsleben der Forstarbeiter und das Werkeln der Senner. Heute ist es still geworden im Hintergebirge. Die wenigen noch bewirtschafteten Almen empfinden wir als Kraftquellen im hektischen Alltag. Diese Wanderung führt uns ins Herz des Hintergebirges, auf eine „Insel im Waldmeer". Sie hat wieder mehrere Ausgangspunkte, je nachdem, von wo wir anreisen.

Dieses Mal führt uns unser Bergziel ins Herz des Reichraminger Hintergebirges zu einer nicht alltäglichen Kombination von Alm und Klettersteig oder gar Mountainbike.

Wir wandern zuerst alle gemeinsam auf die Anlaufalm. Ihre traumhaften Almwiesen verdanken wir einer gefräßigen Borkenkäferinvasion, die in den 20er-Jahren des vorigen Jahrhunderts über die damalige Monokultur Fichtenwald hereinbrach. Damals mussten weite Flächen des Hintergebirges abgeholzt werden – heute gibt das Anlass zur Freude!

Ausgangspunkt 1: Enns–Großraming – Auffahrt bis Brunnbach bis zum Gh. Stonitsch

Wählt man die Anlaufalm als einziges Ziel, so ist der schönste Anstieg von hier über Kreuzweg, Großbauer Alm und Hochkogelstraße, ca. 3 Std.

Der kürzere Weg führt vom P am Ende der Brunnbacherstraße über den Hirschkogelsattel in etwa 1 ½ Std. auf die Anlaufalm

Ausgangspunkt 2: Windischgarsten–Hengstpass, beim Gh. Weißensteiner in Unterlaussa links abbiegen, 4 km bis zum Radlergasthof Mooshöhe, hinunter bis zur Fahrverbotstafel; von hier ca. 1 Std. auf die Anlauf Alm

Schwierigkeit: Familienfreundlich auf die Anlauf Alm, der Triftsteig ist ein mäßig schwieriger Klettersteig, der absolute Trittsicherheit und Schwindelfreiheit erfordert – Kinder und Ungeübte ans Seil!

Höhenunterschied: 450 steile Meter hinunter zum Triftsteig, 100 m auf dem Triftsteig

Einkehr: Gh. an den Ausgangspunkten, Anlaufboden Alm

Variante 1: Auf die Anlaufalm für die ganze Familie
siehe Ausgangspunkt 1

Region Steyrtal / Molln

Anlauf Alm

Variante 2: Von der Anlaufalm zum Triftsteig für Klettersteig-Liebhaber, 3–4 Stunden insgesamt

Die Bäche des Hintergebirges waren von jeher ideal, um Holzstämme zu transportieren. Einen Hauch der Erkenntnis über die damalige Schwerstarbeit vermittelt uns dieser Triftsteig, durch dessen Schlucht die Bloche eine Engstelle überwinden mussten, die nur durch den damals lebensgefährlichen Triftsteig für die Flötzer zugänglich war.

Unbeschreiblich schön, auf Schritt und Tritt neue Formationen der turmhohen Felswände, das Flussbett einmal sandig, dann wieder felsig, schotterig oder moosgrün glasklar. Kein stilles Klimmen, sondern ein Tosen, Rauschen, Murmeln um uns her. Oft blickt

man 10–15 m direkt auf das Wasser hinab, über sich die himmelhohen Schluchtwände!
Später erfuhren die Flötzer Erleichterung durch den Bau von bis zu 300 m langen Tunnelröhren, durch die eine Lok die Bloche transportierte.
Eine unvergessliche Rundtour, deren absoluter Höhepunkt der **Triftsteig** ist! Hinter der Anlaufalm steigen wir sehr steil und weiter durch die Tunnels zum **Annerlsteg** hinunter, durchklettern den Triftsteig, kurz vor dem **Schleierfall** geht es wieder ganz steil über die **Hochschlacht** zur Anlaufalm zurück.

Mountainbiken zum Triftsteig

Ausgangspunkt: Bhf Reichraming, 395 m oder P bei Variante 2
Strecke: 36 km, davon 18 km bis zum Triftsteig; 1 ½ Std. Triftsteig

Die Radwanderung ist familienfreundlich, ohne große Steigungen, der Triftsteig ist wirklich nur für Geübte! Die Achtung vor der Arbeit der Holzknechte damals steigt gewaltig, wenn man den Triftsteig nur durchklettert! Sie mussten durch diese enge Schlucht auch noch die Bloche triften, bei Verkeilungen tatkräftig einschreiten und für einen reibungslosen Ablauf sorgen!
Wir fahren auf ebener Forststraße den Reichramingbach entlang zur großen Klause, wo uns die Schautafeln über die Geschichte der mühevollen Holztrift Aufschluss geben. Nach 18 km versperren wir unsere Drahtesel, die Klettersteigfreunde kommen auf dem Triftsteig auf ihre Kosten, die Jungfamilie kann ihnen weiter durch die Tunnels entgegenfahren oder -wandern.
Die Radwanderung können wir auch vom Ausgangspunkt 2 aus unternehmen – sie ist in der Kombination mit Klettersteig, eventuell Anlaufalm, immer eine unvergessliche Tour!

Region Steyrtal / Molln

[86] Bodenwies, 1540 m

Aussichtsloge über Almen

Schon die Schüttbauern Alm mit ihrer gemütlichen Gaststube und dem Gesäuse im Hintergrund ist einen Besuch wert. Aber wir wollen höher hinaus und pures Gipfelglück genießen. Direkt vor der Hütte baut sie sich breit auf, die Bodenwies. Natürlich können wir uns mit dem Gipfel allein begnügen, aber die Überschreitung über ihren Kamm und durch urige Wälder zurück komplettiert die Wanderfreuden erst so richtig!

Ausgangspunkt 1: Enns–Reichraming–Kleinreifling, Auffahrt auf die Nigl Alm; vom P auf die Bodenwies ca. 2 ½ Std.; Auffahrt bis zum P mit dem Mountainbike von 15. April bis 31. Oktober erlaubt

Ausgangspunkt 2: Windischgarsten–Rosenau am Hengstpass – 4 km nach Unterlaussa, Abzweigung auf die Schüttbauern Alm – ca. 5 km, Auffahrt laut Besitzerin auf eigene Gefahr erlaubt, von hier ca. 1 ¼ Std. auf die Bodenwies, 2 Std. über den langen Kammrücken wieder zurück

Schwierigkeit: Bergtour, die Trittsicherheit und trockenes Wetter voraussetzt!

Höhenunterschied: 470 m

Einkehr: Schüttbauernalm, Menauer Alm.

Tipp: An Ruhetagen (Mo, Di) ist die Auffahrt auf die Schüttbauernalm gesperrt.

Je nachdem, wo wir wohnen, nehmen wir diesen prachtvollen Gipfel entweder von Enns oder von Windischgarsten aus in Angriff.

Links vom Biotop wandern wir hinauf zur **Menauer Alm**, biegen vorher links ab und halten uns an die rot-weiß-rote Markierung. Hier umfängt uns älperische Stille, Glockengebimmel, der Duft der kräuterreichen Almwiesen. Steil geht's bergauf, ein Aufatmen bei der Hochwaldgrenze! Beim Bankerl am **Sandgatterl** ahnen wir die Pracht der Aussicht vom Gipfel. Noch haben wir die ganze Schönheit einer hin-

207

Region Steyrtal / Molln

Auf der Anlaufalm – im Hintergrund die Bodenwies und die Gesäuseberge

reißenden Kamm- und Gratwanderung vor uns. Doch nicht etwa auf schroffen Felsen, nein, der gesamte Boden ist würzigste Wiese – so ist auch der Name unseres Gipfelzieles erklärt. Schneerosen, Trollblumen, alle möglichen Enzianarten, Silberdisteln, Eisenhutmeere, Seidelbast, Erika, Türkenbund – das sind nur einige Kostbarkeiten der hier heimischen Pflanzen. Gämsen, Auerhahn, Birkhahn und viele Greifvogelarten finden hier ein naturbelassenes Zuhause.

Das prachtvolle Bergpanorama vom Gipfelkreuz der **Bodenwies** belohnt uns für den schweißtreibenden Anstieg: Der Blick auf Gesäuse, Haller Mauern, Sengsengebirge, Hintergebirge ist überwältigend!

Wenn wir uns beim Abstieg über den langen Rücken über die silbergrauen, geschälten Baumriesen wundern: Sie sind, wie die weiten, baumlosen Flächen, Reste der Borkenkäferinvasion aus den 20er-Jahren. Heute bemüht man sich, die Monokultur durch natürliche Mischwälder zu ersetzen und den gefräßigen Käfern – ein Pärchen legt rund 200 000 Eier pro Jahr – keinen Raum zu geben.

Leider gehören Forststraßen fast zu jeder Wanderung im Hintergebirge, so auch hier. Wir wandern talwärts und biegen nach etwa 1 Stunde vom Gipfel bei der 1. Kreuzung rechts Richtung **Schüttbauern** Alm ab. Vielleicht hat dort die Wirtin schon einen Holzofen-Schweinsbraten oder sonst etwas Gutes für uns bereit.

Region Steyrtal / Molln

[87] Schoberstein, 1285 m

Auf zu den 5 Zacken im Waldmeer!

Am Randgebiet des Nationalpark Kalkalpen ragt der Schoberstein als Felsinsel mit wild zerklüfteten Kalkmauern aus dem Waldmeer heraus. Er ist nicht schwer zu ersteigen und trotzdem eine erstklassige „Aussichtskanzel". Vor der Schoberstein Hütte laden zahlreiche Bankerl zum Genießen der Aussicht ins Ennstal und auf die Nördlichen Kalkalpen vom Ötscher bis zum Traunstein. Auch unser zweiter Stützpunkt, die Grünburger Hütte, steht wunderschön auf einer breiten Anhöhe und bietet einen Ausblick über drei Viertel von Oberösterreich!

Variante 1: Auf den Schoberstein

Ausgangspunkt: Molln, Richtung Breitenau, Gh. Steiner-Kraml, nach 300m links abbiegen auf Güterweg zum Koglergut, P vorm Koglerbauern

Gehzeit: 2 Std. auf den Gipfel; in 1½ Std. weiter auf die Grünburger Hütte

Schwierigkeit: Einfache Bergwanderung auf stellenweise steilen Wegen

Einkehr: Schoberstein Hütte, ganzjährig geöffnet; Grünburger Hütte

Vom Koglergut steigen wir größtenteils durch urbelassenen Mischwald kontinuierlich bergan. Immer wieder beglücken uns imposante Ausblicke in die Nationalparkregion Steyrtal. Das Schobersteinhaus liegt gleich unter dem gleichnamigen Haupt-

Die Schobersteinhütte vom Gipfel aus

gipfel, der hier keineswegs einsam steht, sondern brüderlich umgeben ist von vier weiteren Zackengipfeln. Auf derselben Route steigen wir wieder ab.

Variante 2: Auf die Grünburger Hütte

Absolute Weitwanderer schließen noch eine Überschreitung des Kammes nach Westen zum **Koglerstein**, 1257 m, und weiter in den **Mandlmais-Sattel** an. Über den Pfaffenboden wandern wir ziemlich eben zur **Grünburger Hütte.** Ein Baummeer, aus dem sich ein Gipfelreigen übers weite Bauernland bis hinaus ins Mühlviertel und zum Dreisesselberg erhebt. Jetzt haben wir uns wohl eine kräftige Jause verdient, wir wandern auf der Forststraße zurück zur Brettmaisalm und steigen – dem Voralpinen Weitwanderweg folgend, über den **Dorngraben** zur Hauptstraße ab. Zurück mit dem Taxi; Ganztageswanderung.

REGION PYHRN-PRIEL: SPITAL AM PYHRN

[88] Wurzeralm, 1427 m
Hochalm im Banne des Warschenecks

Im Banne des mächtigen Warscheneckstockes liegt in 1427 m Höhe die Wurzeralm, eine beweidete Hochalm mit Moor und See und einer Vielzahl an Wanderzielen mit Herausforderungen aller Art! Mit der angeblich schnellsten Standseilbahn der Welt erreichen wir sie in nur 7 Minuten und haben nun die Qual der Wahl zwischen 5 Bergzielen.

Ausgangspunkt: Spital am Pyhrn, P südlich davon bei der Talstation der Wurzeralm-Standseilbahn, Bergstation
Schwierigkeit: Breiter, leicht begehbarer Rundwanderweg, besonders geeignet für Familien mit Kindern
Gehzeit: 2 Std.   **Höhenunterschied:** Gering
Einkehr: Linzer Haus, Wurzeralm
Besonderheit: Die grandiosen Tiefblicke vom Warscheneckgipfel!

Variante 1: 2 Millionen Jahre in 2 Stunden – für Familien

Bei der Bergstation der Wurzeralm-Standseilbahn erwartet uns ein atemberaubender Ausflug in die Geschichte der Alpen. 8 Stationen garnieren die zeitgeschichtliche Wanderung und machen sie umso mehr auch für unsere Kinder zu einem Erlebnis. Der Geologe erfährt, wie die Alpen entstanden sind, der Naturfreund bildet sich bei den Moor- und anderen Naturbeobachtungsstationen, Interessierte erfahren alles über Almwirt-

Region Pyhrn-Priel: Spital am Pyhrn

Wurzeralm

schaft und über Karst – die Unterwelt der Alpen. Der Bogen der Zeitgeschichte spannt sich von der Auffaltung der Alpen vor 65 Mill. Jahren über die Neandertaler und Kelten und endet bei einer gemütlichen Einkehr im Hier und Jetzt auf einer der urigen Almen und Hütten.

Von der **Bergstation** der Standseilbahn wandern wir vor der mächtigen Kulisse des Warschenecks über das **Linzer Haus** zur Talstation des **Frauenkarlifts** bis hin zum nahen **Brunnsteinersee** hinab (Weg 201). Es ist ein kleines, romantisches Gewässer, zu Füßen des Ramesch und der Roten Wand gelegen. Es beherbergt Molche und Lurche; hier ist auch der Ursprung der Teichl, die durch das Moor am Teichlboden mäandert. Vom See kehren wir zum Rundweg 218 zurück, durch das Hochmoor und den Teichlboden geht es Richtung **Filzmoosalmen** und zurück zur Standseilbahn.

Ein Tipp unter Bergkameraden: Es ist keine gute Idee, den Weg zwischen Filzmoosalm und Linzerhaus über das Teichlboden-Moor abzukürzen, denn im Sumpfgebiet des Teichlbaches kann man leicht zumindest bis zum Knie versinken!

[89] Stubwieswipfel, 1786 m
Variante 2: Für Gipfelsammler

Ausgangspunkt: Bergstation der Standseilbahn auf die Wurzeralm, siehe Tour 88
Schwierigkeit: Leichte Bergwanderung; gute Schuhe empfohlen, da ein Teil des Steiges fast immer nass ist
Gehzeit: Gut 1 ½ Std. auf den Gipfel
Höhenunterschied: 360 teilweise steile Meter!

Mühelos haben wir uns mit der Standseilbahn die 1 ½ Std. Fußmarsch erspart und stehen nun staunend mitten im felsigen Hochgebirge: vor uns die gewaltige Flucht des Warscheneckstocks mit Totem Mann und Roter Wand, rechts von uns die schier unbezwingbare, senkrecht aufschießende Wand des Stubwieswipfels. Zu unserem Glück trügt der Schein: Was nach Kletterei für Könner ausschaut, ist „von hinten" über den zum Teil bewaldeten Rücken auf einem gut markierten Pfad problemlos zu bezwingen.

Von der Bergstation wandern wir auf dem breiten **Weg 218** Richtung Dümlerhütte. Bei einer Weggabelung zweigt rechts der Weg (Markierung F in einem Kreis) zum **Stubwieswipfel** ab. Hier können wir wegen der Steilheit einmal ganz schön ins Schnaufen kommen. Aber der Gipfelblick ist so schön, dass

Stubwieswipfel

Blick von der Wurzer Alm auf die Rote Wand

sich der Anstieg doppelt lohnt: tief unter uns der Wurzeralm- und Teichlboden, Aug in Aug mit uns der Warscheneckgipfel und wunderbarer Bergfrieden. Beim Gipfelkreuz müssen wir auf Kinder besonders achten, denn der senkrechte Absturz der Stubwieswipfelwand ist knapp vor uns. Denselben Weg wieder hinunter; wenn genug Zeit ist, können wir bei der Abzweigung im Talboden den etwas längeren Weg 201 nach **rechts** über den Brunnsteinersee – **Rundwanderweg 201** – zurückwandern.

Variante 3: Für Ausdauernde auf die Dümlerhütte, 1495 m

Ausgangspunkt: Bergstation Wurzeralm
Schwierigkeit: Bergwanderung
Gehzeit: Ca. 2 Std. auf die Hütte
Einkehr: Dümlerhütte

Wollen wir eine ausgedehntere Wanderung unternehmen, so ist der romantische Rundgang zur **Dümlerhütte** angesagt. Von der Bergstation wandern wir auf dem gut markierten Weg 218 in etwa 2 Std. **über den „Hals"**. Als Rückweg können wir auf Weg 293 über die Scharte zwischen **Roter Wand** und **Seeleiten** wieder den Brunnsteinersee und die Wurzeralm erreichen.

[90] Warscheneck, 2388 m
Variante 4: Die klassische Bergtour auf das Warscheneck

Die beste Voraussetzung für diese Bergtour wäre eine Übernachtung auf dem Linzer Haus. Einstimmung im Bergland, vielleicht mit einer nicht zu langen abendlichen Hüttngaudi verbunden, erhöht auch den Erholungseffekt. Am nächsten Tag machen wir uns frisch auf den Weg, wandern durch die Lärchenbestände und Almwiesen zum Brunnsteinersee an den Ostabstürzen des Warschenecks.

Ausgangspunkt, Einkehr: Spital am Pyhrn, Bergstation Wurzeralm; siehe Tour 88

Schwierigkeit: Zünftige Bergtour, die im Aufstieg einige Ausdauer erfordert. Trittsicherheit und Schwindelfreiheit sind Voraussetzung

Gehzeit: Wurzeralm–Warscheneck 3 ½ Std., Gesamtzeit 6 Std.

Rückweg: Entweder auf demselben Steig oder über den Südostgrat zur Bergstation Frauenkar, gesicherter Klettersteig: Hin- und Rückweg 5 Std. mit Liftbenützung, nur für versierte Bergsteiger!

Von hier leitet uns ein schmaler Steig in vielen Serpentinen steil hinauf zur Scharte mit Übergang zur Dümlerhütte. Hier zweigen wir links ab und steigen, dem Grat folgend, bergwärts. Rechts unten ist die Dümlerhütte zu sehen. Vor uns dehnt sich nun die sogenannte Speikwiese. Gämsen sind hier keine Seltenheit.

Wir wandern fast flach westwärts, dem Hauptkamm folgend. Steil geht es nun hinauf zum Toten Mann (2137 m). Dieses Wegstück ist das einzige, bei dem wir auch mit den Händen gelegentlich in die Felsen greifen müssen. Über Grate und Felsen wird der Weg am Hauptkamm entlang immer großartiger, gibt wechselnde, faszinierende Blicke zu unserem Gipfel frei. Im Nordwesten sehen wir die Spitzmauer und tief unter uns das Linzer Haus. Den Gipfel des Warschenecks „schmücken" ein Vermessungszeichen und ein großes Stahlkreuz. Fernsicht und Tiefblick sind ein Gedicht!

Als Abstieg benützen wir denselben Steig oder klettern über den Südostgrat zur Bergstation Frauenkar. Der Klettersteig ist gut gesichert, bedarf aber Bergerfahrung! Mit dem Frauenkar-Sessellift fahren wir knieschonend zur Wurzeralm hinab, er ist im Juli und August in Betrieb.

Variante 5: Über den Südostgrat auf das Warscheneck

Seit es die **Standseilbahn auf die Wurzeralm** (1427 m) und weiterführend den **Sessellift auf das Frauenkar** (2388 m) gibt, kann die einst mühevolle Bezwingung des Warschenecks heute von jedem erprobten Bergfex mit viel geringerem Zeit- und Kraftaufwand unternommen werden. Herzstück ist der 1983 gesicherte Südostgrat, der allerdings nur für bergerfahrene, schwindelfreie Bergsteiger zu empfehlen ist.

Ausgangspunkt: Spital am Pyhrn, Bergstation der Wurzer Alm; Bergstation des Frauenkar Sessellifts, der im Juli und August in Betrieb ist

Gehzeit: Wurzeralm–Frauenkar–Warscheneck 2 ½ Std. bei Benützung des Sessellifts, sonst eine Stunde mehr

Höhenunterschied: 1100 m bzw. 700 m

Schwierigkeit: Gut markierte Pfade und Felssteige, auf dem Klettersteig Schwindelfreiheit erforderlich

Blick vom Stubwieswipfel zum Warscheneck

Von der Wurzeralm führt im Sommer ein Sessellift auf das **Frauenkar**, wir ersparen uns so 1½ Std. zusätzlichen Anstieg. In 15 Min. wandern wir entlang des Weitwanderweges 201 zur Talstation des Frauenkarliftes, lassen uns in 1863 m Höhe hinauftragen und sind schon mittendrin in der blütenübersäten Karsthochfläche. Über messerscharfe Karren und Dolinen nähern wir uns einem ersten Vorgipfel, dem 2107 m hohen Widerlechnerstein, den wir über steile Grashänge und Felsgänge in ca. 40 Min. erreichen. Kurz geht es abwärts in eine Senke, wo nun der Südostgrat direkt vor uns liegt.

Region Pyhrn-Priel: Spital am Pyhrn

Der Seeleitengrat zum Toten Mann (Aufstieg zum Warscheneck)

Rund 200 Höhenmeter sind auf diesem markanten Gipfelgrat zu schaffen, heikle Passagen sind mit Drahtseilen gesichert. Vom mit einem Gedenkkreuz geschmückten Gipfel ist die Fernsicht zum Ötscher über die Niederen Tauern, zu den firngleißenden Gipfeln der Ankogel- und Glocknergruppe und zum Dachstein unübertrefflich!

Region Pyhrn-Priel: Spital am Pyhrn

[91] Dr.-Vogelgesang-Klamm

"Klammheimliches" 3-Almhütten-Erlebnis

Vogelgezwitscher dürfen wir uns in der Vogelgesang-Klamm nicht erwarten – die tosenden und gischtenden Wildwasser des Klammbaches verdonnern uns sogar zum schweigenden Wandern. Mit einer Länge von 1½ km erwandern wir uns die längste Klammschlucht Oberösterreichs. Ihr Namensgeber war der Gemeindearzt Dr. Vogelgesang, der sich um die touristische Erschließung der Klamm verdient gemacht hat.

Ausgangspunkt: Spital am Pyhrn, 640 m, Ortsteil Grünau, beim gleichnamigen Gasthaus

Gehzeit: Zur Bosruck Hütte 2 Std., zum Rohrauerhaus 45 Min., zur Hofalm Hütte 1 Std., Abstieg 1½ Std.

Schwierigkeit: Landschaftlich besonders schöne Wanderung auf guten Steigen. In der Klamm steile, aber gut abgesicherte Wege und Steige.

Höhenunterschied: 800 m

Einkehr: Bosruck Hütte, Rohrauer Haus, Hofalm Hütte

Besonderheit: Kombination von tosendem Klammwasser und Almwiesenromantik, Blick vom Scheitelpunkt ins Gesäuse

Tipp: Von der Hofalm-Hütte in 2–3 Std. auf den Großen Pyhrgas

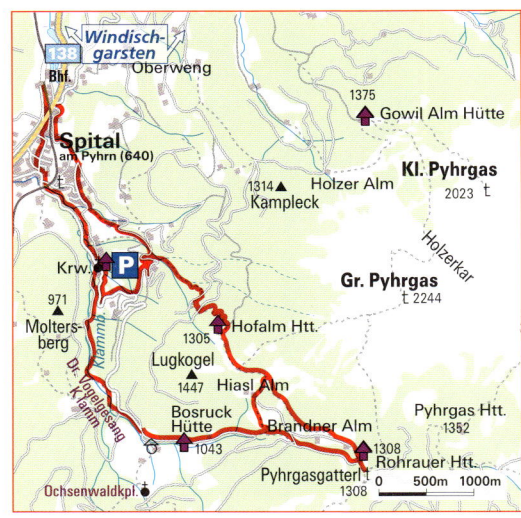

Region Pyhrn-Priel: Spital am Pyhrn

Im oberen Bereich der Klamm

Vom Gh. Grünau wandern wir auf einer Schotterstraße zum Eingang in die Klamm (Gebühr!). Überaus reizvoll führt uns der Weg über eine Unzahl von Brücklein, Stegen und kühn in den Fels gebauten Treppen schnell in die Höhe. Über eine ganze Flucht von Stiegen – rund 500! – weitet sich das Tal, wir wandern zur Forststraße hinauf und auf dieser zur 1 km entfernten **Bosruck Hütte.** Von ihr geht es u. a. auf dem Nordalpinen Weitwanderweg teilweise steinig, leicht ansteigend über Almböden und Lärchenwälder bis zum **Rohrauer Haus.** Von hier lohnt sich auf jeden Fall der 10 Min.-Abstecher zum **Pyhrgasgatterl**, von dessen Almböden sich ein großartiger Blick zu den Haller Mauern und ins Gesäuse auftut. Wieder zurück beim Rohrauer Haus, führt uns unsere weitere Route auf Steig Nr. 618 entlang der Südwest-Abhänge des Großen Pyhrgas sanft ansteigend zu einer Scharte und über diese hinweg hinab zur **Hofalm Hütte.** Der Übergang zu ihr schenkt uns an seinem Scheitelpunkt eine grandiose Fernsicht zu den Gesäusebergen.

Auf Weg 614 steigen wir – 2 Forststraßen querend – durch den steilen Wald hinunter zum Ausgangspunkt.

Region Pyhrn-Priel: Spital am Pyhrn

[92] Kleiner Pyhrgas, Gowil Alm

Große Aussicht von „kleinem" Berg

Wie ein riesiger Riegel scheinen die schroffigen Felsblöcke der Haller Mauern den Weg in die Steiermark zu blockieren. Gezählte 7 Gipfel ragen immerhin über 2000 m in den Himmel – einer davon ist der gar nicht so kleine Bruder des Großen Pyhrgas. Er hat den Vorteil, dass er den Haller Mauern nördlich vorgelagert ist, was uns eine unbeschreibliche Fernsicht verspricht. Schließlich beschenkt uns sein Almrücken mit einer der schönsten Almen in diesem Gebiet. Also hinauf – und selbst gustieren!

Ausgangspunkt: Zufahrt von Spital am Pyhrn oder Windischgarsten (Richtung Rosenau am Hengstpass) zum Ortsteil Oberweng in der Gemeinde Edlbach, 846 m, P bei der Flindermühle

Gehzeit: 1½ Std. auf die Gowil Alm, 2 Std. auf den Kl. Pyhrgas; Abstieg je nach Wegwahl 2½ – 3 Std.

Schwierigkeit: Familienfreundliche Wanderung auf die Gowil Alm (tw. steiler Weg), auf den Pyhrgas Trittsicherheit und Schwindelfreiheit angesagt

Höhenunterschied: 1200 m

Einkehr: Gastliche Gowil Alm Hütte, 1375 m

Region Pyhrn-Priel: Spital am Pyhrn

Gowilalm auf dem Rücken des Kleinen Pyhrgas

Variante 1: Auf die Gowil Alm Hütte mit der Familie

Gegenüber von der Flindermühle beginnen wir auf Weg 616 unsere Wanderung über sanfte Wiesen. Auf steilen bewaldeten Rücken erfreuen uns immer wieder Durchblicke hinüber ins Warscheneck und weiter zu den mächtigen Gipfeln des Toten Gebirges. Die Gowil Alm Hütte verpflegt uns bestens, für Kinder sind auf der kleinen Hochfläche genug Möglichkeiten zum Herumtollen.

Variante 2: Über die Gowil Alm auf den Kleinen Pyhrgas.
Bergtour für Gipfelhungrige

Manche von uns werden von Gipfeln unwiderstehlich angezogen, also machen wir uns gleich oberhalb der Gowil Alm auf Steig 617 auf den Weg. Anfangs sanft, dann sehr steil in Serpentinen durch Lärchenwiesen, Latschenhänge und felsiges Gelände steigen wir auf die abschüssige Gipfelwiese des Kleinen Pyhrgas empor. Herrliche Gipfelschau vom Großglockner im Süden bis zum Ötscher im Norden.

Wieder zurück bei der Gowil Alm, können wir entweder auf demselben Weg wieder absteigen oder links davon in einer Runde über die Holzer Alm auf Pfad 618 und 617 entlang des Goslitz Baches zur Flindermühle zurückwandern.

[93] Großer Pyhrgas, 2244 m

Bergsteigern aus Linz, Wels und Steyr ist der Große Pyhrgas, die westlichste Bastion der Haller Mauern, als lohnendes Bergziel bekannt.

Ausgangspunkt: Spital a. Pyhrn, Bahnstation oder Parkplatz im Ortsteil Grünau

Gehzeit: Spital a. P.–Hofalm Hütte 2–3 Stunden (Bahnfahrer ½ Std. länger), Hofalm Hütte–Großer Pyhrgas 2–3 Stunden

Rückweg: Über die Vogelgesangklamm möglich

Schwierigkeit: Bergtour, die Trittsicherheit, Ausdauer und eine stabile Wetterlage erfordert! Vorsicht im Frühsommer, wenn in den Steilrinnen noch Schnee liegt!

Einkehrmöglichkeit: Hofalm Hütte; Rohrauer Haus, Bosruck Hütte, wenn Sie über die Vogelgesang-Klamm auf- oder absteigen

Tipp: Aufstieg zur Hof Alm durch die Dr.-Vogelgesang-Klamm sehr zu empfehlen (3–4 Stunden von Spital a. P.), Nächtigung auf der Hofalm Hütte lohnend. Die Wanderung Spital a. P.–Dr.-Vogelgesang-Klamm–Hiasl Alm–Hofalm Hütte ist auch ohne Besteigung des Großen Pyhrgas eine schöne Bergwanderung.

Vom Bahnhof **Spital a. P.** wandern wir in Richtung Hof Alm, die Hütte und unser Gipfelziel sind vom Tal aus sichtbar. Entlang des Trattenbaches steigen wir bergan, ein Blick zurück zeigt uns bereits das Sengsengebirge. Eine lange, farnbewachsene Mulde leitet uns mit schönem Talblick steil bis zum Waldrand. Vorbei

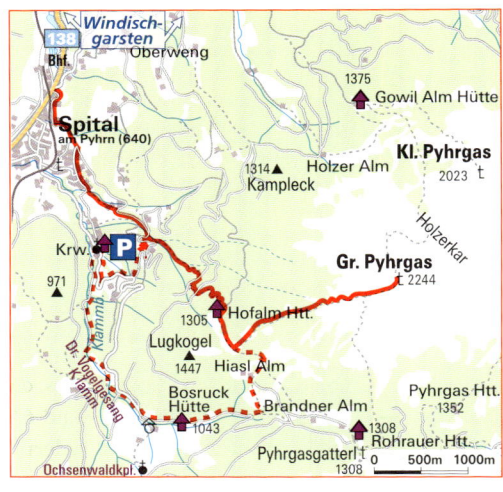

Region Pyhrn-Priel: Spital am Pyhrn

Blick auf den Großen Pyhrgas in Richtung Bosruck

am Korner Bankerl steigen wir durch steilen Hochwald über viele Serpentinen weiter bis zur **Hofalm Hütte** auf (1305 m).
Beim Anstieg auf den **Großen Pyhrgas** erreichen wir – über Almboden wandernd – nach ca. 10 Minuten die Scharte mit dem Übergang zum Pyhrgas-Gatterl. Wir nehmen den Weg nach links und wandern vorerst durch Wald, dann durch einen breiten Legföhrengürtel steil bergan.
Schnell gewinnen wir an Höhe. Täler und Berge sinken zu unseren Füßen. Weiter führt der Steig über Felsschroffen, Bänder und Rinnen; geübte Kletterer finden beiderseits des Weges kleine Kletterstellen, die anderen aber bleiben besser am Pfad! Wir durchwandern den Vorgipfel und gehen dann über große, felsdurchsetzte Rasenflächen zum Hauptgipfel. Hunderte Meter stürzt die Gipfelwand gegen Südost in die Kare, zum Greifen nahe die gewaltigen Gesäuseberge, weit draußen der Ötscher, die Eisenerzer Berge, tief unten Admont, dahinter die Rottenmanner Tauern, Schladminger Tauern, der Grimming, dahinter der Großglockner, das Wiesbachhorn, der Dachstein, der Hochkönig, das Warscheneck, die Spitzmauer, der Große Priel, Windischgarsten und das Sengsengebirge.
Als Abstieg benützt man dieselbe Route.

Region Pyhrn-Priel: Spital am Pyhrn

[94] Klettersteig über den Bosruck, 1992 m

Prachttour für Gipfelkreuzsammler

Wild, schroff und abweisend stehen die grauen Felsklüfte des Einzelgängers Bosruck zwischen Warscheneck und Pyhrgas. Seine Bezwingung schaut nach viel Schweiß aus, lädt aber zu einer wahren Traumtour über seinen wilden Rücken.

Ausgangspunkt: Pyhrnautobahn Abfahrt Ardning, Richtung Admont, steile Auffahrt zur Ardning Alm (Hinweistafel bei Ortstafel), P beim Schranken, ca. 1000 m

Gehzeit: 5 – 6 Std.; 3 – 3 ½ Std. Aufstieg

Schwierigkeit: Teilweise versicherter Klettersteig – Klettersteigausrüstung empfohlen, wirklich nur für trittsichere, geübte und schwindelfreie Bergfexe, Lebensgefahr bei Nässe, Schnee oder Altschnee!

Höhenunterschied: 1000 m

Einkehr: Jausenstation Ardning Alm

Variante: Der Klettersteig selbst ist auch von der Bosruck Hütte aus erreichbar

Zuerst auf der Straße, dann auf dem markierten Weg 613 erwandern wir den Arlingsattel, 1425 m. Beglückende Alpenblumenmatten: vom Stengellosen Enzian über Alpenanemonen zu Alpenastern und Glockenblumen blühen sie heute nur für unser dankbares Auge. Hier zweigen wir links ab, nach etwa 45 Min. sind wir beim Einstieg in unseren Klettersteig. Wir nehmen uns noch die Zeit für einen Kurzbesuch bei der Wildfrauenhöhle

Bosruckgrat

links und dann starten wir los! Die ersten 100 m steil hinauf sind gut gesichert, dann geht's in vielen Auf und Abs über den ersten Gipfel der **Frauenmauer** auf den Hauptgipfel, den **Bosruck**. Prachtvoll die Gipfelparade – ausgiebige Rast, genügend trinken! Wir bleiben auf dem Kalkrücken und steigen einmal links, einmal rechts vom Grat, immer wieder ganz schön ausgesetzt und letztlich noch einmal 100 m hinauf zum dritten Gipfel mit Kreuz auf dem **Kitzstein**, 1925 m.

Beim Gipfelkreuz suchen wir uns Steigspuren und Markierungen, die links abwärts führen. Über Latschenfelder kommen wir schnell talwärts, durch einen Graben zu satten Almmatten – hier kann man schon einmal die Markierung verlieren. Falls das passiert, immer in Richtung Süd-Südosten weiter. Über den Rossfeldboden erreichen wir den Weg 45, über Fahrweg und Straße kommen wir – die Kehren abkürzend – wieder an der eigenwilligen Ferienhaussiedlung vorbei und hinauf zu unserem Parkplatz.

REGION PYHRN-PRIEL: STODERTAL / TOTES GEBIRGE

[95] Der Flötzersteig

Auf den Spuren der Flötzer zum Steyr-Ursprung

Das Stodertal gilt mit seinen weiten, sonnigen Talböden, seinen sanften Wiesen, bewaldeten Hängen und schroffen Berggipfeln als Wanderparadies. Wir erforschen den Themenweg Flötzersteig, der uns entlang der glucksenden und rauschenden jungen Steyr bis zu ihrem Ursprung führt. Flötzer waren die Holzarbeiter, die in der Blüte der Sensen- und Hammerwerke das zum Betrieb benötigte Holz unter schwierigsten Bedingungen auf dem Steyrfluss bis zur Stadt Steyr drifteten. Um die sperrigen Stämme durch das Stodertal zu schwemmen, wurde entlang des Flusses der sogenannte Flötzersteig angelegt. Flötzen war lebensgefährliche Männerarbeit, die oft stundenlanges Arbeiten im eiskalten Wasser erforderte, um hängengebliebene Stämme weiterzuziehen oder gefährliche Verklausungen freizubekommen. Den Namen „Steig" verdient sich der Flötzersteig nur im unteren Teil des Stodertales, dort ist er romantisch und ursprünglich. Flussaufwärts wandern wir bis zum Strumboding-Wasserfall.

Auch der Teufel hat laut Sage etwas zur Attraktivität dieser Gegend beigetragen: Die frommen Hinterstodener waren ihm ein Dorn im Auge. So beschloss er, das ganze Tal samt Bewohnern zu ersäufen, was ihm jedoch misslang. Schließlich stampfte er vor Wut in den Felsen und fuhr durch den Berg in die Hölle. So entstand ein gewaltiges Loch, die düsterdrohende „Kreidenlucke". Naturwissenschaftlich gesehen ist sie eine Schichtfugenhöhle mit 1160 Meter langem Gangsystem.

Von Hinterstoder südlich führen uns breite, geschotterte Wege zum landschaftlichen Höhepunkt des Stodertales. Zuerst der verträumte Schiederweiher, von dem sich ein unvergesslicher Blick auf Spitzmauer, Brotfall und Großem Priel auftut. Weiter zur Polsterlucke, einem flachen Wiesen-

Schiederweiher

Region Pyhrn-Priel: Stodertal / Totes Gebirge

stück in atemberaubendem Bergkessel zu Füßen des Großen Priel, über die Dietlgutkapelle zum Gh. „Baumschlagerreith". Von dort sind es nur 15 Minuten zum Steyr-Ursprung, einer typischen Karstquelle, die unterirdisch verschwindet, um als Flüsschen aus dem Geröll zu quellen.

Ausgangspunkt: Gh. Steyrbrücke an der B 138, gegenüber der Abzweigung nach Hinterstoder

Endpunkt: Steyr-Ursprung am Ende des Stodertals, Rückfahrt mit dem Wandertaxi (Tel. 07564 5159 oder 0650 4101010)

Gehzeit: 2 Std. zum Strumboding, weiter nach Hinterstoder ½ Std., bis zum Steyr-Ursprung weitere 2 ½ Std. Unbedingt wegen der landschaftlichen Schönheit als Ganztagswanderung planen! Wir können auch nur Teilstücke bewandern, der schönste Abschnitt ist vom Strumboding-Wasserfall flussaufwärts.

Schwierigkeit: Leichte Wanderung, bis auf eine kurze Steigung geringer Höhenunterschied

Einkehr: Gh. Steyrbrücke, Gh. in Hinterstoder, Mostschänke Polsterluck'n, Gh. Baumschlagerreith am Talschluss

Besonderheiten: Landschaftliche Höhepunkte wie Strumboding-Wasserfall; Kreidelucke (aktive Wasserhöhle); der berühmte Schiederweiher, in dem sich Priel und Spitzmauer spiegeln; die gewaltige Bergkulisse des Toten Gebirges am Talende

Tipp: Eine Besichtigung des Wilderermuseums beim Gh. Steyrbrücke und ein Bad im dahinterliegenden Elisabethsee ergänzen unseren Traumtag!

Region Pyhrn-Priel: Stodertal / Totes Gebirge

Auf der Hutterer Höss, 1860 m

Paradiesisches Wandern im Alpengipfelkranz

Entweder mit der Kabinenbahn oder mit dem Auto erreichen wir die etwa 1400 m hoch gelegene Hutterer Alm.

Wegen der geschützten und günstigen Lage des Almplateaus treiben die Vorderstoderer Bauern ihr Weidevieh schon seit Jahrhunderten auf diese fruchtbaren Hutterer Almböden. In den wenigen Sommermonaten gehören sie den Rindern, Pferden und uns Wanderern – während sich hier im Winter Scharen von Wintersportlern vergnügen.

Trotz der kurzen Vegetationsperiode in dieser Höhenlage lässt eine unglaubliche Vielzahl von Alpenblumen die Almen im Frühjahr und Sommer erblühen. Die beiden Speicherteiche Hutterer See und Schafkogel See schmiegen sich in die Almlandschaft, als wären sie immer schon da gewesen. „Einen Stock höher", weitere 200 Höhenmeter hinauf, sind die Almböden der Hutterer Höss, wo sich über der Waldgrenze ein unbeschreiblich atemberaubender Rundblick auf die gesamte Bergwelt des Stodertales auftut: Großer Priel, Spitzmauer und der ganze Gipfelreigen des Toten Gebirges. Auf die „Höss", wie die Stoderer ihren Hausberg nennen, bietet sich die 6er-Sesselbahn Höss-Express zur Bergfahrt an (Fußweg 1½ Std.).

Zwei Wanderungen greifen wir aus einer ganzen Vielfalt heraus. Sie sind durch das Eingebettetsein in einen Hochgebirgs-Gipfelreigen einzigartig und unvergesslich.

Region Pyhrn-Priel: Stodertal / Totes Gebirge

Hutterer Höss

Ausgangspunkt: Hinterstoder, 591 m, P bei der Talstation der Seilbahn oder wir fahren auf der 9 km langen Mautstraße auf die Hutterer Böden

Tipp: Wenn wir nicht von den Betriebszeiten der Bergbahnen abhängig sein wollen, fahren wir mit dem Auto zum Parkplatz auf der Hutterer Alm

Einkehr: Bärenhütte, Lögerhütte auf der Hutterer Alm; Berggasthof Höss

Region Pyhrn-Priel: Stodertal / Totes Gebirge

[96] Höss-Alpin-Runde
Variante 1: Für die ganze Familie

Ausgangspunkt: Hinterstoder, mit Seilbahn oder Auto auf die Hutterer Alm, mit Höss-Express auf die Höss-Bergstation, 1853 m
Schwierigkeit: Leichte Wanderung auf schönen Wegen
Gehzeit: 1½ Std. Rundweg
Höhenunterschied: Rund 150 m
Tipp: Unvergesslich schön ist eine Verlängerung unserer Gratwanderung bis zur Hochmölbing Hütte; am nächsten Tag steigen wir über die Bären Alm hinab zur Hauptstraße, von wo uns ein Taxi zum Auto bringt.

Vom Ausgangspunkt bei der Bergstation des 6er-Sessellifts Höss-Express führt uns der gut markierte Wanderweg in einer beschaulichen Runde durch die Hochalm-Landschaft. Den alpinen Namen dürfte sie von ihrer hochalpinen Umgebung haben, der Weg selbst ist absolut kindersicher! Vom Lift weg wenden wir uns nach links und folgen dem Verlauf der Höss-Runde bis nach dem Schneeofen, wo schon bald die **Höss Alpin-Runde** – schafkögelwärts – Richtung Süden abzweigt. Man kann sich nicht satt sehen an der gigantischen Gipfelkulisse, die mit steigender Höhe immer wieder mit neuen Einblicken beschenkt.

Von unserem höchsten Punkt, den **Schafkögeln,** bietet sich ein **360 Grad-Panoramablick** wie von einem Gipfel. Von hier sieht man auch gut, dass zwei Kalkarten dem Toten Gebirge sein imposantes Erscheinungsbild verleihen, die auch bestimmend sind für die unterschiedlichen Fels- und Landschaftsformen dieses Gebietes:

Der Dolomit, der die Sockel der Bergriesen um uns aufbaut, ist ein splittriges, von Rinnen und Geröll durchsetztes Gestein und vom Schafkögl aus an der westlichen Gebirgskante gut zu erkennen. Der Dachsteinkalk beherrscht mit seiner reinen, hellen Farbe die Hochflächen und Gipfelaufbauten des Toten Gebirges. Hier erkennen wir dies gut am Warscheneck im Osten mit seiner typischen, Schicht auf Schicht übereinandergelegten Bankung.

Spätestens beim Bankerl mit dem Dachsteinblick legen wir uns einmal genussvoll ins weiche Berggras, schließen die Augen und genießen die würzige Duftmischung von Bergkräutern, Latschen und den farbintensiv blühenden Alpenblumen.

Nun schlängelt sich der Weg an der westlichen Geländekante mit den Steilabbrüchen wieder talwärts. Von spektakulärer Architektur ist die weinrote **Aussichtsplattform Dachsteinblick**. Nach den bläuenden Speicherseen können wir beim Berggasthof Höß wieder eine aussichtsreiche Rast einlegen.

Region Pyhrn-Priel: Stodertal / Totes Gebirge

[97] Auf den Schrocken, 2281 m

Variante 2: Gipfelkletterei und Gratwanderung

Ein Gustostückerl an Aussichtsglück!

> **Ausgangspunkt:** Hinterstoder, mit Seilbahn oder Auto auf die Hutterer Alm, Bergstation des Höss-Express
>
> **Schwierigkeit:** Steiler, gesicherter Steig; Bergerfahrung, Schwindelfreiheit und Trittsicherheit unbedingt erforderlich!
>
> **Gehzeit:** 1½ – 2 Std. auf den Gipfel, weitere 45 Min. „Gratspaziergang" auf den Hoch-, Mitter- und Kleinmölbing
>
> **Höhenunterschied:** 450 m

Von der **Bergstation** des Höss-Express wandern wir wieder links (südlich) auf der Höss (Alpin) Runde bis zum höchsten Punkt. Wir zweigen links ab und sind gleich mitten in den steilsten **Stein- und Geröllflanken**, die wir queren. Bereits hier ist es mit Kindern sehr gefährlich, die Steinriesen münden immer auf Felsen oder weit unten in Talnähe. Beim „**Rolandfelsen**" müssen wir uns entscheiden: Überwinden wir die bestens gesicherte Kluft oder drehen wir um. Stöcke hier unbedingt zurücklassen! Der mit Seilen und Haken gesicherte Steig führt uns rasch nach oben, teilweise ausgesetzt, manchmal müssen wir mit den Hän-

Region Pyhrn-Priel: Stodertal / Totes Gebirge

Schrocken

den in den Fels greifen. Aber beim **Gipfelkreuz** vergessen wir die Mühen des Aufstieges, denn wir sitzen Aug in Aug mit dem Großen Priel und der Spitzmauer, westlich von uns die verlockenden Grate, die zum Warscheneck führen, Gipfel reiht sich an Gipfel. In 45 Minuten können wir noch auf ungefährlicherem, aber doch ausgesetztem **steinernem Kammrücken** die Gipfel des **Hochmölbing, Mitter- und Kleinmölbling** ersteigen – ein Muss für alle Grat-Liebhaber!
Zurück auf demselben Steig – oder weiterwandern auf die Hochmölblinghütte und dort übernachten, über die Türkenkarscharte zurück nach Hinterstoder.

Tipp: Wir fuhren bei dieser Wanderung mit dem Auto auf die Hutterer Alm, da wir den Sonnenuntergang auf dem Berggasthof Höss noch in vollen Zügen genießen wollten. Von hier geht es in einer guten Stunde auf gut markiertem Almweg hinunter zum Auto.

Region Pyhrn-Priel: Stodertal / Totes Gebirge

[98] Bären Alm & Türkenkarkopf, 1836 m
Prachtwanderung mit Gipfel-Aussichtsreigen

Eine Prachtwanderung, die uns schon bei der Bergstation in hochalpines Panorama führt: ganz nahe das Kletterparadies der Spitzmauer, die bizarren Gipfel des Brotfalls, der mächtige Große Priel und die wuchtigen Wände und Gipfel des Hochkastens.

> **Ausgangspunkt:** Hinterstoder, Parkplatz Bären Alm
> **Gehzeit:** Vom Parkplatz auf die Bären Alm 3 Stunden, Bären Alm–Türkenkarkopf ca. 45 Minuten
> **Schwierigkeit:** Kinderfreundlich bis zur Türkenkarscharte
> **Einkehrmöglichkeit:** Keine
> **Besonderheiten:** Eines der reizvollsten Gebiete in OÖs Bergwelt (1741 m)
> **Weitere Möglichkeiten:** Eine anspruchsvolle Verlängerung der Tour ist über die Hochmölbing Hütte (ca. 5 ½ Stunden; bewirtschaftet von Mitte Juni bis Mitte Oktober) und den Schrocken zur Hutterer Höss möglich (Gehzeit: 6 ½ Stunden), siehe Tour 97.

Der Anstieg zur Bären Alm ist markiert und nicht zu verfehlen. Man folgt zuerst der Bergstraße, von der sich der Weg steil durch den Wald zur Peterhofer Alm hochschlängelt. Sie liegt wie auf einem Präsentierteller hoch über dem Bergwald und schenkt uns einen prächtigen Blick auf die gesamte Gipfelkette des Toten

Region Pyhrn-Priel: Stodertal / Totes Gebirge

Ausblick von den Lögerhütten zur Hochstein Alm (links vorne) und zur Bären Alm (rechts hinten)

Gebirges, vom Salzsteigjoch (Übergang auf die Tauplitz Alm) bis zum Priel. Nun führt ein sehr steiler Wiesenanstieg, eine „Himmelsleiter auf Wiesen", hinauf zur **Bären Alm**. Diese ist unbewirtschaftet, nur von Jungvieh bevölkert.

Auf breitem Weg erreicht man die **Türkenkarscharte**. Nordöstlich der Scharte lockt der **Türkenkarkopf** mit Pyramide. Man besteigt ihn weglos durch Legföhren (in 15 Minuten). Bitte leise sein, man befindet sich mitten im Gämsengebiet! Der Türkenkarkopf präsentiert eine prächtige Sicht hinüber zum Hochmölbing, hinab zur Bären Alm und hinüber zum Gipfelreigen des Toten Gebirges.

[99] Dolomitensteig
Steig im atemberaubenden Gebirgspanorama

Ausgangspunkt und Endpunkt: Hinterstoder, Gh. Baumschlagerreith am Stodertaler Talschluss, 724 m
Gesamtgehzeit: 4–5 Std.
Höhenunterschied: 570 m
Schwierigkeit: Bergerfahrung, Trittsicherheit und Schwindelfreiheit Voraussetzung!
Einkehr: Gh. Baumschlagerreith
Hinweis: Jagdsperre vom 15. Sept. bis 1. Okt.

Vom Parkplatz **Baumschlagerreith** wandern wir rechts vom Wildgehege etwa 500 m auf der Forststraße bis zum Hinweisschild „Hochsteinalm". Ein schmaler Zubringer führt uns zum eigentlichen **Hochsteinalmsteig** Nr. 19. In steilen Serpentinen erschnaufen wir die Hochsteinalm, 1296 m, und in weiteren 10 Min. die **Lögeralm**, beide Hütten sind nicht bewirtschaftet. Das Wort „Löger" hat einige Wandlungen durchgemacht, das zeitgenössische Wort heute ist „Legföhren, Latschen". In diesem großartigen Panorama jausnet's sich doppelt gut.

Region Pyhrn-Priel: Stodertal / Totes Gebirge

Dolomitensteig

Oberhalb der Lögeralm befindet sich der Einstieg zum **Stodertaler Dolomitensteig**, der wirklich Bergerfahrung und Trittsicherheit voraussetzt!

Immer entlang der steilen Kalkwände erreichen wir eine bizarre Felslandschaft in atemberaubendem Gebirgspanorama. Die schwierigeren Passagen sind mit Stahlseilen gesichert. Konzentration beim Abstieg Richtung „Schwarzgraben", kristallklare Kaskaden von Wasserfällen zeigen das Ende des herausfordernden Teils unseres Steiges an. Danach wird der Weg leichter, führt uns durch den Wald zum Poppensand, einer riesigen Schotterriese. Diese Schotterhalde hinunter und bald treffen wir auf den Salzsteigjochweg und wandern dann auf der Forststraße zum Gh. Baumschlagerreith zurück. Dort haben wir uns einen geräucherten Hirschschinken wirklich verdient!

Region Pyhrn-Priel: Stodertal/Totes Gebirge

[100] Zeller Hütte – Warscheneck, 2388 m

Allen Bergsteigern, die von Norden kommend das Warscheneck ersteigen wollen, bietet sich eine großartige alpine Bergwelt.

Ausgangspunkt: Vorderstoder; kurz vor der Ortschaft von der Autobushaltestelle „Käserei" auf einer Forststraße bis knapp vor die Schafferteiche

Gehzeit: Schafferteich–Zellerhütte knapp 2 Std., Zellerhütte–Warscheneck 2–3 Std.

Höhenunterschied: 680 m auf Zellerhütte, insg. 1500 m aufs Warscheneck

Einkehr: Zeller Hütte, 1575 m

Besonderheit: Wunderschön gelegene Zeller Hütte. Heidelbeersträucher am Anstiegsweg. Keine Quellen!

Vom Parkplatz vor den Schafferteichen wandern wir, bei der großen Fahrverbotstafel (Straßengatter) links abzweigend, zu einem Bauernhof; nun ist der Weg nicht mehr zu verfehlen und markiert. Schnell erreicht man den Wald und wandert durch ihn bergwärts.

Einige Serpentinen leiten durch schütteren, steilen Lärchenwald. Durch die enge Pforte des „Erlösungsfelsens" erreicht man die entzückend gelegene Zeller Hütte, hinter der die Gipfel der

Region Pyhrn-Priel: Stodertal / Totes Gebirge

Der Warscheneckstock über der Wurzeralm

Spitzmauer und des Großen Priel strahlen. Eine reiche Flora umgibt die Hütte, die alleine schon als Ziel genügen würde.

Das große Angebot an Heidelbeeren hat schon manchem Wanderer den Anstieg zum Gipfel um Stunden verzögert … Schnell ist die Lärchengrenze durchschritten. Legföhrengürtel breiten sich aus, Grasinseln liegen zwischen ihnen. Die weiten Felsrücken, die zum Gipfel leiten, werden sichtbar.

Genau nach Westen führt der Steig (den Berg mit dem wenig charmanten Namen Rossarsch müssen wir zum Glück nicht besteigen), und wir erreichen den Gipfel des Warschenecks mit seinem stählernen Gipfelkreuz. Meist genießen wir den Rundblick nicht allein: Die „Warscheneckdohlen" suchen menschliche Nähe und möchten an der Gipfeljause teilnehmen.

[101] Großer Priel, 2515 m

Der Größte im Toten Gebirge

Zwischen Pyhrnpass und dem Trauntal liegt der größte Plateaustock der Nördlichen Kalkalpen. Es ist dies eine 1130 km² große Gebirgsgruppe mit einer riesigen Hochfläche zwischen schroffen Gipfeln – die größte Karstwüste Europas, genannt das „Tote Gebirge".

Als einziger Berg im Toten Gebirge ragt der Große Priel über die 2500 m Marke hinaus und ist darum Anziehungspunkt für Bergsteiger von nah und fern. Wir können ihn von Hinterstoder oder von der Grünau aus erobern, beide Anstiege führen zum Prielschutzhaus und letztlich in hochalpines Gebiet, das entsprechende Ausrüstung, Kondition, Trittsicherheit, Schwindelfreiheit und selbstverständlich gutes Bergwetter voraussetzt. Auch die Schneelage (selbst Altschnee ist gefährlich – erkundigen, ob noch welcher liegt!) müssen wir einkalkulieren, und bei Nebel und Schneefall muss die Bergtour verschoben werden, da die Orientierung im großräumigen Karstgelände sehr schwierig ist.

Rechts Großer Priel, links Spitzmauer

Region Pyhrn-Priel: Stodertal / Totes Gebirge

Wir schlagen zwei Ausgangspunkte vor, von denen aus wir den Großen Priel erobern können: Entweder von **Hinterstoder** aus oder von **Grünau** – vielleicht ist die Lage des Wohnortes für die Wahl ausschlaggebend. Die Bergtour vom Almtaler Haus in der Grünau ist auch für bergerprobte Kinder möglich.

> **Ausgangspunkt 1 zur Besteigung des Gr. Priel:** Hinterstoder, 591 m, P beim Johannishof, etwa 1 ½ km vom Ortszentrum taleinwärts
>
>
>
> **Gehzeit:** 2 ½ Std. zum Prielschutzhaus, 1420 m, 3 Std. auf den Gr. Priel, 2 Std. Abstieg zum Schutzhaus, 2 Std. nach Hinterstoder
>
> **Schwierigkeit:** Hochalpine, landschaftlich großartige Bergtour, die Bergerfahrung, gute Kondition, Trittsicherheit und Schwindelfreiheit voraussetzt; nur bei bestem Bergwetter, da die Orientierung im Karstgelände oberhalb des Prielschutzhauses kaum möglich ist!
>
> **Höhenunterschied:** 1900 m
>
> **Einkehr und empf. Übernachtung:** Prielschutzhaus (vorher buchen!), 1420 m

Ausgangspunkt Hinterstoder: Wanderung zum Prielschutzhaus

Vom Parkplatz Johannishof wandern wir auf der Forststraße zum **Schiederweiher** (Weg 201), kürzen ab zur **Polsterluck'n** bis zur Materialseilbahn. Wenn der Hüttenwirt vorher verständigt wird, ermöglicht er einen Gepäcktransport auf das Prielschutzhaus. Steil geht es an den Öfen (Höhlen) vorbei zum Gott-sei-Dank-Bankerl, über die Märchenwiese nahe der Seilbahn durch Mischwald zum Prielschutzhaus.

Region Pyhrn-Priel: Stodertal / Totes Gebirge

**Vom Prielschutzhaus auf den Großen Priel:
Variante für den Bergsteiger, Normalweg**

Weiter geht es auf Steig 201 über einen felsigen Rücken ins Kühkar hinauf – aufpassen bei Altschnee, nicht ausgleiten! Felsstufen und -wände sind mit Stahlseilen gesichert. Knapp unterhalb der **Brotfallscharte** liegt eine Unterstandshöhle. Ist man endlich auf dem Gratrücken, lohnt sich ein kurzer Abstecher auf den **Brotfallgipfel** (Namensgebung siehe Spitzmauer). Wieder zurück und weiter Richtung Gipfel treffen wir auf Steig 262, der von der Welser Hütte heraufzieht. Über den schmalen Grat steigen wir direkt über der gewaltigen Nordwand auf den Gipfel, den ein 8 m hohes Gipfelkreuz krönt.

Über den Bert-Rinesch-Klettersteig auf den Gr. Priel

Ausgangspunkt: Prielschutzhaus
Kletterzeit: 3–4 Std.
Höhendifferenz: 660 m
Schwierigkeit: Schwieriger Klettersteig mit steilsten, überhängenden Felspassagen; Helm- und Klettergurtpflicht!
Streckenlänge: 1300 m

Auch für die Kletter gibt es hier ein Gustostückel auf den Gipfel Der Klettersteig auf den Großen Priel ist wegen seiner Länge, Steilheit und Schwierigkeit sicherlich eines der schönsten, wenn auch anspruchsvollsten Klettersteig-Unternehmen in den Alpen. Vom Prielschutzhaus wandern wir auf dem Normalweg bis zur Wegkreuzung Spitzmauer / Priel. Etwa 30 m danach führt der markierte Weg rechts durch die Latschen hinauf. Nach gut einer Stunde erreichen wir den Einstieg des Klettersteigs, 1915 m. Pausieren, es geht gleich steil los und wir können abschätzen, ob die Kraft in den Armen für unser Unternehmen ausreicht. Nun folgt eine ausgesetzte Querung in die Ostseite des Großen Priels. Von dort geht es dann steil, teilweise auf leicht überhängenden Leitern, Trittbügeln und Stufen senkrecht hinauf bis zum Südgrat. Über diesen geht es die letzten 45 Min. relativ einfach hinauf zum Gipfel. Rückweg auf dem Normalweg.

Region Pyhrn-Priel: Stodertal / Totes Gebirge

Spitzmauer und Großer Priel von Osten

Ausgangspunkt Grünau im Almtal:

Ausgangspunkt 2: Zur Besteigung des Gr. Priels: Grünau im Almtal, Richtung Almsee, beim Gh. Jagasimmerl Auffahrt zum Almtaler Haus Richtung Ödseen, 714 m

Gehzeit: Almtalerhaus–Welser Hütte 3 Std., 2–3 Std. von dort auf den Gr. Priel-Gipfel

Schwierigkeit: Hochalpine, landschaftlich schöne Bergtour, die Bergerfahrung, gute Kondition, Trittsicherheit und Schwindelfreiheit voraussetzt, nur bei bestem Bergwetter auch für bergerprobte Kinder möglich!

Höhenunterschied: 1800 m

Einkehr und empfohlene Übernachtung: Welser Hütte (anmelden!), 1815 m

Vom **Almtaler Haus** wandern wir auf markiertem Steig über Wildbachschotter bis zum Bergfuß, steigen zeitweilig ziemlich steil höhenwärts bis zur 1726 m hoch gelegenen Welser Hütte. Von dieser großartig gelegenen Schutzhütte öffnet sich der Blick in die gesamte Nordwandflucht des Großen Priels. Über die felsigen Fleischbänke erreichen wir den **Fleischbanksattel** und erklimmen auf Steig 262 unseren Traumgipfel.

Region Pyhrn-Priel: Stodertal / Totes Gebirge

[102] Spitzmauer, 2446 m

Der angeblich schönste Gipfel im Toten Gebirge!

Elegant in abweisenden Fels präsentiert sich die Spitzmauer neben dem Großen Priel. Schon Erzherzog Johann eroberte sie 1810 auf einem seiner Gäms-Pirschgänge und ärgerte sich über Wilderer, die sie ihm streitig machten. Einem dieser Wildschützen entkam ein Laib Brot, kollerte in die Tiefe und verriet den Gendarmen auf diese Weise seinen Standort – so kam der „Brotfall", der benachbarte Gipfel, zu seinem Namen.

Ausgangspunkt: Prielschutzhaus, 1420 m, siehe Tour 101

Gehzeit: 2 ½ –3 Std. auf das Prielschutzhaus, 3 ½ Std. auf die Spitzmauer, Abstieg 3 Std.; vom Schutzhaus nach Hinterstoder 2 Std.

Schwierigkeit: Hochalpine, aber landschaftlich unvergesslich schöne Tour, Kletterpartien mit Schwierigkeitsgrad 1 – daher Trittsicherheit und Schwindelfreiheit Voraussetzung. Keinesfalls bei Nebel oder Schneefall begehen!

Höhenunterschied: 1900 m vom Tal gerechnet, 1000 m vom Prielschutzhaus

Einkehr: Prielschutzhaus oder Welser Hütte

Variante Normalweg für Bergsteiger

Vom Prielschutzhaus wandern wir Richtung Brotfall / Großer Priel bis zur Weggabelung und schwenken links auf Steig 201 ein. Er führt uns quer hinauf durch das latschenbewachsene Kar, durch Latschengassen und Grasmatten zum Einschnitt zwischen Spitzmauer und Brotfall. Rechts geht's in die felsige Klinserschlucht, wo der Stoderer Klettersteig auf die Spitzmauer abzweigt. Wir aber erklimmen die Klinserscharte, überwinden ausgedehnte Karenfelder, bevor es mühsam und steil ansteigend zum Meisenbergsattel geht. Immer höher winden wir uns, einen schroffen Hang querend, ein steiles Schotterfeld bezwingend, bis wir in Kehren den Rücken erstei-

Region Pyhrn-Priel: Stodertal / Totes Gebirge

Aufstieg zur Spitzmauer

gen und über Felsstufen das große, eiserne Gipfel-Edelweiß erreichen.

Variante für Kletterer: Spitzmauer über den „Stodertaler-Klettersteig"

Ausgangspunkt: Prielschutzhaus
Gehzeit: 3 Std. vom Prielschutzhaus
Schwierigkeit: Klettersteig mit durchgehender Stahlseilsicherung; Klettersteig-Grundausrüstung und Helm Voraussetzung

Vom Prielschutzhaus steigen wir wieder Richtung Brotfall / Großer Priel auf, halten uns wieder links und klettern weiter bis zur Klinserscharte. Entlang des Steigleins erreichen wir über die Geröllfelder den Wandfuß. Nun führt der Steig im rechten westlichen und niedersten Wandteil der Spitzmauer-Nordwand aufwärts und ist hervorragend gesichert.

Region Pyhrn-Priel: Stodertal / Totes Gebirge

[103] Kleiner Priel, 2136 m
Kleiner Berg mit großer Aussicht

Der Kleine Priel steht ganz schön im Schatten seines großen Bruders, doch auch er stellt hohe Anforderungen an Kondition und Ausdauer, auch gibt's keine einzige Labe-Zwischenstation! Aber er beschenkt uns mit einem ganz großen Panoramarundblick.

In aller Früh marschieren wir los: Auf der Brücke über die Steyr, auf der Forststraße kommen wir rasch zum **Prielergut**. Weiter auf Weg Nr. 269 bergwärts, wir queren zwei Forststraßen und winden uns durch Hochwald und Holzschläge in zahlreichen, steilen Serpentinen Richtung **Schnablwipfel** hoch. An der Waldgrenze erreichen wir den Sattel und dahinter das oberste Schnablkar. Auf dem felsigen, aber flachen Südgrat steigen wir zum Gipfelvorbau und über das Geröllfeld auf unseren hart erkämpften Gipfel. Keine Frage, diese Besteigung geht ganz schön in die Knochen, aber der Blick in den Gipfelreigen von Totem Gebirge und Warscheneckstock, hinüber zur Hutterer Höss und besonders zum 8 km langen Grat, der über schroffe Gipfel zum Großen Priel hinüberzieht, lässt uns unsere Mühen vergessen. Berg Heil – und Abstieg auf derselben Route.

Region Pyhrn-Priel: Stodertal/Totes Gebirge

[104] Wurbauerkogel – Leitersteig

Panoramablick zu 21 Zweitausendern!

Rodler lieben den Wurbauerkogel wegen der längsten Sommerrodelbahn Europas. Bergliebhaber erspähen von seinem gläsernen Panoramaturm 21 Zweitausender!

Ausgangspunkt: Hinterstoder, P bei Feuerwehr
Gehzeit: Aufstieg 4 ½ Std., Abstieg gut 3 Std.
Schwierigkeit: Lange, anspruchsvolle Bergtour; Trittsicherheit, Schwindelfreiheit und sehr gute Kondition erforderlich
Höhenunterschied: 1550 m

Mit dem Sessellift erfahren wir den Wurbauerkogel. Wir folgen dem schmalen Güterweg hinunter zu einer Region, wo alles „Kleiner" heißt: der Bauer, die Höfe, die Siedlung, der Berg. Links geht es Richtung Jagdhütte **Haslersgatter** hinauf, wir zweigen auf den schmalen Schafsteig ab, der uns über einen steilen Waldrücken links vom Kleinerberg vorbeiführt. Vor dem Sattel des Haslergatters schwenken wir links auf den Fahrweg Richtung Leitersteig ein (Wegweiser). Beim grasigen Bloßboden beginnt der **Leitersteig**, der durch die steilen Südhänge des Östlichen Sengsengebirges „Weiße Ries" hinzieht. In einem Waldsattel zweigen wir scharf links ab und wandern ins Salzatal zurück.

Region Pyhrn-Priel: Stodertal / Totes Gebirge

[105] Dümlerhütte, 1495 m

Im nordöstlichen Randgebiet der Warscheneckgruppe liegt die Dümlerhütte ganz prächtig auf einer Anhöhe. Sie ist nicht nur Ausgangspunkt für schöne Bergziele, sondern wegen ihres prachtvollen Blicks zum kleinen Priel, Sengsengebirge, Haller Mauern mit Pyhrgas und der nahen Felswand der Speikwiese auch lohnendes Tagesziel.

> **Ausgangspunkt:** Windischgarsten, 602 m, Talstation des Wurbauerkogel-Sessellifts nördlich des Ortszentrums; zu Fuß vom Bahnhof 15 Min., Auffahrt zur Bergstation, 858 m
> **Gehzeit:** 3–4 Std. **Höhenunterschied:** 450 m
> **Schwierigkeit:** Schöne Bergwanderung auf guten, stellenweise steilen Pfaden, die Trittsicherheit erfordern
> **Einkehr:** Gh. beim Turm

Vom Gleinkersee weg halten wir uns rechts auf dem Weg 218, der uns über die **Tommler Alm** und die **Stoffer Alm** teilweise durch schönen Mischwald und sehr steil zur Hütte führt. Uralte Lärchen, riesige Ameisenhaufen – sie erinnern uns mit Schaudern an einen Racheakt von Wilderern vor dem 1. Weltkrieg, die einen Jäger fesselten und in einem Ameisenhaufen regelrecht vergruben, weil er einen der ihren dem Gericht übergeben hatte.

Region Pyhrn-Priel: Stodertal / Totes Gebirge

Dümlerhütte

Zurück wählen wir entweder den schattigen Weg 299 durch den Seegraben direkt zum See oder wandern zur Tommler Alm zurück, nach der uns ein Weg den Pießling Ursprung auch wieder zurück zum Gleinkersee führen kann.

Ausgangspunkt: Gleinkersee, Anfahrt von Windischgarsten
Gehzeit: Gleinkersee–Stoffer Alm–Dümlerhütte 2 Stunden
Schwierigkeit: Leichte Wanderung
Einkehrmöglichkeit: Dümlerhütte, Gh. Tommerl am Gleinkersee (Badesee), beide im Sommer bewirtschaftet
Weitere Möglichkeiten: Dümlerhütte–Speikwiese–Warscheneckgipfel 3½–4 Std.; Dümlerhütte–Hals–Linzer Haus auf der Wurzeralm 1½ Std.

Gleinkersee

REGION INNVIERTEL

[106] Ibmer Moor / Heratinger See
Wandern in moorigen Gefilden

Wir biet en zwei Kurzwanderungen an, die aber auch in einem Stück genossen werden können.

> **Ausgangspunkt:** Ibm, Parkplatz bei der Maria-Hilf-Kapelle am Nordfuß des Schlossberges
> **Gehzeit:** 1 ½–2 Std.
> **Schwierigkeit:** Familienfreundliche Moor- und Wiesenwanderung, bei Nässe Vorsicht auf dem Plankenweg – Rutschgefahr
> **Besonderheit:** Wandern im größten zusammenhängenden Moorkomplex Österreichs mit einzigartiger Tier- und Pflanzenwelt, Moorlehrweg, Baden in einem der wärmsten Seen Österreichs

Variante 1: Durchs Ibmer Moor

Von der Kapelle wandern wir vorbei am „Moarhaus" – dem 1863 aus Steinen des bereits verfallenden Schlosses erbauten Meierhof – zum Mooskreuz und über Wiesen und Wald zum **Aussichtspunkt Seeleiten.** Hier legen wir auf jeden Fall eine Rast ein und genießen den Prachtblick über das Moos und an klaren Tagen auch auf die Alpen, wobei uns die Panoramatafel bei der Namensgebung hilft. Wir wandern hinunter zum Seeleitensee, an den das naturgeschützte Moor mit dem Vogelschutzgebiet Pfeifenanger grenzt. Im Frühjahr ist ein herrliches Konzert der gefiederten Sänger zu hören, die Frösche geben den Takt vor.

Nun wird der Untergrund weich und federnd, wir kommen zum schönsten Teilstück des Moorlehrpfades, der „Ewigkeit". Für uns beginnt ein Balanceakt auf den Pfosten und Brettern, bei Gegenverkehr kann es auch einmal eng wer-

Der Heratinger See bei Ibm

den! Türkenbund, Mehlprimeln, Wollgras, Sonnentau, Wasserschlauch, Besenheide – ein Augenschmaus zu jeder Jahreszeit. Bei der Weggabelung geht es geradeaus direkt zur Straße nach Ibm, der linke Wegast lädt uns zu einer „Kleinen Moorrunde" ein, die sowohl für Kinderwägen als auch für Rollstühle geeignet ist. Schautafeln liefern uns gezielte Informationen über das Ibmer Moor, das im vergangenen Jahrhundert trockengelegt werden sollte. Zum Glück reichten die finanziellen Mittel dazu nicht und das Moor blieb Sieger. Über die lange Gerade wandern wir auf der Asphaltstraße zur Ibmer Kapelle zurück.

Variante 2: Um den Heratinger See

Verspüren wir noch genug Wanderlust in unseren Beinen, marschieren wir gleich von der Maria-Hilf-Kapelle weiter zum **Heratinger See,** der uns auch mit einem vergnüglichen Bad im Natur-Strandbad erfrischt.

Entweder wir wandern direkt über das Gh. Hauser zum Seerundweg oder wir fahren mit dem Auto zum öffentlichen Strandbad (P) und beginnen von dort unseren 6 km langen Rundweg. Auf markierten Wiesenwegen, Straßerln und einem romantischen Steig umrunden wir unseren Moorsee. Beide Wanderungen sind durch die Kombination dieser speziellen Naturschönheiten Moor, See und Alpenblick eine wahrhaft herzerwärmende Angelegenheit!

Region Innviertel

[107] Naturerlebnis am Inn

Vogel-Philharmonie im Biber-Dammbau-Gebiet

Heute lassen wir uns in das Europa-Naturschutzreservat am Unteren Inn entführen. War der Fluss Inn einst ein wild schäumender Geselle, wurde er inzwischen durch Begradigungen und ab 1939 durch den Bau von Kraftwerken gezähmt. Aus dem Schlamm, der sich zwischen den Dämmen ablagerte, entwickelten sich im Lauf der Zeit die Inn-Auen mit einem sagenhaften Nahrungsangebot für Vögel. Gezählte 296 Vogelarten können wir hier im Laufe eines Jahres entdecken.

Die schönste Möglichkeit, die Innauen kennenzulernen, ist eine Kombination aus Rad- und Lehrpfadwanderung. Hier stellen wir die 2 schönsten Teilstrecken vor, trainierte Biker können sie an einem Tag genießen. Feldstecher nicht vergessen!

Ausgangspunkt: Reichersberg (südl. von Schärding), 354 m, P beim Stift

Streckenlänge: 48 km, Rundfahrt

Schwierigkeit: Einfache Radtour für die ganze Familie

Strecke: 48 km; Reichersberg – Obernberg – Kirchdorf – Ering 24 km – Aigen – Egglfing

Einkehr: In Reichersberg, Obernberg und Kirchdorf, Burgschänke in Frauenstein

Region Innviertel

Variante 1: Von Stift Reichersberg auf dem oberösterreichisch-bayrischen Inn- und Römerradweg durchs Vogelparadies

Wir haben mit Kultur begonnen: eine Besichtigungs-Wanderung durch das sehenswerte **Stift Reichersberg**. Gleich hinter dem Stift liegt unterhalb ein kleiner Parkplatz, von dem der Radweg über eine Holzbrücke direkt in die Au führt – und schon sind wir in einer herrlichen Naturlandschaft. Walker können sich einfach selbst eine beliebige Streckenlänge wählen – jedes Teilstück ist sehenswert. Wir radeln entlang des Flussufers bis **Obernberg**, durchqueren den malerischen Ort und fahren weiter bis **Kirchdorf**. Immer wieder laden Vogelwarten zum Beobachten ein, absteigen, das Getümmel der Tausenden Brut- und Zugvögel auf sich wirken lassen. In Frauenstein biegen wir rechts ab, überqueren das Kraftwerk und erreichen auf der bayrischen Seite das Infozentrum Ering. Auf dem bayrischen Teil des Römerradweges radeln wir auf Hochdämmen, durch Auwälder, den immer wieder mit Vogelbeobachtungsstationen versehenen Radwanderweg bis Obernberg. Dort überqueren wir wieder den Inn und fahren nach Reichersberg zurück. Ein opulentes Mahl im Stiftsgasthaus könnte dem heutigen Traumtag die Krone aufsetzen – es muss ja nicht gerade etwas Gefiedertes sein ...

Stift Reichersberg

Auch dieser Abschnitt des Inns ist ein gelungenes Beispiel dafür, dass ein Eingriff in die Natur aus wirtschaftlichen Gründen auch bereichernd positive Auswirkungen haben kann. Das ganze Gebiet „Unterer Inn" zählt wie 14 andere Gebiete in OÖ zum Europaschutzgebiet „Euro 2000", d. h. wir bewegen uns in einer geschützten Zone, in der bisherige Nutzungen weiterhin gestattet sind, aber keine neuen dazukommen dürfen.

Ausgangspunkt: Braunau am Inn, 353 m

Schwierigkeit: Radtour mit erlebnisreicher Wanderung für die ganze Familie, geringer Höhenunterschied

Strecke: 24 km; Braunau – Frauenstein 10 km, über das Kraftwerk–Ering–Simbach–Braunau 14 km

Wanderung: Kraftwerk bei Frauenstein–Infozentrum Ering–Naturlehrpfad–über den Damm zurück 2 ½ Std.

Einkehr: Burgschänke Frauenstein, in Ering und Braunau

Variante 2: Rund-Wander-Fahrt von Braunau durchs Vogelparadies

Dieses Mal bieten wir eine wunderschöne Kombination aus Wandern und Radfahren an: Der bayrisch-oberösterreichische Inntalradweg führt uns von der historischen Stadt Braunau über idyllische Buchten bis Frauenstein. Dort biegen wir links ab, überqueren das Kraftwerk und sind schon im bayrischen Ering.

Kurz vor dem Infozentrum führt rechts ein mit roten Punkten markierter und mit Schautafeln versehener Naturerlebnispfad in das Augebiet und auch zu einem Aussichtsturm. Auf der bayrischen Seite radeln wir auf dem Innradweg auch wieder nach Braunau zurück.

Region Innviertel

[108] Kleines Kösslbachtal

Zum „Vier-Viertel-Blick"

Vor vielen Millionen Jahren floss die Donau auf demselben Niveau wie das sie heute umgebende Plateau. Im Laufe dieser Jahrmillionen grub sie sich auf die gegenwärtige Höhe ein. Dasselbe geschah mit den Nebenflüsschen, und so entstanden Täler wie das seit 1969 zum Naturschutzgebiet erklärte Kösslbachtal.

Am schönsten sind die Wanderungen in diesen Tälern im Herbst, wenn die Bäume der Donauleitn ihr rot-braun-goldenes Prachtkleid angelegt haben, oder auch im Frühling, wenn die ersten warmen Sonnenstrahlen das frische Grün der Laubbäume durchstrahlen.

Ausgangspunkt: Donauort Wesenufer, nordwestlich von Eferding, Nibelungen-Bundesstraße bis Wesenufer, Parkplatz bei der Kirche

Gehzeit: Rund 4 Stunden, Rundwanderweg

Schwierigkeit: Familienfreundlich

Einkehrmöglichkeiten: Gh. „Sigl" in Atzersdorf (ca. 2 Stunden Gehzeit)

Besonderheiten: Mitterweg (selten schöner, fichtennadelgefederter Waldweg), Granitblockströme

Region Innviertel

Im Ort **Wesenufer** wandern wir auf dem Treppelweg (hinter der Kirche) und weiter auf der Bundesstraße donauaufwärts bis zur Mündung des **Kösslbaches** in die Donau. Dieses Stück auf Asphalt ist der kleine Wermutstropfen auf dieser Wanderung, doch werden wir dafür reichlich entschädigt!

Bei der Kösslbachbrücke biegen wir links ins Kösslbachtal ein. Eine Forststraße führt uns bis zur Abzweigung „**Mitterweg**" (nicht übersehen!), zu dem wir steil links hinaufwandern. Diesen weichen Waldweg – er führt „mitten" durch die Donauleitn – muss man mit allen Sinnen auskosten, er ist einzigartig in Oberösterreichs Wanderwelt. Immer wieder quert man gewaltige, mit Flechten und Farnen begrünte Granitblockströme, die einige Millimeter pro Jahr hangabwärts „fließen".

In diesem Naturschutzgebiet wird ein Teil „Totholz" genannt: Ein scheinbares Chaos umgestürzter Bäume und herabgefallener Äste, das sich bei Käfern, Ameisen und vielen anderen Kleintieren größter Beliebtheit erfreut! Zahlreiche rare Moose, Flechten, Farne, Pilze und viele Tierarten finden in dieser naturbelassenen Landschaft Lebensraum und Nahrung.

Vom Waldweg wandern wir über die Wiese links zum weißen Hof und auf dem Weg Nr. 5 (nicht nach Schickedt oder Hundorf abzweigen!) geradeaus weiter.

Nach einem kleinen Wäldchen vor dem Ortsschild „**Atzersdorf**" steht links oben auf einer Anhöhe das Bankerl mit dem berühmten **Vier-Viertel-Blick**: Vor uns das Mühlviertel mit Böhmerwald und Ameisberg, Bayern, Schloss Rannariedl, die Donau, das Innviertel mit dem Sauwald, Hausruckviertel, im Traunviertel der bei klarem Wetter erkennbare Traunstein ...

Durch die sanften Hügel und Anhöhen wandern wir auf dem Güterweg weiter über Atzersdorf Richtung **Aichberg**, wo wir auf dem abwechslungsreichen Waldwanderweg Nr. 2 Waldkirchen ansteuern.

Vom alten **Troadkasten** gibt es einen Blick zur Donauschlinge. Ein Rundgang durch den entzückenden Höhenort Waldkirchen schenkt uns einen schönen Blick ins Donautal. Zurück zum Troadkasten, wandern wir von hier aus sanft abwärts auf dem Wanderweg Nr. 1 durch die bewaldete **Donauleitn** zurück zur Ortschaft **Wesenufer**.

[109] Haugstein, 895 m

Der Höchste im Innviertel

Still ist es um den Haugstein das ganze Jahr über, erst wenn genug Schnee für den Wintersport liegt, erwacht er aus seinem Dornröschenschlaf. Aber als höchsten Punkt des Innviertels halten wir ihn auch in der grünen Jahreszeit für besteigenswert. Er liegt im Sauwald, einem Gebiet, das die Donau vom Granit-Hochland des Mühlviertels abgetrennt hat; seinen aus mächtigen Granitblöcken gebildeten Doppelgipfel zieren ein trigonometrischer Punkt und ein neues Kreuz.

Ausgangspunkt: Vichtenstein im Bezirk Schärding, nahe dem Gehöft Kothau, kurz nach der Ortstafel
Gehzeit: 3 Std. Rundwanderweg
Höhenunterschied: 350 m
Einkehr: Gh. in Vichtenstein

Kurz nach der Ortstafel der von **Vichtenstein** nach Süden führenden Straße, nahe dem Gehöft **Kothau,** beginnt am Waldrand die rot-blaue Markierung. Sie führt uns teils auf einem Fahrweg, teils auf einem Pfad zum oberen Rand der Skipiste und zum Gipfel (Weg 702).

Region Innviertel

Haugstein am Doanausteig

In einer halben Stunde steigen wir hinunter zur **„Jagabildkapelle"**.
Sie erinnert an eine schaurige Geschichte aus dem Jahr 1697: Damals „fingen" die Wilderer einen Jäger, statt umgekehrt, und der arme Kerl wurde kopfüber an eine Buche gebunden, an deren Fuß sich ein pulsierender Ameisenhaufen befand. In seiner Not rief der Gefesselte die Gottesmutter an und siehe da, ein Hirsch erschien, zerbiss die Stricke und rettete so den Jägersmann.
Zum „Jagabild" führt von Stadl auch ein Kreuzweg herauf. Wir schwenken scharf nach links auf die Forststraße und marschieren zur Talstation des Liftes. Einige waldfreie Flächen schenken uns schöne Blicke über das Donautal ins Mühlviertel und zum Bayrischen Wald.
Wir halten uns wieder links auf der unmarkierten Christophstraße, passieren einen Gedenkfelsen und wandern über eine mäßige Steigung zur Anstiegsroute und auf dieser wieder zum Ausgangspunkt zurück.

REGION HAUSRUCKWALD

[110] Im Wald der Kinder

Von Hüpfpilzen und Klettergitarren

Wer Kinder hat, kennt auch die lochenden Fragen: „Wann sama denn dort? Is noch weit?" Spätestens dann wissen wir, dass unserem Nachwuchs schlicht und einfach langweilig ist, denn Kinder lieben Spielmöglichkeiten und Abwechslung! Das ist ein Grund, sich auf den Weg zum Hausruck zu machen, denn auf dem Weg von Zell am Pettenfirst durch den Wald der Kinder hinauf zur Pettenfirst Hütte wartet eine ganze Reihe unvergesslicher Abenteuer auf Groß und Klein!

Ausgangspunkt: Zell am Pettenfirst, 550 m, Wallfahrtskirche
Gehzeit: Rundwanderung von 1 ½ Std., 45 Min. zur Pettenfirst Hütte, entsprechende Spielzeiten einplanen!
Höhenunterschied: Ca. 400 m, familienfreundliche Güter- und Waldwege
Einkehr: Pettenfirst Hütte, Gh. Leitner in Zell (Spezialitäten vom Hausruckschwein und typische Hausruck Jausn)

Der Hausruck ist heute ein gepflegter Wirtschaftswald, an dessen südseitigem Ausläufer die Pettenfirst Hütte steht.
Zuerst besichtigen wir die **Wallfahrtskirche von Zell**, immerhin birgt sie einen kostbaren Barockaltar von Thomas Schwanthaler. Bei der Volksschule finden wir einen Infostand, der uns einen ersten Vorgeschmack auf unser Unternehmen gibt. Von hier folgen wir dem Wegweiser, der uns die Richtung zur **Pettenfirst Hütte** angibt. Wir überqueren eine Wiese und wandern zum

Zell am Pettenfirst

Waldrand hinauf. Ein kurzes Stück auf der Asphaltstraße nach links und auf dem Karrenweg zum ersehnten Start – und schon geht's los mit den Entdeckungen: Schwimmende Blätter und Hüpfpilze kreuzen unseren Weg, ein Specksteinnest harrt seiner Entdeckung, hinter einer Hängebrücke wartet der Froschkönig auf seinen erlösenden Kuss. Klar, dass wir den Barfußweg an unsere nackten Sohlen lassen … Wir zweigen links auf den **Mitterweg** ab und steigen wenig später steil zum Kamm des Hausruckwaldes empor. Vorbei an Waldbetten, Windspiel, Klettergitarre und Baumschaukel erwandern wir die Selbstbedienungshütte, ein Einkehrschwung bei moderaten Preisen rundet unseren Erlebnisausflug erst so richtig ab!
Entweder auf demselben Weg zurück oder wir kehren auf die Wegkreuzung im Norden der Hütte zurück und überschreiten den Kamm bis zur Straße nach Thomasroith. Über Kreuth geht es dann links zurück (insgesamt 2 Std.).
Eins steht jedenfalls fest: Egal, wie oft wir diesen Erlebnisweg gehen, es ist immer eine Freude für Groß und Klein!

Region Hausruckwald

[111] Göblberg, 801 m

Vom einzigen Hausruckgipfel ins Land einischaun

Wanderlust an heißen Sommertagen? Kein Problem – auf in den kühlen Hausruckwald! Kilometerweite Wald-, Natur- und Reitwege machen den bestens gepflegten, beinahe unterholzfreien Fichtenwald zu einem Wanderparadies. Wir haben uns die höchste Erhebung, den Göblberg, als Ziel erkoren – dank der 210 intensiven hölzernen Stufen der Aussichtswarte schenkt er uns einen unvergleichlichen Rundumblick übers Land. Wir können ihn von zwei Seiten erwandern, von Pamet oder von Ampflwang, ihn mit dem Mountainbike oder – typischer für dieses Reiterparadies hier – mit dem Pferd erobern.

Variante 1: Walkingstrecke mit Bademöglichkeit von Pramet auf den Göblberg

Ausgangspunkt: Pramet, Badesee, 580 m
Gehzeit: 1 ½ Std. auf den Göblberg, 1 Std. hinunter
Schwierigkeit: Einfache Wanderung auf breiten Wegen
Einkehrmöglichkeit: Gh. Seeklause am Badesee, Gh. Hoblschlag

„Duris Tal bin i glaffm, / auf'm Hügal bin i glegn, / und dei Sunn hat mi trickat, / wann mit gnetzt hat dei Regn."

Oberösterreicher kennen sie – die zweite Strophe der Landeshymne „Hoamatland" des Mundartdichters Franz Stelzhamer. Sein Geburtsort ist Großpiesenham, wir besuchen sein holzschindeltes Geburtshaus auf der Fahrt zu unserem Ausgangspunkt. Schon damals muss diese Gegend eine ganz „gsunde" gewesen sein, wurde doch Oberösterreichs größter Mundartdichter nach einem unsteten Leben im Alter von fast 70 Jahren noch zweimal Vater!

Vom Parkplatz am Badesee wandern wir auf dem Forstweg Windischhub gut markiert immer Richtung „Wirt am Hoblschlag" (Kinderspielplatz, Kellerbier), nehmen dort eine zünftige Jause ein – und erreichen nach diesem kurzen Asphaltabstecher die höchste Erhebung des Hausruckwaldes, den Göblberg. Mehr als 2000 Jahre wurde diese Landschaft vom Braunkohlebergbau geprägt. 2006 wurde auf seinem aussichtslosen, waldbedeckten Gipfel ein 35 m hoher und durch 210 Stufen zu erschnaufender Turm errichtet, der uns den Höhepunkt der heutigen Wanderung verspricht: eine großräumige Rundumaussicht über das gesamte Alpenvorland. Von dieser Warte aus entspricht die Erde dem Weltbild vergangener Jahrhunderte, wirkt sie doch wie eine Scheibe, begrenzt von den Alpen.
Auf dem Rückweg nehmen wir die Asphaltstraße bis zur **Hamingerhöhe**, wo wir links auf einen Schotterweg einschwenken, von dem wir aber gleich wieder auf dem **„Bierweg"** Nr. 375 weiterwandern. Ein historischer Weg, denn auf ihm wurde früher das Bier der Brauerei Zipf auf Ochsenkarren ins Innviertel transportiert. Etwa 100 m geht es durch den Wald bergab, dann treffen wir rechts auf den Romantikweg, der uns zum Badesee von Pramet zurückführt.

Region Hausruckwald

Variante 2: Walkingstrecke mit Fitnessparcour Ampflwanger Göblbergrunde

Ausgangspunkt: Bezirk Vöcklabruck, Reiterdorf Ampflwang, Ortschaft Lukasberg, Fitnesspyramide beim Robinsonclub
Gehzeit: 2 Stunden insgesamt   **Höhenunterschied:** 260 m

Der Göblberg ist von Pramet und von Ampflwang gut zu erwandern, fast immer auf schattigen und gepflegten Naturstraßen oder Waldwegen.

Die Ampflwanger Göblbergrunde beginnt mit einem Aufwärmen bei der Fitnesspyramide, wir nehmen den Forstweg Lukasberg über den Burgstaller Weg rechts abbiegend hinauf zum Göblberg. Sein Aussichtsturm ist fast prototypisch in seiner Konstruktion, erstreckt sich über einen quadratischen Grundriss mit 4 Ecksäulen und ist über eine zweiläufige Treppe zu erreichen. Weiter entlang des Höhenrundwegs bis zur Hoblschlager Straße, rechts einmündend in den Forstweg Schleierberg wandern wir zurück zum Ausgangspunkt.

Variante 3: Mit dem Mountainbike auf den Göblberg

Ausgangspunkt: Kirche in Ampflwang
Streckenlänge: 20 km   **Höhenmeter:** 300 m
Fahrzeit: 1½ – 2½ Std., immer auf dem Ampflwanger Höhenrundweg Nr. 100 auf Asphalt- und Forststraßen

Streckenverlauf: Kirche Ampflwang – bei der Touristinformation links vorbei, über die Brücke 100 m steil bergauf – wir treffen hier auf den Ampflwanger Höhenrundweg Nr. 100, der uns bestens markiert bei 11,6 km auf den Göblberg bringt – Ortschaft Ackersberg links hinunter – Wirtshaus in der Röd – Ampflwang

Ampflwang ist einfach berühmt als **das** Reiterparadies von Oberösterreich. Wir aber greifen heute auf ein anderes „Reittier" zurück, nämlich den alten, bewährten Drahtesel, in die heutige Zeit übersetzt mit Mountainbike. Hier führt der gut markierte Höhenrundweg Nr. 100 von Ampflwang weg. Auch er bringt uns auf die höchste Erhebung des Hausruckviertels, den **Göblberg**. Es ist eine familiengerechte, leichte Strecke.

Region Hausruckwald

[112] Weg der Sinne

Erlebniswelt für große und kleine Kinder

Wenn wir Kinder haben, die nicht so gerne wandern, dann auf zum Weg der Sinne, denn dort sind Abwechslung und Aktivität groß geschrieben, sodass keine Langeweile aufkommen kann!
Nach den Ideen des Pädagogen und Philosophen Hugo Kükelhaus wurde hier 2001 ein 3 km langer Erlebnisweg mit 30 Stationen geschaffen, der uns universale Gesetzlichkeiten wie Schwingung, Schwerkraft, Polarität am eigenen Leib erfahren lässt. Unsere oft schon recht verkümmerten Fähigkeiten zur Sinneswahrnehmung erhalten neue Impulse – und wir vielleicht eine neue Lebensqualität. Der Pfad ist ganzjährig und kostenlos zu begehen, die Beschilderung ist sogar in Blindenschrift abgefasst. Eine einzigartige Sache in Österreich!

Ausgangspunkt: Haag am Hausruck, 505 m,
P bei der (ehemaligen) Talstation der Sommerrodelbahn

Gehzeit: Weg der Sinne 3 km – wir rechnen mit 1 ½ – 2 Std., 2 Std. zurück auf dem Waldlehrpfad

Schwierigkeit: Familienfreundlich, rutschig bei Nässe

Höhenunterschied: 400 m

Einkehr: Waldschänke auf der Luisenhöhe

Unser Weg startet bei der Talstation der (ehemaligen) **Sommerrodelbahn** oberhalb des Ortes und wird nun zum **sinnlichen Erlebnis** für Eltern und Kind: Wir erspüren, fühlen und genie-

Region Hausruckwald

Weg der Sinne

ßen gemeinsam die Natur und ihre Gesetzlichkeiten. Von der archimedischen Schraube geht's zum Labyrinth, optische Scheiben, ein Wasser-Prisma, das Drei-Zeiten-Pendel, die Balancier-Scheiben, Impuls-Kugeln und Schwingseile verkürzen uns den Weg bis zum **Aussichtsturm** auf der Luisenhöhe. Die hölzerne Plattform in 33 Meter Höhe schenkt uns einen Panoramablick vom niederösterreichischen Ötscher bis zum Salzburger Untersberg, vom Innviertel bis zum Zentralraum. In einer Runde geht's auf dem Weg der Sinne zurück und selbst wenn die Rodelbahn nicht mehr in Betrieb ist, so haben wir einen „sinn-erfüllten" Wandertag mit viel Freude und Spaß hinter uns.

Partnerschaukel und Hörtrichter, Summstein und Klangstation begeistern nicht nur Kinder!

In der Waldschänke mit Kinderspielplatz gönnen wir uns eine Rast. Hier beginnt auch der Hausruck-Höhenweg (64 km), der aber für heute doch etwas zu weit ist! Wir wandern nur den ersten Abschnitt, der uns über den **Wald** und sein Leben **informiert**, Laubmauer, Funkturm, Baum-Telefon, Baumgalerie, Lebensnetz, Barfuß-Parcours und eine Duftorgel verkürzen uns den Weg bis zur Aussichtswarte mit ihren 156 Stufen. Ein Stück weiter zweigt der **Waldlehrpfad Symbrunn** ab, er führt uns mit weiteren 16 Stationen wieder auf den Weg der Sinne zurück. Vielleicht flitzen wir auf der Sommerrodelbahn zum Ausgangspunkt zurück, auf jeden Fall haben wir einen „sinn-erfüllten" Wandertag mit viel Freude und Spaß hinter uns!

REGION MÜHLVIERTEL / DONAUTAL

[113] Kerzenstein

Wildromantische Schlucht

Das Naturschutzgebiet Pesenbachtal beinhaltet die wohl schönste Schlucht des Mühlviertels: Moosbewachsene Granitblöcke in und um das Bachbett, besonders zur Schneeschmelze und nach Gewittern tosende Wasser, wildromantische Abschnitte mit den Namen „Blaue Gasse", „Blauer Tümpel", „Steinernes Dachl" erfreuen uns als natürliche Sehenswürdigkeiten.
Im „Teufelsbottich" soll der Satan einmal beim Goldwaschen vom ersten Hahnenschrei überrascht worden sein, und seither wird insbesondere zu Hochwasserzeiten das Gold aus seinen unterirdischen Lagern hochgeschwemmt …
Im Sommer laden Tümpel zum Baden ein – es ist ein Gebiet, das zum Verweilen einlädt.

Ausgangspunkt: Bad Mühllacken östlich von Aschach an der Donau, P links hinter dem Kurhaus
Höhenunterschied: 100 m
Gehzeit: Gut 3 Std.
Einkehr: „Schlagerwirt", Jausenstation „Fürstberger"

Der 12 m hohe Kerzenstein

Variante 1: Über die „blaue Gasse" zum „Teufelsbottich"

Vom **Kurhaus** folgen wir dem bestens markierten Weg durch die Schlucht auf den Kerzenstein, eine 12 m hohe, schlanke Granitsäule – geologisch gesehen eine Wollsackverwitterung, die durch Erosion entstanden ist –, die die Auszeichnung „Naturdenkmal" erhielt.
Um die wirklich romantische Schlucht voll auszukosten, sollte man von den beiden Jausenstationen jeweils wieder zum **Pesenbach** hinunterwandern. Um die Wanderrunde zu schließen, wählen wir nach dem „Gipfel" des **Kerzensteins** den Weg mit der Bezeichnung „**Donaublickweg**". Ob wir die kürzere oder längere Variante einschlagen, ist unserer Wanderlust überlassen.

Variante 2: Rundwanderung nach St. Martin

Erholung beginnt oft erst dann, wenn wir uns genügend Zeit zum schauenden Wandern nehmen und uns den Alltagsfrust so richtig von der Seele gehen können. Da kommt die gemütliche Ganztagswanderung nach St. Martin gerade recht. Wir folgen der Markierung „Kerzensteinweg" und „Pesenbachtalweg" und achten speziell bei den verschiedenen Wegkreuzungen auf die Markierung, da sie teilweise verwachsen ist.

Region Mühlviertel / Donautal

[114] Rannatal / Ruine Falkenstein

13-Furten-Weg

Noch ist dieses Gebiet Naturschutzgebiet, doch es ist zu befürchten, dass das Rannatal den Kraftwerk-Erweiterungsplänen der Stromwirtschaft zum Opfer fällt! Also tauschen wir Straßenlärm gegen Wassergeplätscher, bevor es den Fluten eines erweiterten Stausees weichen muss.

Ausgangspunkt: Donauuferstraße Linz–Passau bis Wesenufer, über die Donaubrücke nach Niederranna, von dort 1,5 km flussaufwärts, Parkplatz links nach der Rannabrücke

Gehzeit: 3–4 Stunden Rundwanderweg

Schwierigkeit: Familienfreundlich; in Regenzeiten und nach Gewittern entsprechendes Schuhwerk wählen, da 13 Furten durchwatet werden müssen

Einkehrmöglichkeit: Gh. „Zur Post" in Altenhof

Besonderheiten: Eintauchen ins bewaldete Rannatal; beschattete, schöne Waldwanderung im Einklang mit Kultur und Natur

Tipp: Zartgrünes Blatterwachen im Frühling, kühles Wandern im Sommer, flammendes Blättermeer im Herbst

Weitere Möglichkeiten: Von der Rannatalsperre können wir in gut 2 Stunden den Rannastausee umwandern: Kneippanlagen und Waldlehrweg am Ostufer, naturbelassener Pfad am Westufer, Einkehrmöglichkeiten in Oberkappel; ideal für Jogger

269

Schloss Rannariedl und Donautal

Wir folgen der Markierung „**Falkensteinerweg 110**" und wandern bei der alten Holznägelfabrik rechts über die Brücke die Rannaleitn hinauf. Dieser Waldweg entpuppt sich als Höhenweg. Die 1163 erstmals erwähnte **Burgruine Falkenstein** versetzt uns in alte Zeiten zurück: gotisches Portal, Rundbögen, rechts oberhalb der gut erhaltene **Wasserturm** – er ist über eine Leiter sogar zu erklimmen. Vorbei am sagenhaften **Dreisesselstein** entsteigen wir dem Blätterdach und erreichen in Kürze **Altenhof**. Vom dortigen Schloss – es lädt zu einem Rundblick ein – rechts die Straße abkürzend zur **Hofmühle** hinunter, wo der originelle „Leitungsweg" beginnt. Um alle Gewässer zur Stromerzeugung zu nützen, hat man hier ein Bächlein in einer Röhre gefasst, um es auf einen langen Rutsch in den Rannastausee zu schicken. Über Brücklein und Tunnel wandern wir bis zur **Teufelskirche** bei der Ranna-Staumauer.

Von der Dammkrone steigen wir abwärts und tauchen ins fast urwaldartige **Rannatal** ein. Blockströme, die immer noch in Bewegung sind, und knallgelbe Schwefelflechten ziehen unsere Aufmerksamkeit auf sich.

13 Furten laden zu mehr oder minder freiwilligen Abkühlungen unserer heiß gelaufenen Füße ein. Wenn wir auf dem breiten Karrenweg die Holznägelfabrik wieder erreicht haben, schließt sich der Kreis unserer Wanderung im üppigen Rannatal.

Region Mühlviertel / Donautal

[115] Schlögener Schlinge
Donau-Nadelöhr und Steig-Gustostückerl!

Jeder Oberösterreicher hat in seiner Schulzeit schon von der legendären Schlögener Schlinge gehört. Hier hat sich der Granit als unüberwindbarer Gegner erwiesen und den gewaltigen Fluss zu einem Richtungswechsel von 180 Grad gezwungen, der auch für die Donau-Schifffahrt zur äußerst gefährlichen Passage wurde! Für Wanderer und Radfahrer ist das einer der schönsten Talabschnitte der Donau, gewürzt mit reizenden Aussichtsplätzchen und einem Naturlehrpfad in einer fast unberührten Donaulandschaft.

Ausgangspunkt: Niederkappel, entweder über Ottensheim oder über die Donaubrücke bei Wesenufer erreichbar. Parkplatz beim „Mühlviertler Dom"

Gehzeit: Rund 6 Stunden (20 km) auf Straßen, Wiesen- und hauptsächlich Waldwegen

Schwierigkeit: Leichte Wanderung, die Ausdauer erfordert. Kinder bei der Ruine Haichenbach und auf dem Weg „entlang" der Donau an die Hand nehmen.

Einkehrmöglichkeit: Jausenstation „Pumberger" in der Donauschlinge, „Grafenauer-Hof" (Kinderspielplatz)

Besonderheiten: Waldweg bei der Ruine Haichenberg, den die Donau flankiert; reizender Donauuferweg (1½ Stunden, Naturlehrweg) über Stiegen und Brücken mit vielen Auf und Abs

Variante 1: Durch Schlögener Schlinge und Donauleiten – für Normalwanderer

Von der Kirche abwärts wandern wir auf dem gut markierten Weg (entweder als **Donauschlingenweg** oder **Donauhöhenweg** bezeichnet) auf zum Teil (leider) asphaltierten Güterwegen an den drei kleinen Ortschaften Weikersdorf, Nieder- und Oberbumberg vorbei bis zum Bankerl beim Donauschlingenblick **Ramasdobel** (rund 1 Std.).

Bei der restaurierten **Ruine Haichenbach** steigen wir auf den Turm hinauf. Er fungiert als Aussichtswarte, wie es wohl kaum eine im Donauraum gibt. Nirgendwo sonst sieht man die Donau sowohl links als auch rechts von sich!! Von der Ruine leitet uns ein schmaler Waldweg die steile Donauleiten hinunter zum Donaustrom. Immer wieder eröffnen sich reizvolle Ausblicke auf das zu beiden Seiten (!) träge dahinfließende Gewässer. Selten haben wir so schöne Moospolster gesehen wie hier entlang dieses schmalen Weges.

Eine Einkehr hinauf zur **Jausenstation Pumberger** haben wir uns verdient. Hier endet auch bald der Treppelweg, alle Radfahrer müssen mit der Fähre ans andere Ufer, sodass wir als Wanderer ganz allein in den Genuss des folgenden **Naturlehrpfades** (Höhenweg) kommen.

Er setzt mit seinen ständigen Höhenunterschieden einige Kondition voraus, führt er doch durch die steile und felsige Donauleiten, die mit Eisenstiegen, Stegen und Stahlgeländern zugänglich gemacht wurde. Es ist dies eine der wenigen von Menschen beinahe unberührten Naturlandschaften außerhalb der Alpen – immer parallel zur Donau, ein Pfad in einem der bezauberndsten Talabschnitte der Donau.

Variante 2: Donau-Naturlehrpfad – für Kurzwanderer

Hier picken wir uns das Gustostückerl aus dem Angebot heraus! Von **Obermühl** an der Donau können wir in 1½ Std. den Höhenweg (= Naturlehrpfad) begehen, von der Jausenstation geht es mit der Längsfähre zurück nach Obermühl. Genaueres siehe unter Variante 1.

REGION OBERES MÜHLVIERTEL

[116] Auf den Sternstein, 1122 m

Aussichtsreiche Sternstunden im Grenzland

Der Sternstein ist ein altes Pflichtziel, eine schattige Waldwanderung durch Himbeer- und Brombeerschläge und mit einem kaiserlichen Aussichtsturm als Belohnung. Die 67 m hohe steinerne Warte wurde 1898 anlässlich des 50. Regierungsjubiläums Kaiser Franz Josephs I. erbaut. Sie beschenkt uns mit einem weiten Blick über ganz Oberösterreich und Teile Tschechiens: vor uns die sanften weiten Wiesen des Mühlviertels, durchbrochen von Waldschöpfen, malerisch hingestreuten Häusern und Siedlungen, die Alpenkette mit Ötscher – Gesäuse – Dachstein – Watzmann – Windpark begrenzt den größten Teil des phänomenalen Ausblicks, Moldaustausee – Temelin in Tschechien vervollständigen die Runde.

Ausgangspunkt: Bad Leonfelden, Waldschänke / Sternstein, 950 m
Gehzeit: Rundwanderung von insg. 1 ½ Std. mit Beeren-Jausenpause
Schwierigkeit: Leichte Waldwanderung mit prachtvollem Rundblick, nur bei Fernsichtwetter!
Höhenunterschied: 172 m

Region Oberes Mühlviertel

Auf dem Weg zum Sternstein

Von der **Waldschänke** im Norden von Bad Leonfelden wandern wir auf breitem, gut markiertem Weg zum **Sternsteingipfel** hinauf. Die 112 Stufen auf seinen Turm erklimmen wir leichtfüßig auf einer gemauerten Wendeltreppe, deren Fenster immer wieder überraschende Fotoblicke in die Umgebung schenken.
Für den Rückweg suchen wir uns den Waldweg links hinter dem Turm, er führt uns gesäumt von Himbeer- und Heidelbeersträuchern talwärts. Wir queren 2 Straßen, folgen bei der 2. Forststraße der Wegmarkierung nach links und kommen zum **1000 m-Platzerl** mit Quelle, dem **Du-Stein**. Jetzt ist der richtige Zeitpunkt, unseren Wandergefährten noch schnell das Du-Wort anzutragen, denn oberhalb von 1000 m gibt es keine förmliche Sie-Anrede, wir sind alle per Du. Auf dem Forstweg durch den Wald wandern wir bis zur Abzweigung, dort geht's rechts hinunter zur Schenke, die uns mit einem vielseitigen Speisenangebot und einem schönen Blick übers Land labt. Abgerundet wird unser Ausflug durch einen Besuch des wirklich sehenswerten Schulmuseums in Bad Leonfelden. Und falls die Schulerinnerungen zu bedrückend waren, bringt uns der würzige Leonfeldner Lebkuchen wieder in die richtige Stimmung.

[117] Die Ameisbergwarte

Auf den Spuren Norbert Hanrieders

Die Ameisbergwarte ist auf das unermüdliche Wirken des Mundartdichters Norbert Hanrieder zurückzuführen, der mit ihrer Errichtung 1904 wichtige Impulse für die wirtschaftliche Entwicklung des Mühlviertels setzte. Der romantische Bergturm ist im Sommer meist geöffnet. Eine Wendeltreppe mit 135 Stufen führt auf die Plattform mit der eindrucksvollen Rundsicht.

Ausgangspunkt: Oberes Mühlviertel; Linz– Ottensheim– Pfarrkirche Putzleinsdorf (603 m)

Gehzeit: Gut 4 Std.

Schwierigkeit: Leichte Wanderung auf kaum befahrenen Straßen, Wiesen- und Waldwegen

Höhenmeter: Rund 400 m

Einkehrmöglichkeit: Café-Gh. „Ameisbergwarte": An Wochenenden und Feiertagen geöffnet

Besonderheiten: Altehrwürdige Aussichtswarte aus dem Jahr 1904, 360-Grad-Panorama von der Plattform des schwindelnd hohen Steinturms

Von der **Pfarrkirche** weg wandern wir durch die enge Gasse abwärts zur Straße und auf dem ersten Güterweg rechts durch schöne Obstgärten zum Daglesbach hinunter. Bis Pfarrkir-

Region Oberes Mühlviertel

Von der 24 m hohen Ameisbergwarte sieht man 70 Kirchen

chen halten wir uns an die blauweiße Markierung. Nachdem wir den Rundblick genossen haben, suchen wir den Friedhof, an dessen Nordseite der Weg zum Ameisberg beginnt (gelbe Markierung). Wir folgen dem breiten Wiesenweg zum nahen Wald hinauf und genießen immer wieder die wunderbare Aussicht. Wandern wir anfangs durch fast schütteren Mischwald, so kommen wir nun immer tiefer in die ausgedehnten Wälder. Mitten im Wald steht auf einer winzigen Lichtung das **Lutzenkreuz**, ein einfaches Marterl. Nun geht es abwärts und bald erkennen wir die auf einem breiten, bewaldeten Rücken liegende Aussichtswarte auf dem Ameisberg. Über einen sanften Hügel wandern wir zur Straße und dann direkt durch den Wald zur Warte hinauf, von wo aus man einen weiten, wunderschönen Blick auf das ausgedehnte Hügelland genießt. Bei klarem Wetter sieht man vom Passauer Wald über den Böhmerwald bis zur Donau, den Abschluss bildet die Alpenkette.

Hinter der Warte befindet sich eine Kapelle, dazwischen liegt ein von einer mächtigen Buche beschatteter 2 m hoher Felsblock – die sagenumwobene Teufelskanzel.

Nun führen gleich 2 Wanderwege gemeinsam nach Putzleinsdorf zurück: der Mittellandweg 150 und der Hanriederweg. Es geht durch den Wald abwärts nach Hohenschlag, zum Steiningerhof, Güterweg Wulln, aufwärts zur „Bründlkapelle", wo wir uns mit heilkräftigem Wasser stärken. Entlang des Kreuzweges erreichen wir wieder der Marktplatz.

Region Oberes Mühlviertel

[118] Guckerweg

Gucker-Freuden im „Meran des Mühlviertels"

Wenn man uns Wanderer schon nicht mit Gipfelglück ins Mühlviertel locken kann, muss man sich etwas anderes einfallen lassen. Und daher hier ein Kompliment an die Mühlviertler Touristik: An Einfallsreichtum fehlt es wirklich nicht. Dieses Mal befinden wir uns im „Meran des Mühlviertels". Diesen Beinamen verdankt die Marktgemeinde ihrer Ausrichtung nach Süden und der geschützten Lage. Und tatsächlich sind die Temperaturen hier höher als im sonst eher rauen, oft vom böhmischen Wind heimgesuchten Granitland. Von hier ausgehend wurde der Guckerweg kreiert: An den schönsten Plätzen wurden verschiedene Fernrohre (= Gucker) aufgestellt, um die landschaftlichen Glanzpunkte auf der Wanderung herauszuheben. Es ist eine sanfte Runde im Tal der Kleinen Mühl und über aussichtsreiche Anhöhen wie den Schifflerberg.

Ausgangspunkt: Julbach, 589 m, Ortschaft nordwestlich von Rohrbach; P bei der Pfarrkirche oder beim „Nah und frisch"

Gehzeit: 3 ½ Std.

Schwierigkeit: Familienfreundlicher, bestens markierter Rundweg auf Güter-, Fels- und Wiesenwegen

Höhenunterschied: Etwa 200 m

Einkehr: Gh. in Julbach, Vorderschiffl und Niederkraml

Tipp: Wenn wir schon in dieser Gegend sind, könnten wir auch den besonderen Kalvarienberg mit seinem 10-Gebote-Weg „besteigen".

Vor der Pfarrkirche finden wir das erste gelbe Wegschild, informieren uns an der Tafel mit den Guckstationen und wandern den Wiesenpfad abwärts zur gerade erst „geborenen" Kleinen Mühl. Am **„Julbachblick"** und **„Böhmerwaldblick"** vorbei, steuern wir den **„Blick auf die Streusiedlung Heinrichsberg"** an, der mit seinen 752 m höhenmäßig der „Gipfel" unserer Gucker-Freuden ist.

Vielleicht gönnen wir uns in Vorderschiffl eine Rast beim Kohlbauern. Weiter geht's zum **„Zwischenmühlrücken-Blick"**, 2 Std. bisher. Über schmale Feld- und Güterwege durch Wald abwärts zum Biobauernhof Lindorfer (Bauernmuseum) und weiter zum **„2-Gemeinden-Blick auf Julbach und Peilstein"** und kurz darauf der ruhige **„Blick ins Tal der Kleinen Mühl"**.

Über die Mühltalstraße erwandern wir uns die letzte Guckerstation, die uns Julbach von der anderen Seite präsentiert. Auf dem romantischen Saumweg, der einst eine wichtige Handelsstraße war, erreichen wir wieder Julbach. Vielleicht bleibt noch Zeit zum Besichtigen des **Skulpturenparks bei der alten Volksschule**, in dem Werke des Julbacher Bildhauers Erwin Reiter ausgestellt sind. Haben wir uns auch noch im **Popp-Garten** an den exotischen Pflanzen und Obstbäume erfreut, können wir zufrieden den Heimweg antreten.

[119] Moldaublickweg

Hügeliges Mühlviertel mit Böhmerwaldblick

Wandert man gerne abwechselnd auf Wald-, Schotter-, Wiesenwegen und Straßen durch sanft hügeliges Mühlviertel und durch Hochwald, möchte man einmal einen übersichtlichen Blick über den Böhmerwald haben, gleichzeitig ein bisschen in dessen wirtschaftlicher und kultureller Vergangenheit schnuppern und auch noch etwas über den Wald allgemein dazulernen, so ist man mit dieser Wanderung gut beraten.

Ausgangspunkt: Bezirk Rohrbach, Ulrichsberg – Marktplatz

Gehzeit: Rundwanderweg 1: etwa 4 Stunden (16 km), Ulrichsberg–Lichtenberg–Schöneben (Grenzübergang nach Tschechien)–Moldaublick–Hinterberg–Ulrichsberg

Rundwanderweg 2: gemütliche 2 Stunden länger, über Schöneben (beliebtes Ausflugsziel)–Heimatvertriebenenkirche–Sonnenwald

Schwierigkeit: Familienfreundlich

Einkehrmöglichkeiten: Tannenhaus beim Moldaublick – Spezialitäten Bauernkrapfen und Roggenbier (einzigartig in Österreich!)

Besonderheiten: Weiter Ausblick vom Moldauturm (24 m, ein ehemaliger Ölförderturm) über den gesamten Böhmerwald und den Moldaustausee; Waldschule

Tipp: Bestens zum Radfahren geeignet

Region Oberes Mühlviertel

Moldaublick Stauseen

Da die gesamte Wanderroute gut gekennzeichnet ist, erübrigt sich eine detaillierte Beschreibung. Wählt man die längere Variante, so wandert man ein Stück am Schwarzenberg'schen Schwemmkanal entlang, der an dieser Stelle allerdings eher an ein träges Gewässer erinnert als an das wirtschaftlich-kulturelle Denkmal.

52 km lang schwemmte man auf ihm Holzscheiter von Böhmen über die Große Mühl in die Donau. Dort wurden sie auf Schiffe verladen und nach Wien und Budapest transportiert, wo sie im Winter die Wohnungen der Großstädter wärmten.

Erwähnenswert ist auch die „sterbende Ortschaft" Sonnenwald direkt an der Grenze. Schautafeln berichten über den Schwemmkanal und die Glaserzeugung.

Region Oberes Mühlviertel

[120] Um den Plöckenstein, 1379 m
Auf Adalbert Stifters Spuren

Im nördlichsten Zipfel von Oberösterreich sind wir heute grenzüberschreitend, aber auch traditionell österreichisch unterwegs. Schon Adalbert Stifter setzte dieser Landschaft ein Denkmal in seinen Romanen, seine Verehrer wiederum dankten ihm mit dem Stifter-Obelisken hoch über dem Plöckensteinersee, der ihm zu Ehren 1876 an einem der schönsten Aussichtspunkte in den Hochwald gesetzt wurde.

Auch entdecken wir auf dieser Tour einige wunderschöne Kilometer des Schwarzenberg'schen Schwemmkanals. Das 1789–1824 errichtete technische Kunstwerk diente vor allem der Brennholzversorgung der Stadt Wien und leitete die Holzscheite 52 km bis an die Donau hinunter, von wo sie dann ihre Flussfahrt nach Wien antraten.

Nicht zuletzt berühren wir mit dem Plöckensteinersee „Das Auge Gottes", wie Stifter es formulierte, und erfreuen uns entlang des Kanals an den literweise wachsenden Heidelbeeren und den Herrenpilzen.

Variante 1: Auf den Plöckenstein über den Plöckensteinersee
Gehzeit: Rund 5 Std., Ausdauer erforderlich, Walkingstöcke einpacken!

Ausgangspunkt: Ulrichsberg, Jugendheim und Gh. in Holzschlag (Achtung, Abzweigung nicht übersehen: kurz vor den Liften auf den Hochficht scharfe Linkskurve!)
Gehzeit: Je nach Variante
Schwierigkeit: Ausdauer erforderlich
Einkehrmöglichkeit: Tschechische Mini-Jausenstube „Hirschröhren" (Budweiser Bier)
Besonderheiten: Wandern im berühmten Hochwald Adalbert Stifters, Schwemmkanal, Ausblick vom Stifter-Denkmal

Eine Forststraße führt uns in angenehmer Steigung bis zur kleinen Grenzstation 1/10 hinauf. Auf asphaltiertem Weg wandern wir – nun schon in Tschechien – weiter zur Jausenstation „Hirschröhren", dann auf jeden Fall 10 Minuten geradeaus weiter zum Schwarzenberg'schen Schwemmkanal, das „(s)achte Weltwunder". Die Schwemme in Österreich wurde bis 1916 betrieben, die in Böhmen immerhin bis 1962.

Plöckensteinersee

Zurück zur Mini-Jausenstation, nehmen wir das Sträßchen Richtung Westen zum **Plöckensteinersee**, auf tschechisch „**Plechy**". Die Stimmung um den dunklen Waldsee mutet mystisch an; ein romantischer Waldweg führt uns – gesäumt von riesigen Farnwedeln – durch den berühmten Hochwald zum **Stifter-Denkmal**. Die eindrucksvollen Tiefblicke hinunter und weit hinaus in die böhmische Landschaft lohnen den steilen Anstieg. Etwas geschmälert wird die Aussichtsfreude vom Zustand des Hochwaldes: silbrig glänzende, nackte Stämme zeugen von der katastrophalen Zerstörung durch Borkenkäfer.

Durch hochmoorartige Naturlandschaft wandern wir weiter zu den aufgeschichteten Granitblöcken des **Plöckensteingipfels** und von dort durch den weiterhin völlig naturbelassenen Hochwald bis zur Abzweigung. Hier nehmen wir entweder den direkten Steig entlang der Grenze oder den längeren, genau markierten Weg Richtung Grenzstein 1/10 und zurück zum Ausgangspunkt.

Region Oberes Mühlviertel

Variante 2: Schwemmkanal Plöckenstein – Biken und Wandern

Ausgangspunkt: Siehe Seite 281
Fahrzeit: 2 ½ Std., 33 km, 650 Höhenmeter
Anforderungen: Leichte Radtour auf teils guten, teils geschotterten Forststraßen, auch mit dem Trekkingrad problemlos zu fahren
Einkehr: Imbisshütte, Jst. in Jeleni
Wanderung: Vom Plöckensteinersee können wir zu Fuß über den Stifter-Obelisken auf den Plöckenstein wandern, 1379 m

Auf der ansteigenden Forststraße fahren wir zur kleinen Grenzstation hinauf. Recht flott erreichen wir nach der Imbissstube den Schwarzenberg'schen Schwemmkanal. Links haltend radeln wir an einem der schönsten Streckenabschnitte dieses technischen Meisterwerks in Richtung Jeleni (Museum). Vorbei am **Hirschbergtunnel** geht es nach ca. 2 km links abzweigend hinauf zum **Plöckensteinersee**.

Schade wäre es, hier nicht auf die Wanderschuhe umzusteigen. Denn der berühmte **Hochwald** Adalbert Stifters, der uns zu seinem Denkmal und gleich noch weiter auf den **Plöckensteingipfel** führt, rundet unsere Tour erst so richtig ab.

Wieder zurück beim See nehmen wir zuerst wieder die Plöckensteinerseestraße, beim überdachten Rastplatz folgen wir der Radwegmarkierung 51. Bei der Imbissstube schließt sich unsere Runde, wir treten noch einmal kräftig in die Pedale hinauf zur Grenze und lassen das Rad zu unserem Auto auslaufen.

REGION UNTERES MÜHLVIERTEL

[121] Durchs Thurytal

Im Tal der Hämmer

Bei einer Umfrage unter Mühlviertler Wanderern über die schönsten Ziele in ihrer Heimat war immer auch das Thurytal dabei. Es ist ein Teil des Geschichts- und Kulturwanderweges mit dem Namen „Gewerbe am Fluss" und führt uns über 50 km von Pregarten durchs wildromantische Feldaisttal über Kefermarkt, Freistadt und grenzüberschreitend bis Kaplice. Das wäre für heute doch ein bisschen viel, darum haben wir uns auf das Thurytal beschränkt.

Die Familie Thury war Namensgeber für das „Tal der Hämmer", sie beschäftigte in der Blütezeit mehr als 20 Schmiede, die in der Sensenerzeugung tätig waren. Um 1850 begann mit der Industrialisierung auch der Niedergang der Thuryhämmer, aber wir können noch einen auf unserer Wanderung besichtigen.

Ausgangspunkt: Freistadt, 660 m, Böhmertor
Gehzeit: 3–4 Std.
Schwierigkeit: Familienfreundlich
Höhenunterschied: Etwa 200 m
Einkehr: Gasthäuser in Freistadt, St. Peter

Vom **Böhmertor** im Stadtzentrum spazieren wir ein Stück die Stadtmauer entlang nach Osten Richtung St. Oswald, überqueren bei der **Finsteren Promenade** die Feldaist und biegen links

Thurytal

in den **Graben** ab. Durch die alte Vorstadt Hafnerzeile folgen wir der Markierung „gelbes Wasserrad auf blauem Hintergrund" ins **Thurytal** hinein. Unterhalb der steilen Hammerleiten geht's vorbei am sagenumwobenen **Teufelsstein**, nach einer Steigung geht es rechts zur Neumühle hinunter. Wir bleiben bei der Brücke links vom Fluss und wandern weiter zur **Kropfmühle**. Der Weg „Gewerbe am Fluss" würde uns nun bis Kaplice weiterführen, wir aber verlassen ihn hier und schwenken links auf einen alten, unmarkierten (!) Waldweg ein. Wir gehen entlang des kleinen Baches und kurz weglos bis zum oberen Waldrand und erreichen von dort auf einem Feldweg die Ortschaft mit dem originellen Namen **Vierzehn**. Nach dieser Ansiedlung zweigt der Weg Nr. 2 rechts ab, durch den Wald erwandern wir die Ortschaft **Dreißgen** – die Mühlviertler haben's hier aber mit den Zahlennamen – und über die Dreißgenhöhe, vorbei am Truppenübungsplatz nach **St. Peter.** Immer wieder ausgiebige Blicke auf das mittelalterliche Freistadt, besonders aber von dem höher gelegenen St. Peter mit seinen zwei Kirchen, das schon seit dem 14. Jh. als Kultstätte bekannt ist. Einen ganz besonderen Blick eröffnet uns ein fensterartiger Bogen im östlichen Teil der Umfassungsmauer: Ganz Freistadt liegt uns zu Füßen! Entlang des **Kreuzweges** wandern wir wieder hinunter in das Zentrum der reizvollen Bezirkshauptstadt mit dem mittelalterlichen Stadtkern.

[122] Klammleitenbach
Wildromantisches Gesamtkunstwerk

Schon die Ortschaft Königswiesen ist attraktives Ziel eines Tagesausflugs: Dreimal wurde es zum schönsten Blumenort gewählt, das Schlingrippengewölbe in der gotischen Kirche mit seinen 480 Feldern ist ein heißer Tipp für Gotik-Freaks, die wieder errichtete Holzschwemme lädt alljährlich zum Schauschwemmen, Mythen und Sagen bezaubern uns in einer Urlandschaft von wildromantischer Schönheit!

Ausgangspunkt: Königswiesen, 590 m, Marktplatz
Gehzeit: 9,5 km Rundweg, 3 Std.
Höhenunterschied: 310 m
Schwierigkeit: Mittelschwere Wanderung
Einkehr: Gh. in Königswiesen, Wirt auf der Hoad

Vom Marktplatz in **Königswiesen** wandern wir nordwärts, überqueren den Klammleitenbach, nach dem unser Wanderweg benannt ist. Gleich nach der Brücke zweigen wir links ab und wandern auf der rechten Bachseite bis zum **Kraftwerk Ebner**. Bis hierher könnte man auch mit dem Auto fahren. Steil geht es hinauf, über den Waldsaumweg zum Hochwald, wo uns die Waldandacht unter der Einsiedelmauer einlädt. Und spätestens jetzt fällt uns die Stille auf und wir fragen uns: Wo ist der

Klammleitenbach geblieben? Kein Wasser zu sehen, geschweige denn zu hören!

Schuld daran ist laut Legende eine unfassbar reiche, aber geizige Müllerin, die alle Armen ohne jede Gabe wegschickte und als Strafe in ein schwarzes Schwein verwandelt wurde. Gleichzeitig verwüstete ein schweres Gewitter die ganze Gegend, die Mühle versank unter Krachen und Tosen, Felsen wurden aufgeworfen – die Klammleiten entstand. Das Wasser verschwand in der Erde– bis heute rinnt es unterirdisch unter den großen Steinblöcken zu Tal.

Holzriese im Klammleitenbach

Darum musste man in diesem Bereich für das Schwemmen der Scheiter eine sogenannte „Gefluder", eine Holzrutsche, bauen, die jedes Jahr im Sommer zum Schauschwemmen einlädt. Nach der **Teufelsmühle** zweigt rechts der Steig ab zur Bundesstraße, von wo aus wir in gut ½ Std. nach Königswiesen zurückwandern können.

Noch schöner aber ist es, beim **Coburg-Bründl** auf dem Steig rechts zum „Gefluderkopf" (E-Werks-Einlauf) zu gehen, dort überqueren wir die Wehranlage und wandern in einer ½ Std. nach **Haid** (Ortschaft mir gezählten 13 Häusern!), wo uns der Wirt auf der Hoad zu Mühlviertler Gschmankerln verführt. Zurück über den Wanderweg **Aumühle**.

[123] St. Thomas am Blasenstein
Bei Rückenschmerzen – Bucklwehluck'n
Es gibt viele Beweggründe zum Wandern, aber selten eine so heilsame Wanderung wie diese: unterhalb der Wallfahrtskirche befindet sich der Durchkriechstein, ein rundlicher Granitkoloss. Der Legende nach streift man beim Durchkriechen durch seine Lucken Schuld und damit Krankheiten ab – und kann sich gesund und wie neu geboren auf den weiteren Lebensweg machen. Diese Tradition dürfte bis in die Urgeschichte zurückreichen. Aber in unserem Zeitalter der Rückenbeschwerden bitte gut überlegen, ob unser Kreuz den Verwindungen beim Durchkriechen überhaupt gewachsen ist ...

Ausgangspunkt: St. Thomas am Blasenstein, 722 m
Gehzeit: 3–4 Std., Wanderweg 4
Höhenunterschied: Etwa 300 m
Einkehr: In St. Thomas

St. Thomas am Blasenstein ist mit seinen neun Wanderungen, seiner einzigartigen Hochlage und seinen merkwürdigen Raritäten aus jeder Lage von OÖ eine Anreise wert! Unser erster Weg führt uns in die kleine romanische Kirche, die sich an die Kuppe des Blasensteins schmiegt. In ihrem Untergeschoß weiter links besuchen wir den natürlich **mumifizierten Leichnam** des im 18. Jh. verstorbenen Geistlichen Franz Xaver Sydler, den die Mühlviertler etwas respektlos „luftg'selchten Pfarrer" nennen.

Nach unserem mystisch-düsteren Gruftbesuch steigen wir über die geheimnisvolle Steinstiege hinauf auf den „Gipfel" des sogenannten **Burgstalls**, den Stein, auf dem die Kirche erbaut wurde. Funde aus dem 11. Jh. beweisen, dass sich hier tatsächlich eine Burg befunden hat. Heute krönt ihn ein Bankerl, von dem aus wir einen unbeschreiblich berührend

Geheimnisvolle Steinstiege

schönen Rundumblick geschenkt bekommen. Wir haben nach unserer Wanderung einen unvergesslichen Sonnenuntergang auf diesem Granitblock genossen und die Nacht in einem anheimelnden Mühlviertler Gasthaus verbracht.

Vom Kirchlein wandern wir hinunter zur **Bucklwehluck'n**, diesem vorchristlichen Kultstein. Auch er war im Hochmittelalter von einem Bergfried überbaut und ist wieder ein hervorragender Aussichtspunkt.

Nun wandern wir auf Wanderweg 4 südlich zum **Heimkehrerkreuz** und weiter hinunter nach **Unter St. Thomas**. Vor der Kapelle an der Landesstraße biegen wir scharf nach rechts ab zum **Kefermühlbach** hinunter. Wir wandern bis zur stark verfallenen **Ruine Saxenegg** hinauf. Unterhalb davon spazieren wir durch einen Wald mit zahlreichen Granitblöcken zur Einböckalm. Vor dem **Gehöft Renold** geht es zum Groß-Öllinger-Gut, vor dem Hof 200 m auf dem Fahrweg nach links und wieder links in 10 Min. zum „**Einsiedlerstein**", einem prächtigen Kultstein mit der größten Opferschale des Mühlviertels. Wieder zurück auf dem S4 erreichen wir bald den Hof Dechtlgruber, wo sich bei seiner Kapelle ein großer Pechölstein befindet. Auf diesen Steinen mit Blattrippenstrukturen wurden einst Meiler aus harzreichem Holz errichtet. Durch kunstvolles Brennen wurde infolge des Hitzestaus das kostbare Pechöl gewonnen, damals eine Medizin für Mensch und Tier. Über den Wanderweg geht es zurück zum Ausgangspunkt.

Region Unteres Mühlviertel

[124] Im Naturpark Mühlviertel

Von Stein zu Stein um Rechberg

Im Nordosten von Oberösterreich liegt der Naturpark Mühlviertel. Seine Fläche erstreckt sich über vier Gemeinden – Allerheiligen, Bad Zell, Rechberg und St. Thomas. Wir schlagen heute eine Wanderrunde auf den sanften Höhen in diesem Naturpark vor, auf der hinter jeder Ecke eine kleine Überraschung wartet: Wackelstein, Elefantenstein, eine vorchristliche Opferschale, Naturdenkmal, Museum und das Freilichtmuseum Döllerhof, ein Steinlehrpfad und und und. Hier wird der Mystiker genauso befriedigt wie der Naturliebhaber, und der Geologe genauso wie der Freund alter Kult- und Kulturstätten.

> **Ausgangspunkt:** Rechberg, P beim Dorfwirt oder Gemeindeamt, 576 m
> **Schwierigkeit:** Leichte, landschaftlich interessante Wanderung auf teilweise unmarkierten Wegen
> **Gehzeit:** Ca. 3 Std.
> **Höhenunterschied:** 300 m
> **Einkehr:** Gasthöfe in Rechberg; Badeteich!

Von unserem Parkplatz im entzückenden Zentrum Rechbergs suchen wir uns den Wegweiser zum Schwammerling, wandern kurz auf Asphalt zum Bauernhof Hinterwinkler, von hier rechts hinauf zum **Schwammerlstein.** An diesem Wackelstein versuchten sich schon Napoleons Soldaten – aber er hat

sich wie bei allen trickreichen oder kraftvollen Versuchen nicht einen Millimeter gerührt. Wir können ja an ihm auch unsere Kraft ausprobieren – wenn es gelingt, den Wackelstein zu bewegen, wäre das **die** Sensation des Milleniums! Das scheinbar labile Gleichgewicht ist zweifellos eine optische Täuschung!

Wackelstein

Der **Mühlviertler Granit** entstand vor 300–350 Mill. Jahren. Es ist Material aus dem Erdinneren, das älteste Gestein der Erdgeschichte. Vor mehr als 1 ½ Millionen Jahren herrschten hier bei uns tropische Verhältnisse. Das Ergebnis chemischer Verwitterungen durch dieses Klima waren gewaltige Blöcke, die als letzte Reste des Verwitterungvorganges durch Abspülung der Oberfläche erhalten blieben. Diese erhabenen Blöcke nennt man **Wollsackverwitterungen**, gerundete, kissenartige Granitblöcke, und sie sind das Markenzeichen der Mühlviertler Landschaft. Der Wackelstein in Rechberg ist ein besonders imposantes Exemplar. Vom Schwammerling wandern wir auf dem Feldweg weiter zu den feminin bemoosten Rundlingen der **Fuchsmauer**. Das Naturdenkmal **Pammerhöhe** (696 m) ist einen Abstecher wert. In einem Sattel wandern wir zur Jausenstation Knöblsteiner hinab, durch die Siedlung, dann auf den Güterweg Richtung Kienzlhofer einschwenken. Wir halten uns dann rechts und wandern auf dem Mühlviertler Mittellandweg zum Bauernhof Lindner, von dort zum Freilichtmuseum Großdöllnerhof, einem 400 Jahre alten typischern Dreiseithof.

Über den Steinlehrpfad folgen wir dem steilen, aber beschatteten Anstieg auf den **Plenkaberg**. Die **Karl-Weichselbaumer-Warte** (706 m) beschenkt uns bei klarem Wetter mit einer Fernsicht bis zu den Alpen, vom Ötscher bis zum Dachstein. Nun ist es nicht mehr weit bis Rechberg hinunter, wo uns eine verdiente Erfrischung im Badeteich bzw. in einem der bodenständigen Gastronomiebetriebe äußerst willkommen ist.

Region Unteres Mühlviertel

[125] Ein Stück Pferdeeisenbahn

Auf nostalgischen Spuren

Was der Soleleitungsweg auf der ältesten Pipeline der Welt für das Salzkammergut ist, ist die historisch-nostalgische Trasse der Pferdeeisenbahn für das Mühlviertel. Ursprünglich trabten die Pferde vom Stadtplatz von Gmunden weg bis Linz und durch das Mühlviertel bis Budweis. Zuerst beförderte die Pferdeeisenbahn nur das kostbare Salz, später kam der Personentransport dazu. Heute noch führt ein 60 km langer, durchgehend beschilderter Wanderweg von St. Magdalena bei Linz bis Südböhmen, auf diesem können wir alle noch bestehenden Relikte dieses technischen Pionierwunders erkunden. In Kerschbaum, 1 km nördlich von Rainbach, wurde ein Teil der Pferdeeisenbahn rekonstruiert. Dort lädt uns Hannibal II, der originalgetreu nachgebaute Luxuswagen, zu einer Fahrt auf hölzernen Schienen wie anno 1832 ein.

Ausgangspunkt: Neumarkt im Mühlkreis, südl. von Freistadt (Bus)
Endpunkt: Unterweitersdorf
Gehzeit: 3 ½ Stunden
Schwierigkeit: Familienfreundlich
Einkehrmöglichkeit: Gh. in Pfaffendorf auf halber Strecke

Region Unteres Mühlviertel

Wir haben hier einen Abschnitt der Pferdeeisenbahntrasse ausgewählt, wo wir noch relativ allein unterwegs sind, nachher können wir dem Museum in Rainbach einen Besuch abstatten.

Auf jedem Zentimeter betritt man geschichtsträchtigen Boden. Alte, aufgelassene Mühlen, Stützmauern, Steinbrücken, ehemalige Bahnwärterhäuschen und Viadukte zeugen von bewegter Vergangenheit. Die Pferdeeisenbahn Linz–Budweis diente hauptsächlich der Erleichterung des Salztransportes nach Böhmen. Am 1. August 1832 erfolgte die feierliche Eröffnung der rund 130 km langen Strecke. 14 Stunden dauerte die gesamte Reise mit einem Personenzug. Schon 1872 wurde die Pferdeeisenbahn von der Dampflokomotive abgelöst.

Unsere Wanderung beginnt an der Tankstelle gegenüber dem Marktbrunnen. Wir wandern durch eine enge Gasse und weiter durch Felder ins **Tal der Kleinen Gusen**. Unten am Waldrand kommen wir auf einen breiten Spazierweg, der durch seine Gleichmäßigkeit sofort als Trasse der ehemaligen Pferdeeisenbahn zu erkennen ist. Schöner hoher Wald wechselt mit Blumenwiesen. Unser romantischer Weg führt nicht immer auf der Trasse, aber immer wieder zu ihr zurück. Vorbei an der **Stroblmühle**, umfangen uns die reizvolle Stille und Einsamkeit dieses Tales. Richtung **Schermühle** nimmt die Besiedelung wieder etwas zu, wir überqueren die Gusen und gönnen uns auf halber Strecke eine Rast in **Pfaffendorf**.

Immer im Nahbereich der Kleinen Gusen durchwandern wir Wäldchen und Wiesen, immer wieder von Bänken zur Rast eingeladen. Nach **Lugstetten** mündet dann unser Weg in eine Straße, auf der wir – fast immer im Wald – bis Unterweitersdorf wandern.

Region Unteres Mühlviertel

[126] Durch die Wolfsschlucht

Prototyp einer Wellness-Einrichtung anno 1845

Dieses Mal verlockt uns eine in der Wolfsschlucht errichtete Badeanlage aus dem Jahre 1845 zu einer wildromantischen Wanderung im Mühlviertel. Nach den Lehren des Naturheilers Vinzenz Priessnitz nützte man die natürlichen Wasserfälle als Duschen und die Wasserbecken als naturbelassene Badewannen. Damals waren sie vor allem reichen Leuten aus Wien vorbehalten, die diesem „neuen Trend" zur Heilung mit Kaltwasser aufs Land folgten.

Ausgangspunkt: Bad Kreuzen, Ortsteil Neuaigen unterhalb der Burg Kreuzen, P beim Gh. Aichinger; 474 m
Schwierigkeit: Leichte Rundwanderung, ideal an heißen Tagen
Gehzeit: Kurze Runde 1½ Std., längere 2½ – 3 Std.
Einkehr: Speckalm

Variante 1: Durch die Wolfsschlucht mit Burgbesuch

Vom **Gh. Aichinger** wandern wir an der Wallfahrtskapelle **Aigner-Kreuz** vorbei und folgen der alten Straße links hinunter ins Kempbachtal. Nach der Brücke zweigen wir links auf den Waldweg ab, der uns zum Eingang der **Wolfsschlucht** führt. Und schon sind wir mitten drin im modernen Badegeschehen des Biedermeier. Wo sich der Bach vor einigen hundert Milli-

Wolfsschlucht

onen Jahren tief in den alten Weinsberger Granit eingegraben hat, finden wir heute noch die „Greiner Duschen", die „Wiener Wellenbäder", die „Neptunsgrotte" und die „Herzogsquelle". Jeder Begriff steht für eine spezielle Art der Wasserbehandlung – für Abgehärtete offenbar, denn das Klammwasser erreicht nie mehr als 12 – 14 Grad. Über viele schmale Steige, Stege und Stufen immer entlang des wilden Klammbaches erwandern wir die **„Anton-Bruckner-Zuflucht"**. Auch er suchte hier Erholung und empfand hier „das Rauschen des Wasserfalls wie göttliche Musik gegen die böhmische Musik".

Wir können einen Abstecher zur Burg machen, nachmittags ist sie meistens zugänglich. Der Blick von ihren Zinnen ist weit und reicht bis zu den Alpen.

Auf dem Höhenweg wandern wir zu unserem Auto hinunter.

Variante 2: Frauensteinweg

Schön ist auch die längere Runde auf dem Frauensteinweg (Nr. 5 und 5b) über **Kollrossdorf** auf den Frauenstein (520 m). Von ihm erzählt die Legende, dass sich in der stets mit Wasser gefüllten Steinschale seines Gipfelfelsens die Muttergottes die Füße gewaschen hat … Wir wandern vorbei am **Gaisberghof**, stärken uns bei der **Speckalm** und haben es dann nicht mehr weit bis zu unserem Auto.

Region Unteres Mühlviertel

[127] Durchs Tanner Moor, 980 m

Moor-Schatz im Mühlviertel

Das Tanner Moor verbirgt sich in einer eigenwilligen, karg scheinenden Landschaft. Vor Hunderten Millionen Jahren dürfte der wasserundurchlässige Granit eine Art Wanne ohne Stöpsel gebildet haben, ganze 122 ha groß. Es bildete sich ein See, der sich aber im Laufe der Zeit durch abgestorbene Pflanzenreste und Tierkadaver von unten her auffüllte. Der Grund des Gewässers stieg an, der See verlandete, die abgestorbenen Pflanzen, die wegen des Sauerstoffmangels nicht von Bakterien abgebaut wurden, wurden zu kostbarem Torf. Darauf siedelten sich Moorpflanzen an: rötliches Torfmoos, Wollgras, Moos-, Preisel- und Heidelbeeren, niedrige Bäume wie Moorbirke und Spirke. Rechtzeitig wurde das Tanner Moor unter Naturschutz und der Abbau des kostbaren Torfes somit eingestellt.

Ausgangspunkt: Liebenau – höchstgelegenes Dorf von OÖ, Rubner Teich; Zufahrt von Liebenau Richtung Arbesbach, nach der Beschilderung „Tanner Moor" zum P beim Teich

Gehzeit: 1 ½ Std.

Schwierigkeit: Leichte Wanderung durch hochsensible Wald- und Moorlandschaft; Naturschutzgebiet – bitte Moorlehrpfad nicht verlassen

Einkehr: Eventuell Imbiss-Standl beim Rubner Teich

Rubner Teich im Tanner Moor

Vom **Rubner Teich**, er wurde zur Holztrift künstlich angelegt, führt ein gut markierter und informativ gestalteter Moorlehrweg als Rundpfad durch das **Tanner Moor**. Durch Wald und Spirkengassen erreichen wir im Zentrum des Moores einen hölzernen Aussichtsturm. Zuerst noch etwas eben und dann ansteigend verlässt unser Weg das Moor. Wir zweigen rechts zu einer felsigen Anhöhe ab, den **Lehrmüller Mauern,** einem natürlichen Aussichtspunkt. Diese gewaltigen Granitrundlinge dienen den Liebenauer Kletterfreaks als Trainingstürme und verlockten auch uns zur Besteigung jeder einzelnen Blockformation. Dahinter geht es in die Senke hinab und rechts zum **Rubner Teich** zurück. Im Sommer schnell noch ein Bad im gesunden Moorwasser genommen – ein Moorbad zum Nulltarif, den allerdings auch zahlreiche Mücken nützen …

[128] Falkenhofweg zum Herzerlstein

Wandern, nicht nur für Verliebte

Es ist immer wieder beeindruckend, was im Mühlviertel alles auf die Beine gestellt wurde, um dessen viele, detailreiche Schönheiten bekannt zu machen. Hier besteht die Zugkraft in sanften Wiesen- und Hügelwanderungen, in Kraft- und Kultplätzen mit Schalensteinen, in gewaltigen Granitrundlingen und turmhohen Wollsackverwitterungen, in Schwammerlsteinen, reizenden Aussichtsplätzen, fantasievollen Museen und der köstlichen Küche. Gar nicht wenig davon erwandern wir heute auf dem bestens markierten „Falkenhofweg Nr. 3", einer von sechs Wanderrouten aus dieser Ferienregion „Mühlviertler Alm".

Ausgangspunkt: St. Leonhard, südöstlich von Freistadt, P beim Gemeindeamt, 810 m
Gehzeit: 3 ½ Std.
Schwierigkeit: Familienfreundlicher Rundweg auf Güter- und Waldwegen
Höhenunterschied: Etwa 300 m
Einkehr: Jst. Gassis Heuboden, Gh. Piber in Langfirling (So nachm. geschlossen)

St. Leonhard ist ein reizender alter Wallfahrtsort mit einer Kirche aus dem Jahr 1535. Vom Gemeindeamt wandern wir zu dieser Wallfahrtskirche und verlassen bei der Autowerkstätte links die Ortsstraße. An zwei Rast- und Aussichtsbankerln vorbei, erwandern wir mit einem kurzen Abstecher rechts den **Herzerlstein**. Der stets mit Wasser gefüllte **Schalenstein** ist einer der vielen energiegeladenen Kraftplätze des Mühlviertels. Er zieht besonders Liebespaare magisch an, denn die Sage verspricht Verliebten einiges: „Wenn wir unsere Hände gemeinsam in das Wasser tauchen, wird unsere Liebe ewig halten."

Mit erneuertem Liebessegen erwandern wir das

Auf der Mühlviertler Alm

Gipfelplateau des **Rehberges**, 895 m. Gewaltige, wie zufällig ausgestreute Granitblöcke und zwei wunderschöne Aussichtsplätzchen machen ihn zu einem weiteren Kraftort.

Nach dem sagenumwobenen **Kapplkreuz** erwartet uns „Gassis Heuboden" mit einer zünftigen Mühlviertler Jause. Gleich dahinter liegt der **Jagdfalkenhof** mit seinem Jagdfalkenmuseum. Außer am Montag und Dienstag bereichern hier täglich Flugvorführungen von Falken und Adlern unseren Wandertag (Voranmeldung erbeten unter 07952 20530).

Zurück zum Kapplkreuz geht's links weiter, abwechslungsreich über idyllische Feld-, Wald- und Wiesenwege. Wunderschöne Ausblicke ins Aisttal und nach Weitersfelden hinüber werden frei, wir durchwandern das Dörfchen **Langfirling**. Vom privaten Bauernmuseum bei der Fierlinger Hausmühle (gegen Trinkgeld zu besichtigen) gibt's noch einen steilen Anstieg hinauf zu unserem Ausgangspunkt.

[129] Klammweg zur Burg Clam

Durch die Klamm zum Konzert

In dieser reizvollen Umgebung sind wir in guter Gesellschaft: August Strindberg ließ sich hier zu einem seiner Romane inspirieren, und heute ist die Burgarena Clam bekannt durch ihr internationales Konzert-Angebot. Da man die Burg leicht in einer Stunde umrundet: Warum nicht einmal Sport mit Kultur verbinden?

Ausgangspunkt: Von Linz auf der Donaustraße über Perg bis Saxen, Parken bei Burg Clam

Gehzeit und Einkehrmöglichkeit: 1 Std., Burgbrauerei und Burgschänke

Ausgangspunkt unserer Wanderung ist der Parkplatz bei der Burg Clam. Im Mittelalter war diese **mächtige Festung** in den Händen gefürchteter **Raubritter**. Seit dem 15. Jh. ist sie Eigentum und Wohnsitz der Grafen von Clam. Seit einigen Jahren mausert sich die Spielwiese unterhalb der Burg zum Top-Treffpunkt für heimische und internationale Musiker von Rang und Namen in unübertrefflicher Atmosphäre. Von Mai bis Oktober ist die Burg als **Museum** zu besichtigen. (Tel. 07269 7217)

Unterhalb der Burg befindet sich in einem unscheinbaren Gebäude die **Burgbrauerei Clam**, in der seit 1491 Bier gebraut wird.

1990 erhielt sie eine hochmoderne Brauanlage, in der nur naturreines, obergäriges Bio-Bier erzeugt wird.

Vom Parkplatz bei der Burgschänke wandern wir die Straße bergwärts und biegen die erste Asphaltstraße nach links ein, immer geradeaus. Vor dem **Haus „Machland-**

Burg Clam

blick" geht's nach links in den Wald hinunter. In der **Ortschaft Au** beginnt nun der eigentliche Weg durch die **kurze** Klamm. Gleich am Anfang überwältigen uns turmhohe, elefantengraue **Felsburgen**, die aus einem kleinen Gewässer aufragen. Mußezeit einlegen: einige Zeit verweilen – dieser Anblick ist durch nichts mehr zu überbieten. Keine Chance, die steinernen Riesen in ihrer Gesamtheit auf ein Foto zu bannen!

Parallel zum plätschernden Bach wandern wir durch den romantischen Waldweg hinauf zum Kraftwerk mit Hammerschmiede. Dort befindet sich eine Hochwassermarke, die von der Urkraft des Wassers zeugt.

An heißen Sommertagen nützen wir mit Kindern die kleinen, mit goldgelbem Sand verlockenden Spiel- und Plantschangebote, bewundern die botanischen Baum-Raritäten des wilden **Burgparks** und verkosten mit gutem Gewissen ein Schlückchen **Clam-Bier**.

Region Unteres Mühlviertel

[130] Die Stillensteinklamm

Wanderung mit „steinernem Regenschutz"

Zahlreich sind die kleinen Nebenflüsschen, welche die große Donau speisen, und jedes dieser Gewässer hat Spuren in der Landschaft hinterlassen. Im Unteren Mühlviertel sind es drei romantische Klammen, die vom Wasser eingeschnitten und gestaltet wurden: Der Klammweg zur Burg Clam, die Stillenstein- und die Gießenbach Klamm.

Ausgangspunkt: Donaustraße Linz–Grein, nicht ganz 3 km nach Grein zweigt man links in die Klamm ab
Wanderzeit: Rundwanderweg Parkplatz–Gh. Aumühle – und über den Höhenweg zurück, ca. 2½ Stunden
Schwierigkeit: Familienfreundlich
Einkehrmöglichkeit: Gh. Aumühle am Ende der Klamm

Die Stillensteinklamm

Früher mag sie ihren Namen zu Recht getragen haben, heute ist sie „der Renner" an Wochenenden! Ein reizender Waldweg führt entlang des Gießenbaches, er hat sich im Laufe der Jahrtausende 210 m tief ins Tal geschnitten. Turmhohe Wollsackformationen – für das Mühlviertel typische Erosionsformen –, Brücken und Treppen, ein riesiger überhängender Fels bildet ein Dach über der **„Steinernen Stube"**. Hier soll einst ein Bergmännlein einem armen Mädchen Wunderkräuter für ihr krankes Mütterchen gezeigt haben. Hier versteckt sich auch der Klammbach lautlos unter großen und kleinen Granitblöcken, um ein kleines Stück oberhalb wieder gurgelnd und sprudelnd an die Oberfläche zu kommen – wie es auch sein

Stillensteinklamm

sollte. Reizende Waldwege und eine Badebucht mit goldgelbem Sand machen diese Wanderung zu einem Erlebnis für die ganze Familie!

Erweiterte Variante: Die Gießenbachklamm
Die Gießenbachklamm ist recht unbekant und leicht zu gehen. Fleißige Wanderer können sie gleich an die Tour durch die Stillensteinklamm anschließen. Ausgangspunkt ist das Gh. Aumühle, der Rundwanderweg führt in etwa 45 Minuten wieder dorthin zurück.

Register

A

Acker Alm 50
Adamekhütte 22, 166, 169
Adlerhorst 64, 65
Ahornfeld 109
Aigen 22, 39, 253
Alberfeldkogel 94–96
Almkogel 183
Almsee 91f., 184–186, 188f., 244
Almtaler Haus 189f., 242, 244
Altaussee 22, 177
Altausseersee 145
Altenhof 269f.
Altmünster 22f., 73f., 80, 104
Ameisberg 257, 276
Ampflwang 262, 264
Amriesnerhütte 22
Amstettner Hütte 22
Angerkaralm 42f.
Anlaufalm 22, 204–206, 208
Anlaufbodenalm 204
Annerlsteg 206
Appel Haus 22
Ardning Alm 22, 225
Attersee 31, 35, 49, 51, 53–55, 88, 94, 98, 102, 104
Atzersdorf 256f.
Augstsee 177–179
Aumühle 287, 302f.
Austria Hütte 170f.
Austriaweg 154

B

Bachl Alm 171
Bad Aussee 142, 144, 177
Bad Goisern 23f., 121, 123f., 126, 128, 130, 133, 137f., 144
Bad Ischl 23f., 39, 85f., 88f., 106, 109–111, 115–117, 120
Bad Leonfelden 273f.
Bad Mühllacken 267
Bannkogel 119
Bären Alm 23, 231, 235f.
Bärenhütte 22, 230
Baumschlagerreith 22, 183, 228, 237f.
Bergwerkskogel 39f., 119
Bischofsmütze 154f., 157f.
Blaa-Alm 22, 110, 113f.
Blasenstein 288
Bleckwand 22, 34f., 43
Bleckwand Hütte 22, 34
Bodenwies 23f., 207f.
Bodinggraben 23, 199
Böhmertor 284
Böhmerwald 278f.
Bosruck 22, 219f., 223–226
Bosruck Hütte 22, 219f., 223, 225
Brandriedl 171
Braunberghütte 22
Braunedlkogel 41f.
Bräuning Alm 178
Bräuningzinken 178
Breining Hütte 151
Breitenau 199, 209
Brennerin 52
Brettmaisalm 22, 210
Bromberg 117
Brombergalm 117, 118, 119
Brotfallgipfel 243
Brotfallscharte 243
Brunnkogel 99f., 102, 104f.
Brunnsteinersee 212, 214f.
Buchberghütte 22, 31, 49f.
Burgbachau 31, 49f.
Burggrabenklamm 31, 49f.
Burgruine Falkenstein 270

C

Christophorushütte 22

D

Dachstein 7, 22–24, 27, 35, 37, 41, 52, 106, 121f., 124f., 127, 129, 133, 145–149, 151, 153, 156, 159, 160–168, 170f., 173, 176, 218, 224, 273, 291
Dachsteinsüdwand Hütte 170f.
Dolomitensteig 22, 237f.
Donaublickweg 268
Donauleiten 272
Donauschlingenweg 272
Donnerkogel 153
Dorngraben 210
Drachenwand 47f., 53f.
Dreisesselberg 210
Dreißgen 285
Dr.-Vogelgesang-Klamm 219, 223
Dümlerhütte 22, 213–215, 249f.

E

Ebenforstalm 22, 199f.
Ebensee 22–24, 75–77, 80–86, 88f., 91, 93, 96, 98, 100, 102, 117f., 136f.
Ebenseer Hochkogel 87
Ebenseer Sonnstein 76f.
Echerntal 139, 141
Einbergalm 42
Eisenauer Alm 22, 31, 49f.
Elmsee 186f.
Erlakogel 59, 80
Erzherzogin-Valerie-Weg 49
Ewige Wand 121, 123

F

Falkenmauer 192–194
Feichtaualm 22, 201–203
Feichtauhütte 22, 201f.
Feichtauseen 202f.
Feichtau Seen 201
Feuerkogel 22, 79, 93–96, 98, 100, 107f.
Feuerkogelhaus 22
Feuerkogelseilbahn 94, 96, 98, 100
Filzmoosalm 212
Fleischbanksattel 244
Flötzersteig 23, 198, 227
Frauenkarlift 212
Frauenmauer 226

G

Gablonzer Hütte 22, 151–154
Gamsfeld 36, 41–43, 122, 149
Gangsteig 139, 141
Gartenzinken 116
Gassl-Tropfsteinhöhle 82
Gießenbachklamm 303
Gjaid Alm 159f., 162–167
Gjaidsteinsattel 174
Gleinkersee 249f.
Gletschergarten 139
Gmunden 22–24, 56, 59–62, 64–66, 69, 78–80, 85f., 88f., 105, 292
Gmundnerberghaus 22, 73
Gmundner Hütte 22, 69f., 72
Goiserer Hütte 23, 130–133
Gosau 23f., 138, 144f., 147, 149–154, 157, 166, 175

Register

Gosaukamm 22, 24, 37, 81, 122, 127, 131, 151, 154, 156–158, 174
Gosaukammbahn 157
Gosaulacke 175, 176
Gosausee 23, 147, 151–155, 157, 166, 175f.
Gosauseealm 23
Gosauzwang 135–137
Gössl am Grundlsee 187
Gowil Alm 23, 221f.
Gräberfeld 134, 137, 147
Gradnalm 23, 191–196
Grein 302
Gretlsteig 50
Großalm 23, 104
Großalmstraße 98, 104
Großbauer Alm 204
Große Mühl 280
Großsee 182
Grünalmkogel 99f.
Grünau 23, 184–186, 188f., 219f., 223, 241f., 244
Grünberg 56–59, 61f.
Grünbergalm 23, 56, 61
Grünberggipfel 59, 61f.
Grünburger Hütte 23, 209f.
Grundlsee 145, 186–188
Gschwandt 61, 130

H
Hainzen 107–109
Haller Alm 126, 128f.
Haller Mauern 22f., 208, 220f., 223, 249
Hallstatt 134–137, 139, 141, 147f., 150, 174
Hallstätter Gletscher 121, 145, 148, 164, 174
Hallstätter Salzberg 147
Hallstättersee 41, 106, 121, 134, 136, 144–146, 148, 159, 162
Hallstättersee-Ostufer 134
Hallstättersees 134, 136
Hans-Hernlersteig 70
Helmes Kogel 94f.
Hengstpass 23, 204, 207, 221
Heratinger See 251f.
Herrentisch 189f.
Herrenweg 152
Hetzau 189
Himmelspforte 27, 29
Himmelspforthütte 23, 25f., 29
Hintersteineralm 23
Hinterstoder 22f., 183, 227f., 230f., 233–235, 237, 241f., 245, 248
Hirschbergtunnel 283
Hirschkogelsattel 204
Hirzkar Alm 163
Hochalm 118, 211, 231
Hochanger 179
Hochberghaus 23
Hochglegt 119
Hochkalmberg 23, 130–133
Hochkogel Hütte 85–88
Hochlecken 52, 79, 98f., 102–105
Hochleckenhaus 23, 98f., 102–105
Hochmölbing 231, 234–236
Hochmölbinghütte 23, 234
Hochmuth 130
Hochschlacht 206
Hochsernerhof 23
Hochstein 236
Hochsteinalm 23, 78f., 237
Hofalm 23, 219f., 223f.
Hofalm Hütte 219f., 223f.
Hofpürgl 154f., 157f.
Hohen Nock 201, 203
Hohen Schrott 117–119
Hoher Nock 201
Hoher Sarstein 144
Hohe Schrott 81, 117–120
Hoisnradalm 23, 110–112
Höllengebirge 23f., 41, 51, 54, 56, 73f., 79, 81, 93, 96, 98–100, 104, 107, 112, 122, 194
Höllkogel 96–98
Höllkogelgrube 97
Holzer Alm 222
Holzmeisteralm 23, 175f.
Holzschlag 281
Hopfing 201f.
Höss-Express 229, 231, 233
Hunerkogel 170–174
Hunerkogelbahn 166
Hunerscharte 174
Hütteneckalm 23, 121, 123–125
Hutterer Alm 229f., 231, 233f.
Hutterer Höss 22f., 229f., 235, 247
Hutterer See 229

I
Ibm 251f.
Ibmer Moor 251f.
Iglmoosalm 23
Irrsee 25, 44, 46
Ischlerhütte 23, 88

J
Jubiläumssteig 112

K
Kalmberg 130, 132f., 149
Kalmberge 41, 132
Kaltenbachwildnis 64–66
Kammersee 64–66, 187
Kasbergalm 23
Katrin 106–109, 112
Katzenstein 58–62
Kerzenstein 267f.
Kirchdorf 191, 193f., 197, 253f.
Kitzstein 226
Klammleitenbach 286f.
Klausbach 50
Kleinmölbling 234
Koglergut 209
Königswiesen 286f.
Koppenbrüllerhöhle 142
Koppental 142f.
Kösslbachtal 256f.
Kotalm 120
Kraftwerk Ebner 236
Kreh 100, 102
Kreidenlucke 227
Kremsmauer 23, 192–196
Kremsursprung 193
Kreutern 116
Kropfmühle 285
Krumme Steyrling 197f.

L
Lackergraben 191f.
Lahngangsee 186f.
Lambacher Hütte 23, 126f.
Langwies 117, 119
Lärchenstock 101
Laudachsee 57–62
Laudachseestraße 60f., 71
Laufenbergalm 40
Laussabaueralm 23
Lawinenstein 182
Leistalm 180f., 183
Leonsberg 115
Leonsbergalm 23

Register

Liebenau 296
Linzer Haus 23, 211f., 215f., 250
Löckenmooses 150
Lögerhütte 23
Loser 23, 88, 114, 127, 177–179
Loser-Fenster 178f.
Loser Hütte 23, 177, 179
Loskogel 119

M
Magdalenaquelle 50
Mair Alm 23, 62, 66, 68–70
Mandlmais-Sattel 210
Märchensee 182
Matterhörndl 125
Menauer Alm 23, 207
Micheldorf 193
Miesweg 63, 66f.
Mittagskogel 119
Mittagsstein 192
Mitterecker 85–88
Mittereckerstüberl 23, 88
Mittersee 27, 29f.
Mitterweg 57f., 256f., 261
Moldaublickweg 279
Moldaustausee 273, 279
Moldauturm 279
Molln 23f., 197–199, 201, 209
Mollner 198, 200
Mondsee 25, 35, 47, 50, 53
Mönichsee 27, 29f.
Möselhorn 88
Mützenschlucht 158

N
Nationalpark Kalkalpen 197, 199, 201f., 209
Naturfreunde Haus 95
Naturfreundesteig 71
Neumarkt 292
Niedergaden Alm 34
Niederkappel 271
Niederranna 269
Niglalm 23

O
Obere Leising Alm 127
Obere Schöffau Alm 39
Obermühl 272

Obertraun 24, 134–136, 142, 144–146, 159, 162, 164, 166f.
Ödseen 189, 190, 244
Offensee 84–86, 88–92, 117f.
Ortnersteig 57f.
Ottenau 191

P
Parnstaller Alm 194–196
Pass Gschütt 43
Pesenbachtal 267
Petergupf 117–120
Peterhofer Alm 235
Pettenfirsthütte 23
Pfaffenboden 210
Pfandl 116
Pfannstein 191f., 194
Pferdeeisenbahn 292, 293
Pießling Ursprung 250
Pitschenberg 36, 37
Plassen 41, 147–149
Pledi Alm 101
Plöckenstein 281, 283
Plöckensteinersee 281–283
Plöckensteingipfel 282f.
Polsterlucke 23, 227, 242
Polzhütte 22, 203
Postalm 35–38, 40–42, 149
Postalmhütte 38
Pötschenhöhe 144
Pötschenpass 128, 144
Predigstuhl 121–124, 125
Priel 88, 183, 189, 194, 211, 224, 227–229, 234–236, 240–247, 249
Prielschutzhaus 23, 241–243, 245f.
Pühringerhütte 23, 186–188
Pyhrgas 219–225, 249
Pyhrgasgatterl 220

R
Radsteig 122
Ramsau Alm 59, 61f.
Rannastausee 269, 270
Rannatal 269, 270
Raschberg-Hütte 23, 126
Rauher Kalbling 194
Rauhkogel 191
Reichersberg 253f.
Reichraming 206f.

Reichraminger Hintergebirge 204
Rettenbach Alm 23, 88, 110, 113f.
Rettenbachmühle 111, 113f., 120
Rettenbachtal 88, 111, 113
Rettenbachwildnis 111
Rettenkogel 39f., 81
Riederhütte 24, 96–98
Rindbach 80–84
Rindbach Wasserfälle 83
Rinnbergalm 42
Rinnende Mauer 197f.
Rinnerhütte 24, 89
Rinnerkogel 89, 90
Rinnerkogelhütte 24, 89
Rohrauer Haus 219f., 223
Röll 186, 188
Rosenau 23, 207, 221
Rossarsch 240
Rosskogel 109
Rötelstein 171f.
Ruine Haichenberg 271
Ruine Saxenegg 289
Rußbach 32f., 43, 116
Rußbachalm 24

S
Salzberg 135, 137, 141, 147
Salzbergwerk 137, 148
Salzkammerweg 142
Salzsteigjoch 183, 236
Sandgatterl 207
Sandling 23, 112, 126f.
Sandling Alm 127
Sarstein 24, 142–146
Sarsteinalm 145
Sarsteingipfel 145
Sarsteinrast 23, 142f.
Schafberg 22–25, 27–30, 33, 35, 41, 49, 53f., 112
Schafbergalm 26, 30
Schafbergalpe 24, 26, 29f.
Schafbergspitze 24–27, 29
Schafferteiche 239
Schafkögeln 232
Schafkogel See 229
Schafluckensteig 99, 102–104
Schiederweiher 227f., 242
Schleierberg 264
Schleierfall 206
Schleifsteinbrüche 150

Register

Schlögener Schlinge 271f.
Schöberl 164f.
Schoberstein 52–55, 200, 209
Schobersteinhaus 209
Schöffau Alm 39, 40
Schönberg 23, 66, 68, 85–88, 179
Schönbergalm 24
Schrocken 233–235
Schrott 81, 112, 117, 118, 119, 120
Schüttbauernalm 24, 207
Schüttbauern Alm 207, 208
Schwarzenbachlochhöhle 128
Schwarzenberg'schen Schwemmkanal 280f., 283
Schwarzensee 32f., 35, 50, 180f., 183
Seekaralm 24
Seeleiten 214, 251
Seeleitensee 251
Sepp-Huber-Hütte 24
Sepp-Huber-Steig 186, 188
Silberroith 57
Simony Hütte 24, 159–162, 164–166, 174
Soleleitungsweg 113, 135, 137f, 141, 292
Sonnenalm 24
Sonnstein 75–77
Sonnsteinhütte 24
Sonntagkar Alm 39
Speckalm 294f.
Spielberg 100, 103
Spital am Pyhrn 23f., 211, 215f., 219
Spitzlstein Alm 80f.
Spitzmauer 216, 224, 227–229, 234f., 240f., 243–246
Steeg 134–138, 144f.
Steinbach 22, 51, 191–193
Steirersee 180f.
Steyerling 196, 201
Steyr 22, 197f., 201, 223, 227f., 247
Steyr-Ursprung 227f.
Stiegl 125
Stifter-Denkmal 281f.
Stillensteinklamm 302f.
Stodertal 227
Stodertaler Dolomitensteig 238
Stoffer Alm 249f.
St. Peter 284f.
Straneggbach 189

Strobl 22, 32–34, 37, 39, 109, 116
Strumboding-Wasserfall 227f.
St. Thomas am Blasenstein 288, 290
Stubwiesalm 24
Stubwieswipfl 24
Stückl Alm 116
Stücklbach 74
Stuhlalm 24, 154
Sturzhahn 181, 183
St. Wolfgang 23–27, 30f., 33f., 43
Suissensee 27

T

Taferlklause 98f.
Tanner Moor 296f.
Tauplitz 180f., 236
Tauplitz Alm 180, 236
Tauplitzkapelle 180
Tauplitzsee 182
Teufelskirche 270
Teufelmühle 287
Teufelsstein 285
Theodor Körner Hütte 154
Thoralm 38
Thurytal 284f.
Toleranzweg 128f.
Toplitzsee 187
Törl 194–196
Törlspitz 30
Totes Gebirge 22–24, 41, 89, 122, 145, 183, 186, 189, 241
Tragl 180, 182
Trämpl 23, 199f.
Traunkirchen 23f., 62, 75, 77f.
Traunmüllersteig 57
Traunmüllerweg 58
Traunsee 56, 61f., 64–69, 71–81, 88, 94, 98, 104–106
Traunstein 22, 24, 41, 58f., 61f., 65–67, 69–71, 90, 105, 194, 209, 257
Traunsteinhaus 24, 71
Triftsteig 204–206
Trockentann Alm 131
Türkenkarkopf 235f.
Türkenkarscharte 234–236

U

Ulrichsberg 279, 281
Unterach 49f.

Untere Scharten Alm 131
Unterlaussa 204, 207
Unterrannerreith 24
Untersee 145
Unterweitersdorf 292f.

V

Vorderen Sandling Alm 127
Vormaueralm 24, 27

W

Walcher Alm 170
Waldbachstrub 139–141
Waldbachursprung 141
Warscheneck 22, 24, 215–218, 222, 224f., 232, 234, 239
Weißenbach 54
Weißenbachtal 54
Welser Hütte 24, 243–245
Wesenufer 256f., 269, 271
Wiesberghaus 24, 160f.
Wiesler Alm 38
Wiesler Horn 36, 38
Wildenkogel 88, 112
Wildensee 89f.
Wildenseehütte 24
Windischgarsten 204, 207, 221, 224, 249f.
Wirersteig 32f.
Wolfgangsee 22, 25–27, 31f., 34f., 38f., 41, 105, 108, 112
Wurzeralm 22–24, 211–217, 240, 250

Z

Zellerhütte 24, 239
Zimnitz 41, 54, 115f., 122
Zimnitzbach 116
Zirla 71
Zwerchwand 124f.
Zwieselalm 24, 152–154, 157
Zwieselalmhöhe 151–153
Zwölferhorn 35, 112

Die Autoren

Monika Luckeneder
begleitete bereits ihren Vater Hannes Loderbauer auf vielen Wanderungen. Gemeinsam mit Ehemann Manfred ist die pensionierte Lehrerin seit Jahrzehnten im Leben und in den oberösterreichischen Bergen unterwegs.

Hannes Loderbauer
seit Jugend begeisterter Bergsteiger; gab seine Erfahrungen in wöchentlichen Zeitungskolumnen weiter. 1963 erschien die erste Ausgabe seines Buches „Wandern und Bergsteigen in Oberösterreich".

Oberösterreichs bunte Seiten erleben

Gerald Radinger
Wander-Erlebnis Nationalpark Kalkalpen
Die schönsten Touren zwischen Enns und Steyr

176 Seiten
978-3-99024-066-3
Preis € 14,90

Monika Luckeneder
Hannes Loderbauer
Wander-Erlebnis 76 Seen im Salzkammergut
Die 100 schönsten Touren

176 Seiten
978-3-99024-079-3
Preis € 14,90

Franz und Lorenz Sieghartsleitner
Rad-Erlebnis Salzkammergut
Die schönsten MTB-Touren

160 Seiten
978-3-99024-242-1
Preis € 16,90

Franz Sieghartsleitner
Rad-Erlebnis Mostviertel, Nationalpark Kalkalpen und Eisenwurzen
Die schönsten MTB-Touren

168 Seiten
978-3-99024-026-7
Preis € 14,90

Ostösterreich für jeden Rucksack: www.kral-verlag.at